Stephanie Holden

Queen of Fashion

AF204819

atb aufbau taschenbuch

Stephanie Holden

Queen
of
Fashion

Für ihre Mode wird
Vivienne Westwood gefeiert,
doch sie will die Welt verändern

Roman

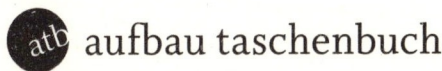 aufbau taschenbuch

MIX
Papier | Fördert
gute Waldnutzung
FSC   FSC® C083411
www.fsc.org

ISBN 978-3-7466-4084-6

Aufbau Taschenbuch ist eine Marke
der Aufbau Verlage GmbH & Co. KG

1. Auflage 2024
© Aufbau Verlage GmbH & Co. KG, Berlin 2024
www.aufbau-verlage.de
10969 Berlin, Prinzenstraße 85
Der Verlag behält sich das Text- und Data-Mining nach § 44b UrhG vor,
was hiermit Dritten ohne Zustimmung des Verlages untersagt ist.
Satz Greiner & Reichel, Köln
Druck und Binden CPI books GmbH, Leck, Germany

Printed in Germany

Prolog

»Vivienne!«

Die Stimme der kleinen Norma drang durch das nordenglische Moor, das sich einsam im Dunst des Abendlichts vor ihr ausbreitete.

Außer einem Rotmilan, der am Himmel majestätisch Kreise zog, war weit und breit nichts zu sehen. Stille und Frieden lagen über der idyllischen Landschaft.

»Vivienne!«, rief sie. »Wo bist du?«

Über Normas Kopf, in der Baumkrone einer schottischen Kiefer, hockte mit einem breiten Grinsen ihre Freundin, die jetzt lachend auf den weichen Moorboden sprang.

»Erste!«, rief Vivienne. »Ich hab gewonnen!«

Sie hatte Norma am Steinbruch abgehängt und damit das Wettrennen für sich entschieden, wieder einmal. In den Mooren und Wäldern der Umgebung kannte sie sich aus wie keine andere.

»Immer gewinnst du!«

Norma ließ sich frustriert ins Gras fallen. Vivienne sank neben sie und legte tröstend den Arm um ihre Schultern.

»Nächstes Mal schaffst du es. Ich zeig dir die Abkürzung, versprochen. Wir können beide gewinnen.«

Schweigend betrachteten die Mädchen die wilde Landschaft von Derbyshire. Die sanften Hügel und saftigen Wiesen, die sich schlängelnden Bächlein und das Moor mit seinen Kiefern und Schwarzerlen. Da hatte Vivienne eine Idee.

»Sollen wir den Steinbruch hochklettern?« Sie sprang auf. »Dort oben wachsen Kartäusernelken. Wir pflücken einen Strauß.«

»Der Steinbruch? Das ist viel zu gefährlich!«

»Komm schon, Norma. Das macht Spaß!«

Vivienne wusste, dass ihre Freundin nicht ohne Grund Angst hatte, aber wenn sie vorsichtig wären und die steile Kante umgingen, müssten sie sich keine Sorgen machen.

Norma betrachtete Vivienne auf eine Weise, dass diese fest damit rechnete, ihre Freundin würde ablehnen, doch stattdessen sagte sie: »Willst du tatsächlich ein Junge sein?«

»Wie meinst du das?«, fragte Vivienne schockiert.

»Du machst, was Jungen tun. Klettern, springen, Abenteuer erleben. Du hast gar keine Angst.«

»Deswegen will ich doch kein Junge sein!«

Sie war gern ein Mädchen, in ihren Augen gab es nichts Besseres. Auf keinen Fall wollte sie ein Junge sein. Sie fühlte sich wohl in ihrem Körper. Alles, was sie sein wollte, war lediglich …

»Ich will ein Held sein!«

»Das geht doch nicht«, stöhnte Norma. »Nur Jungen können Helden sein.«

So ein Unsinn, dachte Vivienne.

»Ich werde es dir beweisen. Ich werde eine Heldin sein.«

Blindlings lief sie zum Steinbruch und kletterte an der Steilwand hoch, und während Norma ihr bangend hinterhersah, erreichte sie die Plattform und pflückte eine Kartäusernelke.

»Trotzdem«, sagte Norma, als Vivienne zurück war und ihr die Blume überreichte. »Nur Jungen können Helden sein.«

Die Sache wurmte Vivienne für den Rest des Tages, selbst als sie später nach Hause zurückkehrte und ihre Mutter in dem kleinen Reihenhaus an der Nähmaschine vorfand, wo sie, begleitet vom Lärm des Radios, aus dem die unverwechselbare Stimme Winston Churchills dröhnte, Kleidung für die Familie anfertigte.

»Vivienne«, sagte Dora Swire zerstreut. »Gut, dass du da bist. Ich brauche deine Armlänge. Jetzt komm.«

Sie drehte das Radio ab, und Churchill verstummte. Vivienne sah, dass ihre Mutter wieder einmal Stoff aus der Fabrik mitgebracht hatte, in der sie tagsüber schuftete.

»Wird das ein Kleid für mich?«, fragte Vivienne und betrachtete unglücklich den gestärkten marineblauen Kattunstoff, der vor allem dafür gemacht war, widerstandsfähig und praktisch zu sein.

»So wie du wächst, bleibt uns ja nichts anderes übrig.« Ihre Mutter friemelte das Maßband auseinander. »Deinen Arm, Vivienne.«

Sie durfte sich nicht beschweren, sagte sich Vivienne, die ihrer Mutter den Arm hinhielt, schließlich war sie ordentlicher und gepflegter gekleidet als die meisten anderen Kinder in der Schule.

Trotzdem nagte die Enttäuschung über den rauen Stoff an ihr. Wie es wohl wäre, ein Kleid zu tragen, das sich anders anfühlte, seidig und leicht? Sie konnte es sich nicht verkneifen zu fragen: »Warum bekomme ich nicht eins dieser hübschen Kleider, wie sie die Prinzessinnen Elizabeth und Margaret tragen?«

Darüber konnte Dora nur schallend lachen. »Was hast du für Flausen im Kopf!« Kopfschüttelnd maß sie Viviennes Armlänge. »Wenn du mich fragst, kommt das davon, dass du zu viel liest. Damit macht man sich die Augen kaputt. Und den gesunden Menschenverstand erst recht.«

Sie hielt das Metermaß an den dunkelblauen Stoff und markierte ihn mit Kreide.

»Apropos«, sagte sie. »Ich habe den Bibliothekar getroffen. Du sollst nicht vergessen, die Bücher zurückzubringen. Die sind schon wieder überfällig.«

Vivienne hatte stapelweise Lektüre von Enid Blyton, Charles Dickens und Jane Austen neben ihrem Bett liegen. Alles längst gelesen, nur hatte sie wieder mal vergessen, die Bücher rechtzeitig abzugeben. Sie versprach, das gleich am nächsten Tag nachzuholen, und fragte, ob sie nach oben gehen dürfe.

Dora hob den Blick vom Stoff und betrachtete ihre Tochter missmutig.

»Mal im Ernst, Vivienne, das viele Lesen, das ist Zeitverschwendung. Ich mache mir Sorgen. Du solltest besser fürs Leben lernen. Für deine Zukunft.«

»Aber das tue ich. Die Lehrer in der Schule ermuntern uns, zu lesen. Die finden das gut.«

Dora verzog das Gesicht und griff nach dem Nadelkissen. »Lesen verdirbt den Charakter. Du solltest das wirklich lassen.«

Vivienne wartete schweigend darauf, entlassen zu werden, doch ihre Mutter fixierte sie.

»Ich sollte dir den Büchereiausweis abnehmen. Dann hat das leidige Thema ein Ende. Ich werde ihn einfach in den Ofen werfen.«

»Nein!«, rief Vivienne erschrocken. »Der gehört mir. Das kannst du nicht machen.«

Dora ließ sie nicht aus den Augen. »Fünf Schilling.«

Das brachte Vivienne zum Schweigen. Ihr wöchentliches Taschengeld betrug einen Schilling. Das war unfassbar viel Geld.

»Fünf Schilling«, wiederholte ihre Mutter. »Und du wirfst das Ding in den Ofen.«

Das Angebot war zu verlockend. Vivienne nickte zögernd, und ihre Mutter legte zufrieden den Stoff beiseite, stand auf und überwachte, wie ihre Tochter den Ausweis hervorzog und in den Holzherd in der Küche warf. Das Feuer züngelte an den Ecken, und mit Schrecken sah Vivienne ihren säuberlich geschriebenen Namen in Flammen aufgehen.

»Na also«, sagte ihre Mutter. »Und jetzt wasch dich. Es gibt gleich Abendessen.«

Der Schulranzen, den Vivienne am nächsten Morgen mit säumigen Büchern vollgestopft hatte, wog mindestens eine Tonne. Sie schleppte ihn die ganzen zwei Meilen bis zur Schule. Norma wartete schon auf dem Pausenhof auf sie, als die Glocke im Turm zur ersten Stunde läutete.

»Da bist du ja endlich«, begrüßte Norma sie. »Was hast du denn da in deinem Ranzen?«

»Ich muss nach der Schule zur Bücherei. Ach Norma … Kann ich dich um einen Gefallen bitten?«

»Na klar.«

»Kannst du mir deinen Büchereiausweis borgen?«

»Aber du hast doch selber einen.«

»Hab ihn verloren. Ich gebe ihn dir morgen wieder, versprochen.«

Norma fummelte den Ausweis aus ihrer Brusttasche hervor und überreichte ihn Vivienne.

»Jetzt lass uns reingehen«, drängte sie. »Der Direktor möchte in der ersten Stunde mit uns über Berufe sprechen.«

Vivienne steckte den Ausweis zufrieden ein. Die Welt des Wissens würde ihr weiterhin offen stehen. Sie musste die Bücher in Zukunft nur vor ihrer Mutter verstecken.

»Meine Mutter sagt, ich soll besser heiraten und Kinder kriegen«, sagte Norma. »Einen Beruf brauche ich gar nicht. Und alle sagen, es gibt sowieso nur vier Berufe, die eine Frau ergreifen kann. Also ist das Ganze wohl nicht so wichtig.«

»Vier? Und welche wären das?«

»Na, Friseurin, Krankenschwester, Lehrerin oder Sekretärin.«

Oder, fügte Vivienne in Gedanken hinzu, wenn man nichts gelernt hatte, arbeitete man wie ihre Mutter in der Fabrik. Wie nannte man Frauen, die in Fabriken arbeiteten? Gab es auch für sie eine Berufsbezeichnung?

»Welchen Beruf willst du nennen, wenn der Direktor dich drannimmt?«, fragte Norma. »Vielleicht Friseurin?«

»Nichts davon.«

»Und was sonst?«

Die letzten Kinder verschwanden im dunklen Portal des Schulgebäudes. Vivienne packte den Ranzen und lief ihnen hinterher. Sie blieb ihrer Freundin die Antwort schuldig.

»Los, Norma«, rief sie. »Wir kommen wieder zu spät.«

Denn wenn alle Berufe, die für sie in Frage kämen, die genannten wären, dachte Vivienne bei sich, dann würde es dabei bleiben, was sie Norma ohnehin schon gesagt hatte: Sie würde eben eine Heldin werden.

London, 15. Dezember 1992

Sie trat aus dem Buckingham Palace und steuerte auf die Meute der Journalisten und Fotografen zu. Was sie wohl in ihr sahen? *Vivienne Westwood, Officer of the Order of the British Empire* – das war nun ihr offizieller Titel. Aber was hieß das schon? Sie musste daran denken, was sie sich als Mädchen vorgenommen hatte, und lächelte. Heldin werden. Hatte sie irgendetwas Heldenhaftes geleistet auf ihrem unwahrscheinlichen Weg von den Mooren im Norden Englands, die sie als Kind aus der Arbeiterklasse durchstreift hatte, bis zu dieser Residenz der britischen Monarchin, die Vivienne zu einem royalen Empfang eingeladen hatte, um ihr den Verdienstorden des britischen Empires zu verleihen?

»Mrs Westwood!«, rief ihr ein Fotograf zu, damit sie in Richtung seiner Kamera schaute. »Hier, Mrs Westwood!«

Sie machte eine halbe Drehung, wodurch ihr wallendes Kleid zur Geltung kam. Der graue Wollstoff hob sich elegant vom cremefarbenen Kalkstein des Gebäudes ab. Der Buckingham Palace mit seinen Säulen und Balustraden war die perfekte Bühne für ihr Outfit.

»Mrs Westwood, wie fühlt es sich an, den Verdienstorden zu tragen?«

»Was hat die Queen zu Ihnen gesagt?«

»Mrs Westwood, ist es Ihnen schwergefallen, den Hofknicks zu machen?«

Was für eine Frage, dachte sie amüsiert. Sie war immer eine Rebellin gewesen, aber der Queen den formalen Gruß zu verweigern, wäre ihr albern vorgekommen.

»Ich hoffe, er ist mir gelungen«, sagte sie.

»Mrs Westwood, ist Ihr Kleid von Dior inspiriert?«

Diese Frage gefiel ihr schon besser. Die hochgeschlossene Kombination aus grauem Rock und Blazer, in Schnitt und Stoffauswahl angelehnt an eine viktorianische Uniform, verwandelte sich nämlich beim kleinsten Windzug in ein bauschendes Kleid, dessen seidene Innenseite in einem schillernden Bronzegoldton leuchtete.

»Vor allem spiegelt das Kleid die verschiedenen Epochen Britanniens wider«, sagte sie, doch ehe sie das erläutern konnte, folgte die nächste Frage.

»Wie fühlt es sich für einen Punk wie Sie an, von der Queen persönlich ausgezeichnet zu werden?«

Die Frage würde Norma sicher auch interessieren. Auf ihrer Reise war sie so vieles gewesen: alleinerziehende Mutter, Sozialhilfeempfängerin, Ausgestoßene, Skandalfigur, Hassobjekt, umjubelter Undergroundstar. Der Punk war der Anfang von allem gewesen. Dank ihm war sie geworden, wer sie war. *Hör zu, kleine Norma,* dachte sie, *ich erzähle dir davon.*

Doch schon kam die nächste Frage.

»Mrs Westwood, tragen Sie unter Ihrem Rock Unterwäsche?«

Überrascht nahm sie den Mann, der diese Frage gestellt hatte, in Augenschein. In seinem Trenchcoat sah er wie ein gewöhnlicher Lokalredakteur aus. Dann erinnerte sie sich, wie sie kürzlich öffentlich erklärt hatte, ihre Haltung zu Unterwäsche gleiche der des 18. Jahrhunderts.

»Ob ich Unterwäsche trage?«

In bester Marilyn-Monroe-Manier vollführte sie eine Pirouette, die ihren ausufernden Rock, meterweise weichen Stoff mit seidener Unterseite, hochfliegen ließ, höher, als von Vivienne erwartet. Und an den schockierten Gesichtern erkannte sie, dass sich nun alle ihr Bild machen konnten. Ein Raunen ging durch die Menge, Blitzlichtgewitter folgte, und Vivienne konnte nicht anders, sie musste lachen. Wenn Norma sie doch nur sehen könnte …

Teil I

PUNK

1965-1979

1

Liebevoll blickte Vivienne auf den schlafenden kleinen Jungen, sie hätte sich am liebsten zu ihm gelegt, ihn in ihrem Arm gehalten. Manchmal fragte sie sich, ob ihrem dreijährigen Sohn die vielen Veränderungen wohl am allerwenigsten ausmachten. Im Gegensatz zu allen anderen, die der Ansicht waren, ihr Leben sei zu Ende. Keiner sprach es laut aus, aber Vivienne konnte es an ihren Gesichtern ablesen, an den mitleidigen Mienen ihrer Eltern und Geschwister. Sie fanden, sie habe, noch keine fünfundzwanzig Jahre alt, ihre Zukunft bereits gegen die Wand gefahren.

Ob Ben später einmal verstehen würde, warum sie diese Entscheidung getroffen hatte? Ob er Verständnis für seine Mutter hätte, nachvollziehen könnte, dass sie nicht anders hatte handeln können?

Aus dem Postamt im Erdgeschoss, das ihre Eltern seit einigen Jahren im Norden Londons bewirtschafteten, drang die Stimme ihrer Mutter Dora. Da die Tür nach unten nur angelehnt war, kam Vivienne kaum umhin, mit anzuhören, was geredet wurde.

»Sie sagt, sie wohnt nur vorübergehend bei uns«, sagte Dora mit einem Seufzer. »Wo sie hinwill? Keine Ahnung.«

»Sie kann ihr Leben nicht allein in die Hand nehmen«, sagte eine andere Frau, in der Vivienne Maggie erkannte, die Freundin ihrer Mutter, die gern mit unterm Kinn zusammengeknotetem Kopftuch ins Postamt stiefelte, um sich bei einer Tasse Tee über den neuesten Tratsch auszutauschen. »Ich verstehe das nicht. Hat sie denn nie über ihre Ehe gesprochen? Was sie daran stört?«

»Was gab es da schon zu reden? Derek ist ein wundervoller Mann. Ich war überzeugt, mein kleines Mädchen würde eine ebenso glückliche Ehe führen wie ihre Eltern.«

»Ich auch, meine Liebe«, sagte Maggie mitfühlend. »Er geht doch genauso gern tanzen wie Vivienne, nicht wahr? Und dann sein gutes Aussehen! Ich wünschte nur, ich könnte verstehen, was Vivienne sich denkt.«

Da musste sich die gute Maggie in eine lange Schlange einreihen, dachte Vivienne. Dora war außer sich gewesen, ihre jüngeren Geschwister verstanden ebenfalls nicht, was sie antrieb. Und schon gar nicht die Nachbarn. Alle himmelten Derek an. Und da er sich offensichtlich nichts zuschulden hatte kommen lassen, musste es ja an Vivienne liegen.

Am liebsten hätte sie die Tür zugedrückt, doch Maggies verschwörerischer Tonfall ließ sie innehalten.

»Vielleicht sind es Kindbettdepressionen«, sagte sie, »das

hört man immer wieder. Junge Mütter, die nach der Entbindung in rätselhafte Gemütslagen verfallen. Sie wäre nicht die einzige.«

»Ich weiß nicht, depressiv kommt sie mir nicht vor«, meinte Dora skeptisch und fügte dann hinzu: »Ach Maggie, was sollen nur die Leute sagen?«

Natürlich!, dachte Vivienne wütend. Am meisten sorgte sich ihre Mutter über das Urteil anderer Menschen. Zuerst hatte Dora darauf bestanden, dass geheiratet wurde. Vivienne war gerade einundzwanzig gewesen, und wenn sie einem Mann irgendwie näherkommen wollte, gab es keinen anderen Weg, als ihn zu heiraten. Dann legte Dora Wert darauf, dass eine kirchliche Hochzeit stattfand, obwohl weder Vivienne noch Derek es wünschten. Aber Dora hatte ihre Prinzipien, und eine kirchliche Trauung gehörte nun mal dazu. Diese Scheidung war ein Skandal!

»Was für Perspektiven hat eine geschiedene Frau?«, murmelte Maggie. »Das wird ihr ein Leben lang nachhängen.«

»Sie verdirbt sich alles.«

»Sie muss froh sein, wenn sie eine Anstellung findet. Dora, meinst du, sie kann in einer Fabrik arbeiten? Oder als Verkäuferin?«

»Jetzt ist sie erst mal am St. Gabriel's Teacher Training College in Südlondon«, sagte Dora mit einer Spur Genugtuung in der Stimme. »Sie holt das Diplom in Pädagogik nach, um einen Job als Lehrerin zu finden.«

»Du denkst, in einer öffentlichen Schule nehmen sie auch Geschiedene?«

»Das müssen sie sogar, so dringend, wie Lehrerinnen gesucht werden.«

»Und der Junge?«, fragte Maggie. »Er wächst ohne Vater auf. Nicht auszudenken, wie er in der Schule gehänselt werden wird.«

Vivienne sah zu Ben, der friedlich in seinem Bettchen schlummerte. Habe ich die falsche Entscheidung getroffen?, fragte sie sich. Sind meine Träume wichtiger als das Glück meines Kindes?

Nein. Sie glaubte fest daran, dass es nicht so war. Ben würde eine starke Persönlichkeit werden, wie sie selbst es war. Wäre sie bei Derek geblieben, hätte sie ebenjene Depressionen bekommen, die Maggie ihr unterstellte. Und ein Kind brauchte eine Mutter, die glücklich war.

»Das verspreche ich dir, mein kleiner Ben«, sagte sie. »Ich werde dir im Glücklichsein ein Vorbild sein.«

Wie sollte sie den Leuten erklären, weshalb sie es in dieser Ehe keine Sekunde länger aushielt? Derek war ein anständiger Kerl, damit hatte Dora recht. Er war im Begriff, Pilot zu werden, und er bot ihr ein Leben in Sicherheit.

Aber genau das war es, was Vivienne Angst einjagte: ein Leben voller Konventionen. Sie wollte sich weiterentwickeln, wollte Freiheit, Selbstverwirklichung, Bildung. Sie war gerade erst fünfundzwanzig geworden. Sie wollte mehr sein als Hausfrau und Mutter.

Seit Viviennes Kunstlehrer ihr vor einigen Jahren eine Galerie in Manchester empfohlen hatte und sie zum ersten Mal in ihrem Leben mit Gemälden konfrontiert worden war, wusste sie, dass da eine fremde Welt darauf wartete, von ihr entdeckt zu werden. Viviennes Sehnsucht war geweckt – nach Kunst und allem, was sie verheißen konnte. Vor allem hatte Vivienne begriffen, dass ihre bisherige Bildung nur an der Oberfläche all dessen kratzte, was sie so sehr anzog. Und an Dereks Seite würde sich daran nie etwas ändern.

Das Hupen eines Lieferwagens drang von draußen herein, und sie trat neugierig ans Fenster. Vor dem Postamt fuhr der Pritschenwagen einer Brauerei vorbei und gab die Sicht frei auf einen mintfarbenen Kastenwagen, der mit beschlagenen Fenstern unter der Eiche auf der anderen Straßenseite stand. Ein leicht verbeulter Morris Cowley, der ihrem Bruder Gordon gehörte. Ihr kleiner Bruder, der – wer hätte das je für möglich gehalten – seit einiger Zeit die Universität besuchte. Durch ihn hatte Vivienne junge Künstler und Intellektuelle kennengelernt, die ohne Reue ihren Träumen folgten. Auch Leute aus der Arbeiterklasse. Es war eine neue Welt, die sie durch Gordon an der Harrow Art School entdeckte, was ihre Entfremdung von Derek sicher befeuert hatte.

Die verbeulte Tür von Gordons Kastenwagen wurde von innen aufgestoßen, und dünne, knochige Beine erschienen. Ein alter schmutziger Mantel folgte, dann tauchte das verschlafene Gesicht von Gordons Freund Malcolm auf, der im Auto übernachtet hatte. Ein dürrer zwanzigjähriger Junge mit einer Haut bleich wie Milch und mit feuerrotem Haar. Malcolm zog den Mantel enger und zündete sich eine selbst gedrehte Zigarette an, wobei er den Rauch in die kalte Morgenluft blies. Er gähnte ausgiebig.

Vivienne wusste, dass er sein Gesicht mit Talkpuder bestäubte, um seine Blässe und den Kontrast zum roten Haar zu betonen. Niemand, den sie kannte, tat so was. Er reckte sich wie eine Katze und sah hinauf zu dem Fenster, hinter dem Vivienne stand. Er winkte.

Für ihn schien es ganz normal zu sein, in einem Auto zu wohnen. Bis vor Kurzem hatte er in einer Studentenbude gelebt, die seine Oma ihm besorgt hatte, doch als er die Miete nicht mehr zahlen konnte, war er rausgeflogen. Gordon hatte ihm das Auto überlassen, damit er nicht wie in den ersten Nächten nach dem Rauswurf auf dem nahe gelegenen Friedhof übernachten musste, und Malcolm schien ganz zufrieden mit seiner Unterkunft zu sein.

»So schnell wird sie nicht bei uns ausziehen können«, hörte sie nun Dora unten im Postamt sagen. »Das ist auch gut so. Sie hat ihre Eltern, wir helfen. Ich werde dem Jungen eine gute Großmutter sein, und Gordon wird ihm als Großvater den Vater ersetzen können.«

Vivienne hatte endgültig die Lust verloren, dem Gespräch zu lauschen, sie trat an die offene Tür und drückte sie zu. Schluss damit.

Seltsam, wie sich alles entwickelte, dachte sie. Denn das Leben, von dem sie heimlich träumte, wäre vor ein paar Jahren fast Realität für sie geworden. Der Kunstlehrer, der ihren ersten Museumsbesuch zu verantworten hatte, hatte eine ihrer Modeskizzen gesehen, die, wie Vivienne fand, nichts

Besonderes war, ihn jedoch so begeisterte, dass er überzeugt war, sie solle zur Kunstakademie gehen. Im Alter von siebzehn Jahren war das für sie als Mädchen aus der Arbeiterklasse völlig undenkbar gewesen. Doch er half ihr, eine Mappe zu erstellen, und sie wurde tatsächlich angenommen.

Zuerst belegte sie Kurse im Schneidern, immerhin liebte sie Kleider und nähte sich ihre Garderobe seit Langem selbst, alles außer Mänteln jedenfalls. Sogar ihr Hochzeitskleid hatte sie selbst entworfen und genäht. Die anderen in ihrem Kurs, größtenteils verwöhnte Mittelschichtskinder, hatten keine Ahnung von der *Do-it-yourself*-Philosophie, die ihr ihre Mutter vorgelebt hatte. Vivienne war ihnen daher im Schneidern weit voraus. Außerdem wurde im Kurs wochenlang nur gezeichnet, es gab keine Praxis.

Diese Untätigkeit machte sie verrückt, deshalb wechselte sie in den Schmiedekurs, wo sie lernte, getriebene Kupferarmreifen und Silberringe herzustellen. Das machte ihr zwar Spaß, doch wie man damit seinen Lebensunterhalt verdienen sollte, schien außer ihr niemanden zu interessieren. Künstlerin zu sein, dachte sie damals, das hieß, Gemälde zu verkaufen. Wie sonst konnte man Geld verdienen? Als Frau aus einfachen Verhältnissen wusste sie nur zu gut, wie wichtig diese Frage war.

Sie brach das Kunststudium ab und wurde Lehrerin. Und heiratete Derek. Aber als sie Gordons Freundeskreis kennenlernte und ihrem Bruder dabei zusah, wie er sein Studium organisierte und sich anschickte, tatsächlich Künstler zu werden, begann sie ihre Entscheidung zu hinterfragen.

Was, wenn es doch möglich war, mit Kunst seinen Lebensunterhalt zu verdienen? Was, wenn es für sie noch nicht zu spät war?

Nein. Sie musste sich und ihren Sohn über Wasser halten, und mit einer abgeschlossenen Lehrerinnenausbildung wäre das möglich. Vielleicht könnte sie sogar Kunst unterrichten. Dann hätte sie beides vereint.

Ben schlief tief und fest, und sie blickte wieder aus dem Fenster. Unten auf der Straße trat Malcolm seine Zigarette aus und sah zu ihr hoch. Er bedeutete ihr, dass er über die Mauer zum Sims hochklettern wolle. Durch die Tür zu spazieren war unmöglich, denn Dora konnte ihn nicht ausstehen. Er schnorrte sich manchmal ein Frühstück, wenn Gordon zu Hause war, bis Dora ihn entdeckte und mit dem Besenstiel aus dem Haus scheuchte.

Vivienne schob das Fenster hoch und beobachtete, wie der dürre junge Mann mit dem viel zu weiten Mantel ungelenk an der Mauer hochkletterte, sich schließlich über den Fenstersims rollte und polternd auf die Dielen fiel.

»Hey, Viv«, sagte er und stand auf. »Habt ihr noch Bohnen und Speck? Ich verhungere.«

»Klar, aber sei leise.«

»Du meinst wegen dieses feuerspeienden Drachen, der eure Mutter ist?«

»Nein, wegen Ben. Er ist gerade eingeschlafen.«

Er schnitt eine Grimasse und schlurfte an ihr vorbei in die Küche, wo er sich an den Tisch fläzte, als gehöre er zur Familie.

»Was ist mit Tee?«, fragte er und legte die Beine auf den Tisch. »Ist noch welcher da?«

Vivienne ging kopfschüttelnd an ihm vorbei und setzte Teewasser auf. Dann stellte sie die Pfanne auf den Gasherd, um die Reste des Frühstücks aufzuwärmen. Malcolm betrachtete sie aufmerksam.

»Gordon hat erzählt, du bist mal an der Kunstakademie gewesen«, stellte er fest. »Aber nur für ein paar Wochen?«

Vivienne drehte ihm den Rücken zu. »Ja. War nicht das Richtige.«

»Wie kann das nicht das Richtige sein? Da gehen alle hin, die sonst nirgendwo hinpassen. Also die interessanten Leute. Ehrlich, es ist ein toller Ort zum Abhängen.«

Vivienne konnte sich ein Lächeln nicht verkneifen. Als wenn es einer Mutter, die sich um ein Kind kümmern musste, darum ginge, wo man am besten *abhängen* konnte.

»Komm schon, Viv. Du kannst mir nicht sagen, dass es lässiger ist, Lehrerin zu sein.«

»Das vielleicht nicht.« Mit dem Pfannenwender deutete sie zur Straße, wo Gordons Kastenwagen parkte. »Aber es bezahlt die Miete.«

Er zuckte gleichgültig die Schultern.

»Du solltest es noch mal probieren«, schlug er vor. »Mit einem Stipendium kannst du dich über Wasser halten.«

»Ja, vielleicht«, sagte sie vage und wandte sich wieder der Pfanne zu.

»Glaub mir, das ist ganz leicht«, redete er weiter. »Ich bin nicht nur an der Kunsthochschule von Harrow. Ich habe verschiedene Bewerbungen laufen, unter falschen Namen, versteht sich, um weitere Stipendien zu bekommen. Irgendwas geht immer. So kommt Geld zusammen.«

Ihr erster Impuls war, ihn zur Räson zu rufen, denn diese Art der Schummelei fand sie unerhört. Doch dann lachte sie nur. Er grinste zwar, schien jedoch nicht zu verstehen, worüber sie lachte.

Mit Blick auf ihren selbst gestrickten Pullover und den Schottenrock fragte er: »Ist es wahr, dass du jeden Sonntag in die Kirche gehst?«

»Ist richtig.«

»Und du willst Lehrerin werden?«

»Stimmt was nicht damit?«

Er hob abwehrend die Hände. Vivienne stellte einen Teller auf den Tisch, schob das Frühstück darauf und goss Tee ein. Er stürzte sich wie ein ausgehungerter Welpe auf das Essen.

Sie lehnte sich mit dem Rücken gegen die Anrichte. Was für merkwürdiger Kerl. Gordon hatte ihr erzählt, dass Malcolm bei seiner durchgeknallten Großmutter aufgewachsen sei und einen ziemlichen Dachschaden habe. Doch Vivienne gefiel, dass er ganz anders dachte als die meisten Leute, die sie kannte. Er war auf jeden Fall nicht langweilig, und er brachte sie zum Lachen. Etwas, das sie nicht über viele Typen sagen konnte.

»Beeil dich«, sagte sie. »Wenn Dora hochkommt, möchte ich nicht in deiner Haut stecken.«

»Ich dachte, ich könnte vielleicht noch baden.«

»Du kannst dich am Becken waschen, aber das Wasser ist kalt.«

Er verzog den Mund, überlegte es sich offenbar anders und stopfte weiter Bohnen und Speck in sich hinein. Vivienne legte ihm ein Toast dazu.

Da fiel sein Blick auf den Schmuck neben dem Küchenradio, an dem sie gerade arbeitete. Um ein bisschen Geld zu verdienen, verkaufte sie selbst gefertigten Schmuck auf dem Markt in der Portobello Road. Damit wurde sie nicht reich, aber momentan war jeder Schilling willkommen, und so war ihr abgebrochenes Kunststudium doch noch für etwas gut.

»Hast du das gemacht?«, fragte er.

»Gefällt er dir nicht?«

»Na ja. Die bunten Steine sind … interessant. Aber ich würde es eher monochrom machen. Nimm die Farbtupfer raus und lass die Steine mit den beigefarbenen Schattierungen. Das könnte besser aussehen.«

Verwundert betrachtete sie die angefangene Kette, beugte sich vor und wechselte kurz entschlossen ein paar Steine aus. Zu ihrer Überraschung gefiel es ihr deutlich besser. Die Kette wirkte eleganter.

»Und die Silberplatten würde ich flacher anordnen«, fuhr er beinahe gelangweilt fort. »Du kennst doch die alten Tudor-Ketten? Nicht so pompös, versteht sich, sondern eher schlicht. Aber das Prinzip, das meine ich.«

Vivienne konnte nur staunen. Die Idee war großartig. Wieso war sie nicht selbst darauf gekommen?

»Das ist … deine Ideen sind gut!«

»Ach, im Grunde sind die gar nicht von mir. In der Welt der Kunst geht es doch nur ums Plagiieren. Wenn man nicht anfängt, sich von Dingen, die man bei anderen sieht, inspirieren zu lassen und auch mal Konzepte zu klauen, kommt man nicht von der Stelle.«

Sie betrachtete den Schmuck. Dann diesen blassen, ungezogenen jungen Typen, der ihre Ideen mit leichter Hand auf den Kopf stellte. Sie wusste nicht, was sie sagen sollte, und als wollte er ihr Schweigen brechen, rülpste Malcolm laut. Vivienne konnte nicht anders, sie lachte wieder.

Da donnerte es gegen die Tür, die hinunter ins Postamt führte. Die beiden schraken zusammen.

»Vivienne!«, brüllte Dora hinter der Tür. »Hast du etwa abgeschlossen?«

»Meine Mutter«, flüsterte sie. »Hau ab, schnell!«

Malcolm ließ sich nicht zweimal bitten. Er schnappte sich die verbliebene Scheibe Toast, wischte sie mit der flachen Hand durch die Pfanne, um die restlichen Bohnen aufzuklauben, faltete sie zusammen und steckte sie in die Manteltasche. Dann floh er am schlafenden Ben vorbei über das Fensterbrett nach draußen.

»Vivienne, verflucht, warum ist die Tür zu!«

Sobald sein roter Haarschopf verschwunden war, riss sie die Tür zur Treppe auf. »Tut mir leid, Mama. Ich muss sie aus Versehen ins Schloss gedrückt haben.«

»Dein Bruder kommt«, sagte sie grimmig. »Kannst du Fleischpasteten fürs Mittagessen einkaufen? Ich passe so lange auf Ben auf.«

Vivienne, die sich auf Gordon freute und gespannt war, welche Neuigkeiten aus der Harrow Art School zu berichten waren, machte sich auf den Weg. Auf der Straße stand Malcolm breitbeinig vor dem Kastenwagen, als würde er das Mannsein proben, und wie um Vivienne zu imponieren, zog er mit einem überheblichen Lächeln das mit Tomatensauce durchtränkte Toast aus der Tasche und biss provokativ hinein.

Vivienne musste schon wieder lachen – was für ein albernes Theater – und spazierte weiter. Als sie vom Metzger zurückkehrte, war das Auto verschwunden. Von Malcolm keine Spur. Dafür erwartete sie oben in der Küche ein Mitbewohner ihres Bruders (Gordon sei noch im Seminar und verspäte sich), der Dave oder Dick hieß, ein amerikanischer Filmstudent, der in Gordons Wohngemeinschaft lebte, um dem Kriegsdienst zu Hause zu entkommen. Vivienne machte sich ans Mittagessen und beachtete ihn kaum, bis er ihr erzählte, dass er bei ihrem Bruder ausziehen müsse und einen Nachmieter suche.

»Ich kann doch einziehen«, sagte Vivienne.

Eine verheißungsvolle Vorstellung.

»Das kommt überhaupt nicht infrage!«, ging Dora dazwischen. »Das ist nicht der richtige Platz für dich. Ben braucht stabile Verhältnisse.«

»Er ist drei. Und ich gebe ihm Stabilität.«

»Wir helfen dir. Du ziehst nicht zu Gordon. Such dir erst mal Arbeit, dann sehen wir weiter.«

Dave oder Dick zog den Kopf ein, so unwohl fühlte

er sich als Zeuge des familiären Disputs. Aber Vivienne konnte keine Rücksicht auf ihn nehmen.

»Ich muss auf eigenen Beinen stehen, Mutter. Ich bin alt genug.«

Sie stritten eine Weile, bis unten im Postamt die Glocke ging und Dora hinuntermusste. Der Amerikaner sah verlegen drein, doch Vivienne lächelte ihn an.

»Mach dir keine Sorgen, ich ziehe ein«, sagte sie. »Es ist perfekt.«

»Aber es ist eine Männer-WG.«

»Jetzt nicht mehr. Gordon wird sich dran gewöhnen.«

Fast schien es, als bereute der Junge, davon angefangen zu haben. »Da hängen komische Typen rum«, sagte er nun. »Ich meine nur, wegen dem Kind. Einer von Gordons Kumpels, der ständig da ist, lebt in seinem Auto. Ich weiß nicht, ob das der passende Umgang für ein Kind ist.«

»Du meinst Malcolm?«, fragte sie. »Den kenne ich.«

»Dann weißt du ja Bescheid. Der kann eine ganz schöne Nervensäge sein.«

Sie lachte. Als wenn sie das nicht wüsste.

»Mit dem komm ich klar.«

Zufrieden wandte sie sich der Fleischpastete zu. Die Entscheidung war gefallen, egal, was Dora dazu sagte.

2

Das Haus in der Kings Avenue entpuppte sich als herunter-
gekommenes, viktorianisches Reihenhaus mit einem winzigen Vorgarten, in dem sich zwischen Brennnesseln und
verwildertem Liguster der Müll sammelte. Im Erdgeschoss
befand sich das weitläufige Wohnzimmer mit prachtvollen
Fensterfronten, und vom Flur führte eine schmale Treppe
hinauf in das puppenstubenhafte Obergeschoss, das über
eine Handvoll Schlafzimmer verfügte.

Trotz des Zustands verliebte sich Vivienne auf Anhieb in
das Haus. Es war das Gegenteil von all dem, was Derek ihr
hatte bieten wollen: ein Nest für sie als Hausfrau und Mutter, deren Lebenssinn darin liege, Kindern den Mund ab-
zuwischen und für Nachbarinnen Kekse zu backen. Hier,
zwischen überquellenden Aschenbechern, Künstleruten-
silien und an die Wand plakatierten Postern, spürte sie
einen Hauch von Anarchie, der unbegrenzte Möglichkeiten versprach.

Dave oder Dick, der Amerikaner, dessen Zimmer frei geworden war, zeigte Vivienne den winzigen Raum im Obergeschoss.

»Gordon ist in der Uni und kommt erst später«, erklärte er. Mit skeptischem Blick fügte er hinzu: »Bist du sicher, dass dir das Zimmer nicht zu klein ist? Dein Kind zieht mit ein, oder? Nicht gerade geeignet.«

»Im Gegenteil. Es ist genau, was ich gesucht habe!«

Ben, davon war sie überzeugt, würde glücklich sein, wo sie es war. Und an diesem Ort würde sie glücklicher sein als irgendwo sonst.

Der Amerikaner übergab ihr den Schlüssel und verabschiedete sich, woraufhin sie sich sofort daranmachte, das Zimmer zu putzen. Gerade brachte sie einen Eimer mit Schmutzwasser nach unten, als die Haustür aufgestoßen wurde und eine dürre Gestalt mit raspelkurzen roten Haaren und einem grünen Webmantel im Teddy-Boy-Stil eintrat. Es war Malcolm.

Unterm Arm trug er ein Netz mit Eiern und Milch – wusste der Himmel, wo er die geschnorrt hatte –, und seine Finger waren schwarz von Tusche. Er wandte sich um, den Mund geöffnet, um etwas zu rufen, als er sie auf der Treppe entdeckte und erstarrte.

»Was zur Hölle machst *du* hier?«

Er sah sich hektisch um.

»Putzt du jetzt für Gordon?«

Sie lachte. »Ich ziehe in das freie Zimmer.«

»Aber … das geht nicht!«

Er wirkte schockiert.

»Wir sind ein Männerhaushalt«, sagte er heftig. »Wir sind Künstler. Wir arbeiten in diesem Haus. Dass Mädchen daherkommen und hier wohnen wollen, das geht nicht.«

Sie schmunzelte. Es fiel ihr schwer, sein Entsetzen über ihr Auftauchen ernst zu nehmen. Kopfschüttelnd ließ sie ihn stehen und ging mit dem Eimer unterm Arm in die Küche.

Er eilte hinter ihr her.

»Du hast ein Kind!«, rief er.

»Ben zieht ebenfalls hier ein.«

»Kinder brauchen wir erst recht nicht. Du wirst alles kaputt machen!«

Malcolm, sonst so eloquent und sprachgewaltig, wirkte in seiner Verzweiflung beinahe wie ein Schuljunge. Ein Freund hatte Vivienne mal anvertraut, dass Malcolm noch Jungfrau sei, was keiner wissen dürfe, weil er Angst habe, konventionell oder naiv zu wirken.

Sie hatte sich darüber gewundert, denn Malcolm stammte aus einer weltgewandten jüdischen Familie, die von portugiesischen Diamanthändlern und namhaften Schneidern abstammte. Dass ausgerechnet er Jungfrau war, wo doch in Künstlerkreisen alle von der freien Liebe predigten, war ungewöhnlich, sollte sie im Grunde aber nicht weiter kümmern, schließlich wollte sie nichts von ihm. Er war viel zu jung für sie und überhaupt nicht ihr Typ. Trotzdem fragte sie sich, was dahintersteckte.

Sie kippte das Putzwasser weg, während er hinter ihr

schimpfte, dass er sich bei Gordon beschweren werde. Dann stürmte er aus dem Haus und warf die Tür zu. Vivienne blieb mit dem leeren Eimer in der Hand stehen und sah ihm nach. Ein seltsamer Typ. Was war nur los mit ihm?

Am kommenden Tag zog sie in das Haus in der Kings Avenue ein. Malcolm hatte Gordon nicht überreden können, sie davon abzuhalten.

In den folgenden Wochen bekam sie Malcolm kaum zu Gesicht. Zwar schlief er ab und zu in der Kammer, in der eine alte Matratze auf dem Boden lag, doch meist waren er und Gordon in der Kunsthochschule. Oder sie lagen noch in den Betten, wenn Vivienne frühmorgens aufstand, Ben fertig machte und ihn auf dem Weg nach Südlondon bei Dora vorbeibrachte. Manchmal entdeckte sie schwarze Tuschezeichnungen von Malcolm in der Kammer, futuristische Stadtlandschaften, die auf seltsame Weise beunruhigend wirkten. Verspielt und dennoch düster, reizvoll fremd, doch dabei bedrohlich. Vivienne konnte sich die Zeichnungen stundenlang anschauen und hätte sie am liebsten mit Malcolm diskutiert. Doch es ergab sich keine Gelegenheit.

Wenn sie unten im Wohnzimmer waren, ignorierte er Vivienne demonstrativ, tat, als sei sie gar nicht anwesend. Erst als er sie einmal nach dem Bad nackt, wie sie es immer tat, durch das Haus laufen sah, verlor er die Fassung. Da sich aber sonst keiner daran störte, verlegte er sich eilig wieder darauf, sie zu ignorieren.

Nachdem Vivienne das College abgeschlossen hatte und auf eine Anstellung als Lehrerin wartete, ergab es sich, dass Malcolm und sie des Öfteren zur gleichen Zeit zu Hause waren. Wenn sich Malcolm langweilte, schlurfte er zu Vivienne in die Küche und fläzte sich an den Tisch, während sie für ihn kochte.

Er erzählte ihr von darstellender Kunst, von Film und Mode, Installationen, Musik und Performance und teilte seine komplexen Überlegungen zu all dem mit ihr. Vivienne, für die seine Sichtweisen neu und aufregend waren, saugte alles begierig in sich auf. Bis er sie spöttisch beäugte.

»Wieso interessiert dich das eigentlich?«, fragte er. »Dein Leben besteht daraus, dich um Ben zu kümmern. Pullover zu stricken, Freundinnen aus der Lehrerausbildung zu treffen und sonntags zur Kirche zu gehen.«

Obwohl er nicht ganz unrecht hatte, verletzte sie diese Bemerkung. »So denkst du über mich?«, fragte sie.

Er blieb ihr eine Antwort schuldig. »Wenn ich mal Künstler bin, dann werde ich kein typischer Kerl mit einem typischen Job sein. Das unterscheidet uns. Ich lasse mich auf ein viel größeres Abenteuer ein.«

Mit diesem Abenteuer meinte er nicht nur die Kunst, sondern all das, was gerade in der Welt im Wandel war. Er redete vom Vietnamkrieg, den Unruhen in Irland und der Revolution, die in der Luft lag. Von der Mode der Mods und ihren Ursprüngen in der afroamerikanischen Subkultur. Redete über Pinochet, die Schriften von John Berger, dem marxistischen Kunstkritiker, und anschließend schlug er einen Bogen zum Rock 'n' Roll und den Beatles (»Die ich verachte!«), um die Popkultur in seinen Kunstbegriff einzubinden. Ihm zuzuhören war die reinste Achterbahnfahrt, und Vivienne fand es nicht minder unterhaltsam.

In den darauffolgenden Wochen verbrachten sie viel Zeit miteinander. Sie hockten stundenlang vor einer Heizsonne, die kaum mehr als lauwarm wurde, teilten sich gebackene Bohnen auf Toast, tranken Tee, rauchten Woodbines und kippten bis spät in die Nacht billigen Whiskey.

Vivienne lauschte Malcolms Ausführungen gebannt. Er war jung, manchmal ein Kind, doch er sprach eloquent und mit ausufernder Begeisterung. Es schien Vivienne, als habe er den Schlüssel zu so vielen Türen, die sie gern öffnen wollte. Mit ihm zusammen zu sein löste ein ähnliches Gefühl in ihr aus wie ihr allererster Besuch der Kunstgalerie in Manchester. Eine ganze Welt wartete darauf, von ihr entdeckt zu werden. Eine Welt, nach der sie sich ihr Leben lang gesehnt hatte, ohne es zu wissen. Und es war furchtbar aufregend, sie gemeinsam mit Malcolm zu betreten.

Eines Abends gestand sie ihm angetrunken, wie erleichtert sie war, der Ehe mit Derek entkommen zu sein. Sie erzählte von ihrem Horror, als Hausfrau und Mutter eine makellose Vorstadtehe zu führen. Dass sie deshalb Ben geschnappt hatte und abgehauen war, auch wenn es einen Skandal provoziert hatte.

Er hingegen erzählte von dem Groll auf seine ständig abwesenden Eltern. Von seiner verkorksten Mutter, die ihn verleugnet habe, um ihre Verhältnisse mit reichen Männern zu pflegen, von seiner exzentrischen Großmutter Rose und seinem nicht existenten Vater. Rose war eine Bohemienne, die Malcolm zu Ungehorsam und Kompromisslosigkeit erzogen hatte. Seine gestörte Familie, meinte er, habe aus ihm einen komischen Kauz gemacht. Doch so ungewöhnlich er auch sein mochte, er hatte es Vivienne angetan.

Am nächsten Morgen saßen sie beim Frühstück – die Geständnisse der Nacht ein unsichtbares Band zwischen ihnen, als er plötzlich aufstand und rief: »Lass uns einkaufen gehen, Viv! Ich komme aus einer Schneiderfamilie, wir reden ständig über die Mode der Mods. Du brauchst dringend neue Klamotten!«

»Das kann ich mir nicht leisten«, wehrte Vivienne ab. »Ich habe kein Geld, das weißt du doch.«

»Unsinn. Mode kann man sich immer leisten! Komm schon, ich habe eine Idee.«

Vivienne ließ sich von ihm mitnehmen, nach Soho und Mayfair, in die Oxford Street und die Bond Street, wo er mit ihr durch die Läden zog. Mit Geschmack und Stilempfinden könne man eine dünne Geldbörse ausgleichen, meinte er. Und obwohl er ebenfalls pleite war, kaufte er ihr ein komplettes Outfit: ein maritimes Ensemble, mit einem groben, marineblauen Kleid und einem weißen Faltenrock. Vor dem Spiegel bewunderte sie den Matrosenlook, der so viel raffinierter war als ihre selbst gestrickten Pullover.

»Du hast recht«, sagte sie. »Mode kann man sich immer leisten. Man braucht nur Stilempfinden.«

»Das habe ich von meinen Großeltern«, sagte er. »Es liegt in der Familie.«

Zufrieden begutachtete er Viviennes Outfit.

»Vergiss niemals, was Kleidung in England zählt«, dozierte er. »Der dreiteilige Anzug ist das Symbol der herrschenden Klasse, das Symbol der Macht – doch das muss man durchbrechen, um die Hierarchie auszuhebeln. Kleidung ist so viel mehr als zweckmäßig.«

Sie ließ ihren Blick zum Spiegel wandern.

»Wie würdest du das angehen?«, fragte sie.

»Was meinst du?«

»Wie würdest du die Klassenstruktur durchbrechen, wenn du Kleidung machen könntest?«

Er dachte nach. Ein schalkhaftes Grinsen tauchte in seinem Gesicht auf.

»Ich würde mich am Boiler-Look orientieren«, sagte er. »An den Overalls der Arbeiter, die in ihrer Funktion den klassischen Herrenanzug widerspiegeln. Daraus könnte man was machen.«

Er schien in Gedanken versunken, als sie den Laden verließen und einen Doppeldeckerbus in Richtung Kings Avenue bestiegen. Kaum saßen sie, zog er ein Skizzenbuch hervor und begann, einen Boiler-Anzug in Primärfarben zu entwerfen. Er zeichnete mit leichter Hand und reichte ihr das Buch.

»So würde ich es machen«, verkündete er stolz. »Arbeiteranzüge als Herrenanzüge. Das würde die Struktur der Klassen infrage stellen und wahrhaft revolutionär sein.«

»Ich könnte sie nähen«, schlug sie vor.

Er schien das für einen Scherz zu halten, denn er lachte fröhlich, nahm ihr das Buch aus der Hand und wechselte das Thema. Doch noch am selben Abend setzte sich Vivienne mit Ben auf dem Schoß an die Nähmaschine. Sie hatte ein paar Meter festen Baumwollstoff aus Armeebeständen aufgetrieben und machte sich daran, Malcolms Ideen umzusetzen. Bei ihrer Erfahrung reichten seine Skizzen aus, sie brauchte keine vorgefertigten Schnittmuster. Und als Malcolm am nächsten Tag den Prototyp eines Anzugs sah, blieb ihm vor Erstaunen die Spucke weg. Ungläubig prüfte er die makellose Arbeit.

»Erst der Schmuck und jetzt das«, sagte er. »Du bist brillant!«

Vivienne freute sich über das Kompliment, doch er schob selbstgefällig hinterher: »Mir geht es einfach zu sehr um Ideen! Da habe ich nicht die Geduld, mich hinzusetzen und sie auszuführen. Und ich habe auch nicht die Fähigkeiten dazu. Aber es kommt sowieso nur auf die Ideen an. Die sind das Wichtigste.«

In den folgenden Tagen war er rund um die Uhr an der Hochschule, um ein Projekt zu beenden. Vivienne fehlte ebenfalls die Zeit, sich um die Boiler-Anzüge zu kümmern, denn ihr Schuldienst begann. Doch ihr Wunsch, Kunst zu unterrichten, um ihre Sehnsucht nach Kreativität mit der Arbeit zu verbinden, wurde von der Schulbehörde durchkreuzt. Man wies ihr ausschließlich Englisch-Klassen zu.

In den folgenden Wochen bekam sie Malcolm nicht zu Gesicht. Aber sie hatte ohnehin keine Zeit, ihn zu vermissen, da die Arbeit und Ben sie vollends in Beschlag nahmen. Eines Nachmittags dann, sie kam nach Hause und wollte rasch eine Kleinigkeit essen, bevor sie Ben bei Dora abholte, fand sie Malcolm in seiner Kammer vor, wo er auf der Matratze lag – bleich und kaum ansprechbar.

»Was ist mit dir, Malcolm? Warst du zu lange feiern?«

»Ich bin krank«, erwiderte er elend. »Nur ein Virus, Viv.«

Sie setzte sich an den Rand der Matratze und legte die Hand auf Malcolms Stirn.

»Du hast leichtes Fieber«, stellte sie fest. »Hast du sonst noch Beschwerden?«

»Furchtbare Bauchschmerzen. Aber lass nur, ich komme schon klar. Mach einfach die Tür zu.«

Sie sah sich in dem fensterlosen, stickigen Raum um.

»Du musst von dieser dünnen Matratze runter«, befahl sie. »Du kannst tagsüber in meinem Bett liegen. Nachts brauche ich es selbst. Aber bis dahin kannst du dich erholen. Geh rüber und leg dich hin. Ich koche dir eine Hühnersuppe.«

Wenigstens bis er sich vom Fieber erholt hatte, wollte sie ihm das Bett überlassen. Danach würden sie eine andere Lösung finden. Doch am zweiten Tag, als es ihm ein wenig besser ging, weigerte er sich, aufzustehen und das Bett frei zu machen. Er habe nicht die Kraft dazu, meinte er herausfordernd und blieb liegen.

Später würde sich Vivienne fragen, ob es Kalkül gewesen

war. Ob er es darauf angelegt hatte, mit ihr in einem Bett zu schlafen. Aber es spielte im Grunde keine Rolle, es hatte sich einfach so ergeben, womöglich hatte sie sogar den ersten Schritt getan. Und dann schliefen sie miteinander.

Vivienne machte keine große Sache daraus. Für sie hob es ihre Freundschaft schlicht auf eine andere Ebene. Sie wollte Malcolm nicht als Liebhaber, sondern als Freund. Seine Kameradschaft war ihr wichtig, sie schätzte es, nächtelang mit ihm zu rauchen und über Kunst zu reden. Das wollte sie nicht verkomplizieren.

Malcolm indes schien es anders zu ergehen. Zumindest zeigte er sich mehr und mehr eifersüchtig, wenn sie sich, wie sie es bisher immer getan hatte, mit Männern zum Tanzen traf.

Als sie dann mehrere Male hintereinander mit einem Italiener ausging, warnte Malcolm sie eindringlich vor ihm. Er sei ein Gigolo und meine es nicht ehrlich. Als sie versprach, sich vorzusehen, und ihn bat, sich keine Sorgen zu machen, drehte er plötzlich durch und beschimpfte sie als Hure. Vivienne nahm das zwar nicht ernst, fragte sich aber, was in ihn gefahren sei.

Vor Freunden wiederum gab er damit an, mit einer Lehrerin geschlafen zu haben, als sei das ein besonderer Kick. Er steckte voller Widersprüche. Seine Gefühle erschlossen sich ihr nicht. Was sah er in ihr? War er in sie verliebt? War sie nur eine Trophäe für ihn? Wollte er mit ihr zusammen sein?

Sie wünschte sich, niemals mit ihm geschlafen zu haben. Als sie versuchte, Malcolm klarzumachen, dass sich ihre

Freundschaft nicht verändern müsse, artete die Situation aus. In rasender Wut rasierte er sich eine Glatze und stand dann schwer atmend vor ihr, starrte sie apathisch an, während Blut über sein kalkweißes Gesicht strömte. Erschrocken schloss sie ihn in die Arme.

Von diesem Tag an traf sie sich nicht länger mit anderen Männern. Malcolm war ihr Freund, ihr Vertrauter, ihr geschätzter Begleiter in der Welt der Kunst. Sie hatte ihn so gern. Mit einem Mal fühlte sie sich schuldig, mit ihm geschlafen zu haben. Sie hatte falsche Erwartungen in ihm geweckt und war verantwortlich für sein Gefühlschaos. Wie konnte sie ihn jetzt alleinlassen?

Dann tauchte eines Abends ihr italienischer Verehrer in der Kings Avenue auf, um Vivienne zu einer Spritztour einzuladen. Doch ehe sie reagieren konnte, machte Malcolm eine Riesenszene, schrie herum, beleidigte sowohl sie als auch den Italiener. Vivienne sorgte sich um ihren Sohn, dem all das Angst machte, und jagte beide aus dem Haus. Wieso mussten Männer immer alles durcheinanderbringen? Sollte das etwa Liebe sein?

Später, als Ben eingeschlafen war, setzte sie sich an seine Bettkante, eine Hand nachdenklich auf ihrem Bauch. Es hatte keinen Zweck, sich länger etwas vorzumachen. Ihre Periode war ausgeblieben, und sie spürte, was in ihrem Körper vor sich ging. Sie war schwanger, daran gab es keinen Zweifel. Von Malcolm.

3

»Du treibst natürlich ab!«, sagte Malcolm in einem Tonfall, der wohl bestimmt sein sollte, aber eher panisch klang. »Da sind wir uns doch einig, oder?«

Vivienne nickte beklommen. Sie hatte längst beschlossen, dass es unmöglich war, ein weiteres Kind zu bekommen. Schon gar nicht von diesem jungen Kerl, der selbst fast noch eines war.

»Ich habe mit meiner Großmutter gesprochen«, fuhr er erleichtert fort. »Rose sieht das genauso. Sie sagt, du musst es loswerden.«

Vivienne stöhnte auf. Diese penetrante Person, die sich ungefragt in ihr Leben einmischte, löste in ihr den Wunsch aus, alles über den Haufen zu werfen. Rose, diese überhebliche, großbürgerliche Frau, ließ Vivienne stets spüren, was sie von ihr hielt – nämlich gar nichts. Was auch kein Wunder war, nahm sie der alten Dame doch ihren Prinzen weg, mit dem sie so lange in fast symbiotischer Beziehung gelebt hatte. Dass Vivienne deutlich älter war als Malcolm und obendrein Lehrerin, dass sie eine Frau mit klarem Willen war, machte sie für Rose nur umso bedrohlicher.

Doch auch Viviennes Mutter Dora konnte Malcolm nach wie vor nicht ausstehen und fand, ihre Tochter habe Besseres verdient als diesen ungehobelten, respektlosen Hasardeur, der ständig pleite war. Ein Klugschwätzer ohne Anstand. Nein, ein Kind von so einem, das war für Dora nicht auszudenken.

»Jetzt hör doch erst mal zu«, beeilte sich Malcolm zu sagen. »Rose hat Geld organisiert. Weißt du eigentlich, was so eine Abtreibung kostet? Du solltest dankbar sein.«

Zum Beweis zog er ein Bündel Pfundscheine aus der gewachsten Mods-Jacke hervor und wedelte damit vor ihrem Gesicht. Selbst für Rose, die zwar aus guten Verhältnissen stammte, inzwischen jedoch in einer Sozialwohnung lebte, war das ein schöner Batzen Geld.

»Sie hat einen Arzt in der Harley Street ausfindig gemacht«, sagte Malcolm, »der nach Feierabend in seiner Praxis Kinder wegmacht. Er ist nicht billig, aber dafür ist es sicher. Wir müssen zu keinem Kurpfuscher.«

Vivienne blies die Backen auf. Die Vorstellung einer Abtreibung setzte ihr zu, da wollte sie so etwas gar nicht hören. Sie legte die Hand auf den Bauch.

»Wie schnell bekommen wir einen Termin?«, fragte sie.

»Wir haben bereits einen. Am Freitag. In vier Tagen.«

Am liebsten hätte sie es auf der Stelle hinter sich gebracht. Vier Tage waren eine lange Zeit zum Grübeln. Für

Malcolm jedoch schien die Sache damit erledigt. Er stand auf und ließ sie allein, um seine erste öffentliche Ausstellung vorzubereiten.

Es war so typisch für Malcolm. Ihn interessierte nur seine Kunst. Alles andere spielte einfach keine Rolle für ihn. Verstand er denn nicht, welch schwerwiegende Entscheidung sie hier traf? Er war es doch, der sie unbedingt als Partnerin wollte und der sofort eifersüchtig wurde, wenn ihr ein anderer Mann auch nur einen Blick zuwarf. Doch in dieser Situation verschwendete er keinen Gedanken an sie.

Vielleicht lag es daran, dass er mit einundzwanzig fast noch ein Kind war. Manchmal vergaß sie, dass er fünf Jahre jünger war als sie. Und zu seinem Lebenstraum als Künstler passte eben kein Kind. Eine kleine Familie bedeutete Verpflichtungen und vor allem Ablenkung. Also verdrängte er die Schwangerschaft einfach, als würde sie ihn nicht betreffen.

Um den Kopf frei zu bekommen, spazierte Vivienne am späten Abend durch die Stadt, bis sie die Galerie in der Kingly Street erreichte, in der Malcolms Ausstellung stattfinden sollte. Sie würde kurz Hallo sagen, nahm sie sich vor, und wieder verschwinden. Doch als sie die Räume betrat, war sie sofort gefangen von der gigantischen Installation, die das gesamte Innere ausfüllte. Riesige Rollen industrieller Wellpappe waren zu einem Labyrinth aufgebaut, das sich durch das Erdgeschoss und das Untergeschoss der Galerie zog. In den Gängen war es dunkel, es lief Musik, und immer wieder blitzte Licht auf. Mit den anderen Besuchern irrte sie umher, durch Sackgassen und leere Räume. Hinter den Wellpappwänden hörte sie andere Besucher, die zunehmend panisch wurden. Einige versuchten, mit Gewalt herauszukommen, und rissen Wände nieder. Es war beängstigend. Offenbar war es gewollt, dass bei den Besuchern Platzangst ausbrach. Auch Vivienne spürte wachsende Unruhe in sich aufsteigen, bis sie glücklicherweise von allein wieder herausfand und das Spektakel von außen betrachten konnte.

Sie trat zurück. Das Labyrinth war beunruhigend, überwältigend und doch irgendwie kindlich. Eben typisch Malcolm.

Sie entdeckte ihn draußen, wo er auf einige Besucher einredete und das Konzept der Installation zu erklären versuchte. War diese Ausstellung vielleicht einfach zu sehr wie er selbst, fragte sie sich – genial, aber eine Zumutung für andere? Kreativ und radikal, dabei für Außenstehende schwer nachzuvollziehen. Im Grunde war er ein wundervoller Mann.

Vielleicht, dachte sie, mit der Hand auf ihrem Bauch, *könnte ich mich in ihn verlieben?*

Am Freitagvormittag holte Malcolm sie mit Gordons Auto ab, um sie in die Harley Street zu fahren. Vivienne war in Gedanken versunken, während er redete und redete. Von seiner Verachtung den Hippies gegenüber und der aufkommenden Renaissance des Rock 'n' Roll, die sich in der zweiten Welle der Teddy Boys zeigte, dem modischen Wiederaufleben der Fünfziger-Jahre-Bewegung. Vom Konzept des Rocks und seiner Transformation in diesem Jahrzehnt, die er bewundernswert und authentisch fand.

Ganz als würden sie einen Sonntagsausflug machen. Als habe er vergessen, wohin sie fuhren, erzählte er von LPs, die er in der Portobello Road gekauft hatte, von Nietenhosen und Lederjacken und davon, wie er damit auf Londons Märkten Geld machen wolle. Wie so oft drehte sich alles um ihn und um seine Ideen.

Sie erreichten die Harley Street mit den schmutzigen Stuckfassaden und den mehrgeschossigen Mietshäusern, und Malcolm stellte den Wagen am Bürgersteigrand ab. Schweigend steuerten sie auf die Arztpraxis zu, bis Vivienne auf den Stufen vorm Eingang abrupt stehen blieb, sich am gusseisernen Geländer festhielt und zur Fassade aufsah. *Was machst du hier eigentlich?*

»Was ist, Viv?«, fragte er. »Jetzt komm. Wir sind spät dran.«

Sie beäugte Malcolm. *Er ist ein großartiger Mann*, dachte sie, *trotz all seiner Schwächen. Ich muss verrückt sein, wenn ich denke, ich fände einen klügeren und kreativeren Mann als Vater für mein Kind.*

Machte sie einen Riesenfehler? Würde sie es später bereuen? Sie musste diese Entscheidung treffen, und zwar allein. Denn so sehr sie sich wünschte, mit Malcolm in dieser Situation einen aufmerksamen und gefühlvollen Partner an ihrer Seite zu haben, wusste sie doch, dass er diese Rolle nicht würde einnehmen können.

»Gib mir das Geld«, forderte sie ihn auf.

Er zog das Bündel Pfundscheine hervor und reichte es ihr. Es fühlte sich falsch an, so viel Geld in der Hand zu halten. Dieses Bündel schmutziges Papier war der Gegenwert ihres Schwangerschaftsabbruchs. Sie steckte es in ihre Jackentasche.

»Ich gehe da nicht rein«, verkündete sie.

Malcolm starrte sie ungläubig an.

»Das ist mein letztes Wort«, fügte sie hinzu.

Ohne sich weiter um ihn zu kümmern, machte sie auf dem Absatz kehrt und marschierte die Straße hinunter.

»Vivienne! Warte!«

Es fühlte sich richtig an. Sie spürte, wie ihr leicht ums Herz wurde.

Malcolm lief ihr hinterher, holte sie schließlich ein.

»Bist du verrückt geworden? Komm zurück. Du willst doch kein Kind!«

Doch, sie wollte eines, und zwar von ihm. Sie war überzeugt, diesen Mann lieben zu können, trotz all seiner Schwächen.

»Vivienne, bitte«, flehte er, und als sie nicht reagierte, rief er panisch: »Ich werde mich nicht um das Kind kümmern!«

Was für eine seltsame Drohung. Sich ihn als liebevollen Vater vorzustellen fiel ihr ohnehin schwer.

»Hörst du, Vivienne? Ich werde keine Verantwortung übernehmen! Ich werde kein Vater sein!«

Er klang wie ein in die Falle geratenes Tier. Fast tat er ihr leid. Doch sie marschierte entschlossen weiter, an den Cavendish Square Gardens vorbei, von wo sie die Tube-Station

Oxford Circus sehen konnte, und weiter in die Bond Street mit ihren teuren und exquisiten Boutiquen. Malcolm hastete beunruhigt hinterher, aber sie achtete nicht auf ihn.

Im Vorbeigehen blickte sie in die Schaufenster der Läden, bis sie einen eleganten Mantel sah, der ihr auf Anhieb gefiel. Ohne zu zögern, rauschte sie in den Laden, um ihn anzuprobieren. Eine verunsicherte Verkäuferin trat auf sie zu, dann stürmte Malcolm keuchend durch die Tür.

»Vivienne, was zur Hölle – ?«

Die Verkäuferin blickte überfordert von Vivienne zu Malcolm und wieder zurück. Offenbar wollte sie etwas sagen, um die Situation unter Kontrolle zu bringen, doch Vivienne schnitt ihr das Wort ab: »Ich nehme ihn.«

Sie marschierte entschlossen zur Kasse und legte das Geldbündel auf den Tisch.

»Stimmt so«, sagte sie. »Ich behalte ihn gleich an.«

Malcolm schwieg verdattert. Sein Mund formte sich zu einem O, ein roter Kreis in seinem bleichen Gesicht. Diesmal war sie es, die ihm zunickte, als hätten sie ein Geschäft hinter sich gebracht.

»Bestell deiner Großmutter einen schönen Gruß!«, sagte sie.

In diesem Moment hatte sie wenig Mitleid mit Malcolm, denn sie tat nur, was er immer predigte: *Brich mit den Erwartungen, sei radikal.* Und offenbar stand er zu seinem Wort, denn in Anbetracht so viel gelebter Anarchie konnte er nicht anders: Er begann, aus vollem Halse zu lachen.

Vivienne arbeitete bis zum allerletzten Augenblick vor der Geburt. Obwohl sie schon zwei Wochen über der Zeit war, ging sie in die Schule und verkaufte am Wochenende Schmuck auf dem Markt. Nach dem ersten Schreck hatte Malcolm sein gewohntes Leben wiederaufgenommen. Er ging seinen Kunstprojekten nach, war tagelang mit Freunden unterwegs und tat so, als sei Viviennes Schwangerschaft nichts, was ihn in irgendeiner Form anginge. Und da ihr Sexleben von Anfang an sporadisch und ihre Partnerschaft eher von intellektueller Anregung geprägt war, fiel Vivienne das Ausbleiben der körperlichen Liebe im Zuge der fortschreitenden Schwangerschaft kaum auf.

Sie vermieden das Thema Familie, sprachen nie über das gemeinsame Kind, sondern ausschließlich über jene Themen, die sie in ihrer kreativen Auseinandersetzung bewegten – Mode, Kunst und Musik.

Malcolm, der mit dem angesagten Teddy-Boys-Look Geld machen wollte, hatte ein Lager angemietet, in dem er Waren unterbrachte, um sie später auf Märkten zu verkaufen. Kleidung, Platten und Accessoires – alles, was er auftreiben konnte. Die Teddy Boys hatten sich schon in den Fünfzigern gegen die Zwänge der englischen Nachkriegsgesellschaft gestellt und waren stets eng mit dem Rock 'n' Roll verbunden gewesen, und nun erlebten sie ein Revival, vor allem in der Mode. Neben der obligatorischen Elvis-Tolle waren knielange Anzugjacketts typisch für ihren Stil, die sogenannten Drapes, kombiniert mit engen Samthosen und Creepers. Viele der Teds stammten aus der Arbeiterklasse, doch mit ihrem extrem gepflegten Äußeren und guten Benehmen grenzten sie sich bewusst davon ab.

Malcolm liebte den Stil der Teddy Boys und schuf sich damit eine zusätzliche Einnahmequelle. Vivienne und er betrieben einen gut laufenden Stand auf dem Markt in Brixton, wo sie die Lagerbestände verkauften, und gemeinsam bauten sie sich schnell einen dankbaren Kundenstamm auf.

Heiraten kam für ihn nicht infrage, denn dann hätte er sich um seinen Lebensunterhalt kümmern müssen: Keine Sozialhilfe, keine Stipendien, keine finanziellen Vorteile mehr. Das alles funktionierte nur, solange er ein lediger Student war. Also blieb alles beim Alten – es störte Vivienne nicht weiter, sie war ohnehin nicht überzeugt vom Konzept der Ehe.

Sie arbeitete rund um die Uhr, um ihre schmale Haushaltskasse aufzufüllen, bis sie an einem kalten Nachmittag im November 1967 allein in der Portobello Road stand und die Wehen einsetzten. Malcolm war mit einigen seiner Freunde unterwegs, und bevor Vivienne sich ins Krankenhaus begab, bat sie die Verkäuferin am Nachbarstand, ihm Bescheid zu sagen. Die Frau nahm Viviennes Hand, drückte sie und versprach ihr, sich darum zu kümmern.

Malcolm tauchte nicht auf. Allein brachte Vivienne einen gesunden Sohn auf die Welt. Allein hielt sie in der darauffolgenden Nacht ihren kleinen Jungen überglücklich im Arm. Allein sah sie ihn auf ihrer Brust einschlafen, ohne jeden Zweifel an ihrer bedingungslosen Liebe.

Nach der kräftezehrenden Geburt war sie völlig ausgelaugt. Sie spürte die Erschöpfung der letzten Wochen und Monate, und die Ärzte behielten sie eine Weile im Krankenhaus. Erst am sechsten Tag erschien Malcolm. Eine Kaltfront zog über London hinweg, und ein Schneesturm hüllte die Stadt ein. Da tauchte er plötzlich auf, in einem schweren Tweed-Mantel, die Schultern mit Schnee bedeckt, stapfte er in das Krankenzimmer. Die Stationsschwester, die sich um Vivienne kümmerte, erfasste die Situation sofort, baute sich vor ihm auf und blaffte: »Wo sind Sie gewesen? Sind Sie vielleicht Fernfahrer?«

Malcolm wuschelte sich gelassen den Schnee aus den Haaren und murmelte: »So was Ähnliches.«

Die Schwester warf ihm bitterböse Blicke zu, schnaubte abfällig und ging ohne ein weiteres Wort aus dem Zimmer.

Malcolm wartete, bis sie weg war. Dann lächelte er Vivienne verlegen an und setzte sich an ihre Bettkante, während die Schneeflocken auf dem schottischen Tweed langsam zu schmelzen begannen. Sie war nicht wütend, ganz im Gegenteil. Mit ihrem wundervollen Sohn im Arm verspürte sie eine so starke Liebe Malcolm gegenüber, wie sie es nie für möglich gehalten hätte. Seine Fehler und Schwächen störten sie nicht länger, sie wollte keinen anderen Mann als Malcolm, den Vater ihres perfekten Jungen.

Er warf einen Blick auf seinen Sohn, wurde ganz still und griff nach Viviennes Hand. Sie konnte seinen Blick nicht deuten.

»Wir nennen ihn Joseph«, verkündete er. »Joseph Ferdinand, nach dem Velázquez-Gemälde Fernando de Valdés y Llanos in der National Gallery.«

»Joe? Warum nicht, es gefällt mir.«

»Und dazu den portugiesischen Nachnamen Corré, zu Ehren meiner Großmutter.«

Die das Geld für seine Abtreibung organisiert hatte, fügte Vivienne in Gedanken hinzu. Aber der Name war so gut wie jeder andere, und es gefiel ihr, dass Malcolm seinen Sohn so weit akzeptierte, dass er ihm einen Namen geben wollte. Es war ein guter Start für ihre gemeinsame Zukunft.

»Den Mantel kenne ich gar nicht«, sagte sie sanft.

»Der? Ach, den habe ich auf dem Weg hierher im Secondhandladen in der Vauxhall Bridge Road gekauft.«

»Traditionelles schottisches Tuch. Ungewöhnlich.«

»Tweed, ja … Hör zu, Vivienne, ich habe eine Wohnung für uns. In Aigburth Mansions in der Hackford Road, dort können wir leben. Rose hat mir geholfen, sie zu finden.«

Ein Zuhause für sie und die beiden Söhne? Damit hatte sie nicht gerechnet. Wollte er etwa mit ihr und seinem Sohn als Familie zusammenleben?

Sie sah ihm tief in die Augen. Erstmals glaubte sie, weder Angst noch ironische Distanz darin zu sehen, sondern Ruhe und Gewissheit. Sein Lächeln war voller Zuneigung. Er strich ihr liebevoll über die Hand.

Doch dann, wie um die überraschende Intimität zu durchbrechen, sagte er: »Aber ich werde mich nicht um die Kinder kümmern, das weißt du hoffentlich!«

4

Anfangs schien sich Malcolm wohlzufühlen in ihrer neuen Bleibe, einer dunklen Parterrewohnung, die im Grunde viel zu eng war für eine Familie, und sich auf das neue Leben mit ihr und den beiden Kindern zu freuen. Er nahm Vivienne mit nach Chinatown, wo sie chinesische Lampen für die Wohnung kauften und sich verrückte Dekorationen ausdachten. Dann strich er die Wände in Dunkelblau und Schwarz und verwandelte die Wohnung in ein Kunstobjekt.

Das Jahr 1968 begann vielversprechend, fand Vivienne. Sie waren eine Familie, und es fühlte sich an, als habe sie ein Zuhause gefunden. Doch kaum waren sie richtig eingezogen, tauchte Malcolm tagelang ab. Er verbrachte seine Zeit lieber mit seinen Künstlerfreunden als mit der Familie. Weil sie dringend Geld brauchten, fing Vivienne notgedrungen wieder an, als Lehrerin zu arbeiten. Joe musste sie deshalb in einer Krippe unterbringen, während Ben auf der Schule angenommen wurde, an der sie arbeitete. Nach dem Unterricht brachte sie ihn zu Dora. Dass der kleine Joe jedoch tagsüber in der Krippe betreut werden musste, bereitete Vivienne Kopfschmerzen. Ständig plagten sie die Sorgen. Ob er die Aufmerksamkeit bekam, die er brauchte? War sie so für ihn da, wie es eine Mutter sein sollte? Wenn sie doch nur weniger arbeiten könnte!

Malcolm indes gründete mit Freunden eine Gruppe von Situationisten, denen es darum ging, die Grenzen zwischen Kunst und Leben zu überwinden, um Freiheit zu finden. Da passten Frau und Kinder nicht ins Konzept.

Eines Morgens, als Vivienne sich für die Schule fertig machte und Joe versorgte, wurde Malcolm wach und schlurfte übernächtigt in die Küche. Als Vivienne sich zu dem Kleinen hinunterbeugte und sagte: »Daddy ist aufgewacht«, geriet Malcolm aus der Fassung.

»Ich bin nicht sein Daddy, hörst du?«, schrie er und wandte sich an Joe: »Der Milchmann ist dein Daddy! Oder wer auch immer. Nicht ich!«

»Malcolm, bitte …«, versuchte Vivienne, die das Kleinkind auf den Arm nahm, ihn zu beruhigen. Malcolm griff einen Kaktus von der Fensterbank, den er Vivienne geschenkt hatte.

»Siehst du diesen Kaktus?«, rief er wütend. »Weißt du, wie der heißt? Joes Dad. Sprich mir nach! Wie heißt der Kaktus?«

Vivienne wiegte den Jungen tröstend im Arm, wollte ihn vor diesem Ausbruch schützen, doch die Zeit drängte – Joe musste in die Krippe, war nun aber viel zu aufgebracht, um sein Fläschchen zu trinken. Sie war schon zu oft zu spät zum Unterricht gekommen.

»Malcolm, kannst du mir nicht helfen? Du bist doch ohnehin schon wach.«

»Es war deine Entscheidung, das Kind zu bekommen, nicht meine.«

»Aber wenn du ihn nur dieses eine Mal in die Krippe bringst?«

»Gib ihn mir nur. Ich bringe ihn ohne Umwege ins Kinderheim.«

Vivienne hörte seine Worte und sagte sich, dass er das unmöglich ernst meinen könne. Doch sein Blick war hart und kalt, und da verstand sie, wie tief der Graben zwischen ihnen war. Was das noch der Mann, den sie liebte? Wie konnte er das, was doch zu ihnen gehörte, zu ihrer Liebe – ihre Familie, seinen Sohn –, so verleugnen? Aber sie hatte keine Zeit für Kummer. In aller Eile fütterte sie ihre Söhne, warf sich den Mantel über, nahm Ben an die Hand, und da sie sich keinen Kinderwagen leisten konnten, rannte sie mit dem Baby auf dem Arm die Straße runter in Richtung Krippe.

In der Folgezeit verschwand Malcolm immer häufiger, doch Vivienne hatte keine Zeit, sich darüber zu ärgern – sie hatte eine Familie zu versorgen. Im Mai 1968 brachen Studentenproteste in Paris aus, die halb Europa erfassten, und Malcolm, der mit seiner Gruppe bei den Protesten kräftig mitmischte, fuhr kurzerhand nach Frankreich. Vivienne konnte die Geschehnisse nur in der Zeitung verfolgen. Sie arbeitete bis zur Erschöpfung, und dann waren da noch Ben und Joe. Die Revolte musste ohne sie stattfinden.

Ein paar Monate später meldete sich Malcolm aus Frankreich und lud sie ein, die Ferien mit ihm am Mittelmeer zu verbringen. Trotz aller Enttäuschung wünschte sich Vivienne nichts mehr als eine Auszeit, in der ihre Liebe wiederaufleben konnte. Also schrieb sie ihm, sie würde sich auf den Weg machen. Ben und Joe brachte sie bei Dora unter und nahm die nächste Fähre nach Frankreich.

Ihre Hoffnung erfüllte sich: Sie zelteten am Strand, saßen die halbe Nacht im Sand und tranken Wein oder lauschten eng aneinandergeschmiegt der Meeresbrandung. Ohne die Probleme, die sie in London zurückgelassen hatten, hatte ihre Liebe eine Chance. Malcolm schien in der Abgeschiedenheit der Natur weicher zu werden. Vivienne war so glücklich in diesen Tagen, dass die Erinnerung daran zurückkehrte, weshalb sie ihn als Vater ihres Kindes auserwählt hatte.

Doch hätte sie geahnt, was bei ihrer Rückkehr auf sie wartete – sie wäre niemals gefahren. Als sie nach Hause zurückkam, schien es zuerst, als hätten die Kinder ihre Abwesenheit gut verkraftet. Doch als sie Joe am nächsten Tag zur Krippe brachte, um zur Arbeit zu gehen, erstarrte er plötzlich. Ohne sich zu rühren, stierte er nur noch apathisch vor sich hin und war nicht mehr ansprechbar.

Vivienne versuchte, irgendwie zu ihm durchzudringen, aber er schien sie nicht mal zu erkennen und reagierte auf keines ihrer Worte. In ihrer Verzweiflung rief sie Malcolm an, der kurz darauf in der Krippe auftauchte und geduldig mit Joe redete. Zuerst hatte auch er keinen Erfolg, aber dann begann er, Faxen zu machen und Grimassen zu schneiden, bis er Joe endlich ein Lächeln entlockte. Die Starre löste sich langsam.

Ausgerechnet Malcolm war es gelungen, das Kind aus der Apathie zu lösen. Malcolm, von dem Joe stets abgelehnt wurde und der ihm kein Vater sein wollte. Seine Mutter jedoch ignorierte er.

Es war ein Schock für Vivienne. Wie enttäuscht musste ihr Sohn von ihr sein? Wie alleingelassen musste er sich gefühlt haben, als sie nach Frankreich gefahren war? Wie schutzlos und verloren? Die Erkenntnis traf sie wie ein Schlag. Ihr Sohn hatte geglaubt, von ihr verlassen worden zu sein. Es war kaum zu ertragen.

Sie sah nur einen Ausweg.

»Ich kündige meine Stelle!«

»Was redest du da?«, fragte Malcolm irritiert.

»Joe braucht mich. So etwas darf nie wieder passieren.«

Sie beugte sich zu ihrem Jungen, der sich demonstrativ abwandte und zu Boden sah. Vivienne nahm ihn zaghaft auf den Arm, was er nur widerstrebend zuließ.

»Hörst du, Joe?«, flüsterte sie. »Ab heute werde ich für dich da sein. Ich gehe nicht mehr arbeiten. Du bist wichtiger. Wichtiger als alles andere.«

»Und wovon sollen wir leben?«, fauchte Malcolm.

»Wir finden eine Lösung.«

»Wie sollen wir die Miete bezahlen?«

Such dir einen Job, hätte sie am liebsten gesagt, aber sie wusste, das war unsinnig. Malcolm war Künstler, und schließlich war genau das der Grund gewesen, aus dem sie sich in ihn verliebt hatte. Nein, mit ihm konnte sie nicht rechnen.

»Was weiß ich! Es wird sich ergeben.«

Heute war es ihr ohnehin egal. Ihren Sohn in seiner Not zu sehen war Grund genug, radikale Entscheidungen zu treffen. Nie wieder würde so etwas passieren, das schwor sie sich. Was immer die Zukunft brachte, sie würde ihre Kinder nicht mehr allein lassen.

Ohne das Geld, das sie als Lehrerin verdiente, konnten sie die Wohnung nicht halten. Malcolm zog wieder zu seiner Großmutter Rose in die Sozialwohnung, die sich in einem Klinkerbau in South Clapham direkt über der U-Bahn befand. Vivienne und die Kinder waren hier jedoch nicht willkommen. Im Gegenteil, die alte Dame genoss es geradezu, ihr und den Kindern die Tür vor der Nase zuzuschlagen. Also zog Vivienne zu ihren Eltern in die Wohnung über dem Postamt, wo sie sich tagtäglich missbilligende Kommentare zu Malcolm und zu ihrem Leben anhören musste. Als sei es nicht schlimm genug, dass ihr Traum von einem freieren Dasein weiter davondriftete. Lange hielt sie es bei ihren Eltern nicht aus, und so siedelte sie mit den Kindern in einen Wohnwagen um, den ihre Tante eine Meile außerhalb von Prestatyn in Wales besaß. Erstmals seit Jahren verließ sie London nun also wieder in Richtung Norden.

Die Landschaft in Wales erinnerte sie an ihre Kindheit in Derbyshire: Grüne Felder und gewundene Flüsse, die umgeben waren von sanften Hügeln. Über der Wildwiese, auf der ihr Wohnwagen stand, spannte sich ein weiter Himmel mit dramatischen Wolkenformationen, und vom Meer wehte stets eine salzige Brise herüber. Die Schönheit dieser wilden Natur gab ihr Trost und erweckte die Hoffnung, dass es ihr gelingen würde, ihr neues Leben mit den zwei Kindern zu meistern.

Mit den sechs Pfund Kindergeld die Woche auszukommen war nicht leicht, zudem war es eng in dem kleinen Wagen. Doch sie war entschlossen, es zu schaffen, egal, wie unbequem es werden würde. Da sie Ben selbst unterrichten konnte und er nicht in die örtliche Schule musste (was er großartig fand), machten sie es sich in ihrem engen Zuhause, so gut es ging, gemütlich. Vivienne ließ sich nicht anmerken, wie hart es für sie war, in diesen Verhältnissen zu leben. Für die Kinder schien das alles ein Abenteuer zu sein, und sie war entschlossen, sie in diesem Glauben zu lassen. Sie musste Joe eine bessere Mutter sein.

Die schmale Haushaltskasse versuchte sie mit ihrem Erfindungsreichtum aufzubessern. Sie fertigte wieder Modeschmuck, den sie auf dem Markt verkaufte, was ein paar dringend benötigte Schillinge einbrachte. Außerdem wusste sie, welches Wildgemüse essbar war. Es war alles andere als ein Zuckerschlecken, doch trotz aller Entbehrungen genoss sie es, so viel Zeit mit ihren Kindern verbringen zu können.

Ab und zu tauchte Malcolm in der walisischen Einöde auf, und sie sprachen über das, was in London passierte. Über Musiktrends und modische Neuheiten, über Kunst und Politik. Malcolm wünschte sich, mit ihr zusammen Teddy-Mode auf den Märkten zu verkaufen. Jedoch würden sie damit nicht genügend Geld verdienen, das wussten beide, und so vergingen Monate, ohne dass sich etwas an Viviennes Situation änderte.

Von Zeit zu Zeit besuchte sie Dora, mit einem Korb voller Lebensmittel unterm Arm, und schaute sich missbilligend in dem beengten Wohnwagen um.

»Vivienne, sieh dich nur an!«, klagte sie. »Du bist nur einen Schritt von der Obdachlosigkeit entfernt!«

»Und was soll ich deiner Meinung nach tun?«, schoss Vivienne verärgert zurück.

»Wir haben uns immer bemüht, euch ein vorzeigbares Zuhause zu bieten, egal, wie knapp das Geld war, aber das hier …« Sie sah sich um, als suche sie nach einer Sitzgelegenheit, auf die sie sinken konnte. Doch nicht einmal das war möglich. »… das ist kein Zustand, Vivienne. So kannst du nicht leben.«

»Wenn Joe ein bisschen älter ist, kann ich wieder halbtags arbeiten gehen. Außerdem, frag die beiden, wie es ihnen gefällt! Ben findet es wundervoll, nicht in die Schule zu müssen. Und Joe blüht ebenfalls auf.«

Dora entdeckte die Löwenzahnwurzeln, die Vivienne

zum Trocknen in die Sonne gelegt hatte, um daraus später Kaffeeersatz zu machen. Dem Gesicht ihrer Mutter sah sie an, wie schmerzlich sie das an die Zeiten des Krieges erinnerte.

»Dieser Nichtsnutz«, schimpfte Dora. »Auf diesen Mann ist kein Verlass.«

»Malcolm hat nur wahr gemacht, was er angekündigt hat. Es war meine Entscheidung, unser Kind zu bekommen.«

»Du hast doch nicht etwa auch noch Verständnis für ihn!«

Vivienne hatte keine Lust zu streiten. Doch ihre Mutter wollte sie nicht so leicht vom Haken lassen.

»Er führt ein lockeres Studentenleben«, empörte sie sich. »Studiert jetzt am Goldsmiths College Film und Fotografie! Das weiß ich von Gordon. Sein wievieltes Studium ist das? Er ist alt genug, um zu arbeiten und Geld zu verdienen. Wie kannst du ihn nur verteidigen?«

Dora würde es ohnehin nicht verstehen, also schwieg Vivienne. Als ihre Mutter das Portemonnaie zückte, um ihr Geld zu geben, wehrte sie ab.

»Lass dir doch helfen, Kind!«

»Ich muss mit den Entscheidungen, die ich getroffen habe, allein zurechtkommen. Ich bin erwachsen. Ich will mein Leben selbst in die Hand nehmen, ohne eure Hilfe. Und ich werde das schon schaffen.«

Dora, die sah, wie ernst es ihrer Tochter war, steckte die Geldbörse mit zusammengepressten Lippen wieder ein. Dann zog sie ihren Mantel zurecht, klappte die Tür des Campingwagens auf und trat auf die Wiese.

»Ich wünschte, Malcolm würde nur halb so viel auf Verantwortung geben wie du«, sagte sie, bevor sie sich auf den Weg zur Bushaltestelle machte.

Als Vivienne zumindest halbtags wieder arbeiten gehen konnt, tauchte Malcolm in Wales auf und verkündete, dass er eine Wohnung für sie aufgetrieben habe. In einem Sozialbau in der Nightingale Lane in Clapham, wo sie mit den Kindern leben könnten. Vivienne hätte nicht sagen können, ob es das schlechte Gewissen war, das ihn antrieb, Verantwortungsgefühl oder einfach Langeweile. Bei Malcolm wusste man das nie. Dennoch ließ sie sich darauf ein, zu ihm zurück nach London zu gehen.

Vivienne verliebte sich auf Anhieb in die Wohnung. Sie befand sich im ersten Stock eines Blocks aus den dreißiger Jahren, der ganz im neusachlichen Baustil der Zeit gehalten war, mit abgerundeten, über Eck laufenden Fenstern und Betonwänden, in denen Vivienne eine kühle Eleganz erkannte. Es gab einen schmalen Flur, der von Fahrrädern und gestapelten Kisten verstellt war, eine winzige Kochnische, eine Kammer, in der die Kinder ein Etagenbett bekamen, und ein Wohn- und Schlafzimmer mit großzügiger Fensterfront. Vivienne fand es einfach wundervoll.

Sie und Malcolm nahmen ihr gemeinsames Leben wieder auf. Der Stil der Teddy Boys wurde in der Londoner Subkultur weiterhin gefeiert, und sie verkauften Creepers und Drapes auf den Märkten in der Umgebung. An Samstagen bummelten sie über die King's Road und durchstöberten dort die neu entstehenden Boutiquen, durch die sich Londons modisches Zentrum allmählich nach Westen verlagerte.

Vivienne liebte es, wieder in der Stadt zu sein. Nicht nur wegen Malcolm und ihrer inspirierenden Gespräche. Die Stadt pulsierte, überall entstanden Läden und Galerien, und sie glaubte, den kreativen Herzschlag der Metropole spüren zu können.

Auf ihren Touren entdeckten sie jedes Mal neue Mode, mit denen sie ihre Outfits erweiterten. In einem Laden, der eigentlich Glam-Rocker einkleidete, fand Malcolm eine Strickkrawatte, mit der sein Look auf spielerische Weise aus dem Rahmen fiel. Auch Vivienne, die sich meist im androgynen Stil der Teddy Girls kleidete, probierte ausgefallene Kombinationen aus: Leopardenhosen zu Schlangenledersandalen, breite Gürtel zu knalligen, hochhackigen Schuhen. Außerdem begann sie, selbst Kleider zu nähen. Alles, was sie in der Bond Street und King's Road sah, sich aber nicht leisten konnte, kopierte sie. Das Nähen hatte sie schließlich bei Dora von der Pike auf gelernt.

Es fühlte sich an wie ein Befreiungsschlag. So wenig Handlungsspielraum Vivienne ihre beengten finanziellen Verhältnisse und ihre Rolle als Mutter auch lassen mochten – über ihr Äußeres konnte sie immerhin selbst entscheiden. Im Nähen fand sie eine Freiheit, an der es ihr andernorts mangelte. Sie begann billigen Stoff in ungewöhnlichen Farben zu kaufen, in Neongrün oder Schockrosa, und schneiderte daraus Teddy-Girl-Röcke und -Blusen, mit denen sie merklich für Aufsehen sorgte. Als sie dann auf Malcolms Idee hin ihre Haare zu einem Igel schnitt und sie wasserstoffblond färbte, drehten sich die Leute überall nach ihr um.

»Du siehst umwerfend aus, Viv!«, sagte Malcolm. »Schönheit ist radikal. Schönheit bedeutet, vor nichts zurückzuschrecken! Und du bist die schönste Frau weit und breit.«

Lächelnd hakte sie sich bei ihm unter. So häufig sie auch streiten mochten oder Malcolm seine berüchtigten Tobsuchtsanfälle bekam – in der Mode fanden sie eine friedliche Insel des kreativen Miteinanders.

Die Stände auf den Märkten, an denen sie Secondhandklamotten und Selbstgenähtes verkauften, brachten ihnen zunehmend Geld ein, und Vivienne sehnte sich danach, eines Tages ihre Stelle als Lehrerin an den Nagel hängen zu können und sich ganz ihren kreativen Ideen zu widmen. Doch weder sie noch Malcolm hatten Erfahrung damit, ein Geschäft aufzuziehen, wie sollten sie damit genug Geld verdienen? Umso überraschter war sie deshalb, als Malcolm an einem Samstagmorgen im Mai 1971 voller Begeisterung in die Wohnung stürmte und sie aufforderte, ihn in die Stadt zu begleiten.

»Jetzt mach schon, Viv. Ich will dir was zeigen!«

»Hat das nicht Zeit? Die Jungs haben noch kein Frühstück bekommen.«

»Nein, das hat keine Zeit. Die Nachbarin von oben kann kurz auf sie aufpassen.«

»Was zur Hölle willst du mir so Wichtiges zeigen?«

Er baute sich vor ihr auf wie ein Zeremonienmeister und verkündete mit ausgebreiteten Armen: »Unsere Boutique, Viv. Wir haben einen eigenen Laden.«

Es verschlug ihr die Sprache, so sehr, dass Malcolm zu lachen begann.

»Aber … einen Laden?«, stotterte sie. »Wie hast du das gemacht? Und wo?«

Sie rechnete damit, dass er eine Adresse im Norden Londons nennen würde, wo die Mieten billig waren und man zwischen Lagerhäusern und leerstehenden Fabriken Platz fand. Wohin sich jedoch niemals ein zahlender Kunde auf der Suche nach Mode verirren würde.

Malcolm grinste.

»Was glaubst du?«, fragte er und fügte hinzu: »Wenn man eine Boutique eröffnet, kommt schließlich nur eine Adresse infrage. Sie ist selbstverständlich in der King's Road.«

5

Die King's Road führte quer durch Chelsea und Fulham und hatte sich in den letzten Jahren zu einer der Adressen für den neuen Look der Zeit entwickelt. Dort gab es verrückte kleine Shops, in denen Malcolm und Vivienne Teddy-Boy-Sakkos und Röhrenhosen fanden oder Gürtel mit auffälligen Schnallen. Die Swinging Sixties waren in der King's Road eingekleidet worden, und auch die Mod-Bewegung zog es dorthin. Lediglich das hintere Ende der Straße, das heruntergekommen und von Armut geprägt war, entzog sich diesem Aufbruch. Im Volksmund sagte man zu der Gegend World's End, benannt nach der gleichnamigen Haltestelle und einem alteingesessenen Pub, der ebenfalls so hieß. Und wie am Ende der Welt sah es dort auch aus: schmuddelige Pubs, Pfandleiher, Eisenwarengeschäfte und Leerstand.

Vivienne war alles andere als angetan, als sie Malcolm zum Ende der King's Road hinterherlief. Im Stechschritt marschierte er über die Straße, die zu eng schien für den donnernden Autoverkehr und von stinkenden Abgasen erfüllt war.

»Wo führst du mich hin?«, rief sie. »Hast du etwa hier einen Laden aufgemacht? Im World's End?«

»Wir sind auf der King's Road, vergiss das nicht, der Name macht Eindruck!« Er lachte über ihren säuerlichen Gesichtsausdruck. »Außerdem ist die Boutique Granny Takes a Trip nicht weit, und die ist legendär, das musst du zugeben!«

Das Granny's war tatsächlich legendär, denn dort wurden verrückte Klamotten für Glam-Rocker verkauft. Außerdem gab es in der Nähe noch Mr. Freedom, einen ihrer Lieblingsläden. Doch der hatte inzwischen dichtgemacht und das Geschäft einem amerikanischen Jeans-Laden überlassen, weshalb es außer dem Namen nicht viel gab, das für diese Ecke sprach.

»Und womit willst du die Miete bezahlen?«, fragte sie. »Selbst hier wird das nicht wenig sein. Wie sollen wir uns das leisten, Malcolm?«

»Jetzt bleib mal locker. Wer sagt denn, dass wir gleich einen ganzen Laden mieten?«

»Ich denke, du hast …?«

Er amüsierte sich über ihr Gesicht und marschierte zielstrebig auf die Nummer 430 zu, wo der amerikanische Nachfolger von Mr. Freedom residierte: Die Paradise Garage, ein großes Ladenlokal, das im Hawaii-Look gestaltet war und in dem Jeans aus zweiter Hand verkauft wurden.

Ein netter Laden, der es allerdings nicht mit seinem Vor-
gänger aufnehmen konnte, fand Vivienne. Und für einen
zweitklassigen Laden war die Lage einfach zu schlecht.

»Richard sagt, er braucht Geld«, verkündete Malcolm.
»Der Laden läuft nicht gut.«

»Richard?«, fragte sie verwirrt.

»Du weißt doch, der Typ, der das Geschäft momentan
führt.«

Aber Richard führte den Laden nur stellvertretend für
den Inhaber Myles, der ein schwedisches Model geheiratet
hatte und mit ihr in der Karibik unterwegs war. Er war nur
ein Angestellter, der so etwas gar nicht entscheiden durfte.

»Was heißt, er braucht Geld?«, fragte sie. »Will er uns
etwa Myles' Laden vermieten?«

»So ist es«, antwortete Malcolm, sehr zufrieden mit ihrem ungläubigen Gesicht. »Wir bekommen eine kleine Fläche ab.«

»Und was sagt Myles dazu?«

»Wen juckt das? Myles hat längst das Interesse an dem
Laden verloren. Und Richard braucht unseren Anteil für
die Miete.«

Malcolm trat auf die mit Wellblech verkleidete Fassade
der Paradise Garage zu, vorbei an einer Zapfsäule aus den
Fünfzigern, die unter dem im Tiki-Style angebrachten
Schriftzug zu einem dunklen Loch in der Wand führte, dem
Eingang des Ladens. Vivienne folgte ihm widerstrebend ins
Innere, das einem Bambuskäfig glich, der mit Strohmatten
ausgelegt und mit bemalten Ölfässern bestückt war. Hin-

ter einem hölzernen Tresen sah Richard ihnen gelangweilt rauchend entgegen.

Der Laden war größer, als es von außen schien, jedoch waren die einzigen Fenster des bunkerartigen Raums, die Schaufenster zur Straßenseite, mit Wellblech ausgekleidet. Die durchhängende Decke wurde von einem eisernen Stützbalken getragen, und im hinteren, fensterlosen Raum stand eine glänzende Jukebox, aus der Fünfziger-Jahre-Rock-'n'-Roll erklang.

»Da seid ihr ja.« Richard nickte Malcolm zu, zeigte auf die behelfsmäßige Tanzfläche neben der Jukebox und sagte: »Hier könnt ihr euch ausbreiten, wenn ihr wollt.«

Ehe Vivienne etwas erwidern konnte, zog Malcolm sie zur Jukebox, wo Richard sie nicht hören konnte. »Und, wie findest du es? Ist es nicht großartig?«

»Schon, aber ...«

»Viv, wir sind im ehemaligen Mr. Freedom! Ein bisschen mehr Begeisterung bitte.«

»Ich weiß nicht, Malcolm. Eine kleine Fläche im hinteren Teil eines heruntergekommenen Geschäfts, dazu am falschen Ende der King's Road ... Tut mir leid, aber es nicht gerade eine Offenbarung.«

»Es ist ein Anfang. Und zwar auf der King's Road. Wenn du das Potenzial nicht siehst, ist dir nicht zu helfen.«

Er hatte leicht reden, denn sie war es ja, die das Geld verdienen musste. Sie musste die Miete zahlen und zwei Kinder ernähren. Hier aber würden sie nicht mehr verdienen als auf den Märkten in der Portobello Road, fürchtete sie. Ein paar ihrer Kunden würden ihnen sicherlich folgen, denn die Teds-Mode, die sie verkauften, war so authentisch wie bei ihnen nirgendwo sonst in London zu finden: eng anliegende Stoffhosen, Sakkos mit Samtkragen, schnürsenkeldünne Krawatten und vor allem die Drapes, die an edwardianische Gehröcke erinnerten und den Teddys einstmals ihren Namen gegeben hatten. Doch das würde kaum ausreichen, um einen Laden zu betreiben.

»Von der Straße aus kann man nicht mal sehen, dass wir hier drin sind«, sagte sie. »Mit Laufkundschaft können wir da nicht rechnen.«

»Wir stellen ein Schild auf dem Bürgersteig auf. Komm schon, Viv, jetzt hab dich nicht so.«

Richard schlurfte mit der Zigarette im Mundwinkel zur Tanzfläche hinüber. Träge pulte er sich Dreck unterm Fingernagel hervor. *Der perfekte Geschäftspartner*, dachte Vivienne, *keine Frage, er liebt seinen Job und den Laden.*

»Hier auf dem Boden«, sagte Richard, »da könnt ihr eure Sachen ablegen. Rechnet fünfundzwanzig Prozent zu dem hinzu, was ihr verlangt, und das zahlt ihr mir.«

»Aber gehört der Laden nicht Myles?«, beharrte Vivienne, was Malcolm lediglich mit einem Augenrollen kommentierte.

»Wer weiß, ob er überhaupt wiederkommt«, meinte Richard und spuckte aus. »Wenn ich er wäre, würde ich in der Karibik bleiben. Scheiß auf die Wirtschaftskrise. Der kann froh sein, dass er weg ist.«

Malcolm wandte sich ihr zu und strahlte sie an.

»Es wird eine Mischung aus Laden und Kunstinstallation«, erklärte er. »Ein Ort, an dem sich alle begegnen können, die frei sein wollen. Wir verkaufen die alten Platten, die wir im Lager haben, und dazu die Klamotten, die man sonst nirgendwo kriegt. Ich sehe es vor mir, Viv. Das wird ein Hit.«

»Ein Hit?«, fragte sie, wenig überzeugt. Sie sah einen düsteren Bunker, in dem sie ihren letzten Groschen versenken würden.

»Was ist jetzt?«, fragte Richard desinteressiert. »Seid ihr dabei oder nicht?«

Malcolm war so begeistert von der Aussicht, in dieses Loch einzuziehen, dass Vivienne nicht anders konnte, als loszulachen. Er schien irritiert, doch sie fand die Situation köstlich. Malcolms Ideen waren Wahnsinn, vollkommen irre. Aber, das musste man ihm zugestehen, es würde ihr eigener Laden sein. Der Start einer Karriere – ein Ort, an dem sie sich mit Kunst und Mode umgeben konnten, genau, wovon sie träumten.

Sie wollte spontan sein, wie Malcolm es war, sich seinem Enthusiasmus hingeben. Vielleicht war es tatsächlich eine Chance, und zur Not würde sie eben wieder in den Wohnwagen ziehen. Also zuckte sie mit den Schultern und nickte.

»Und ob wir das sind«, sagte Malcolm daraufhin. »Morgen bringen wir unser Zeug her.«

Ihr Geschäft auf der Tanzfläche der Paradise Garage lief vom ersten Tag an besser, als Vivienne geglaubt hatte. Das lag sicher an Malcolms Freunden von der Kunsthochschule, die den Laden bevölkerten und wiederum ihre Bekannten mitbrachten. Auch bei den Teddy Boys sprach sich schnell herum, dass im hinteren Teil der Paradise Garage Schallplatten und Secondhandklamotten zu bekommen waren, die man sonst nirgendwo fand. Zwar hatten sie zu Beginn keine nennenswerten Einnahmen, doch es reichte, um weiterzumachen.

Kaum begannen ihre Geschäfte anzulaufen, verschwand Richard über Nacht von der Bildfläche und ließ sie mit dem Laden allein. Er hatte ein paar Tage zugedröhnt hinterm Tresen gehockt und gejammert, dass ihm das Geld ausgegangen sei, und eines Morgens tauchte er einfach nicht mehr auf.

»Komm, Vivienne«, drängte Malcolm. »Wir packen sein Zeug in Müllsäcke und verteilen unsere Sachen im ganzen Laden. Richard kann alles, was der Paradise Garage gehört, später abholen.«

»Bist du verrückt geworden? Auf keinen Fall. Wir werden sein Zeug mit verkaufen. Und das Geld heben wir auf, bis er wiederkommt.«

»Jetzt sei nicht so spießig. Wenn er abhaut, gehört der Laden uns, so einfach ist das!«

Doch Vivienne ließ nicht mit sich reden. Sie richtete eine zweite Kasse ein, und wenn ein Kunde etwas aus der Garage kaufte, legte sie das Geld hinein. Doch die Wochen vergingen, und Richard blieb verschwunden. Malcolm drängte sie, den Laden endgültig zu kapern, und als sie dann erfuhren, dass Richard mit ein paar Leuten nach Südeuropa durchgebrannt war und nicht beabsichtigte, jemals zurückzukehren, willigte sie ein. Sie übernahmen das Kommando über die Paradise Garage.

Malcolm versuchte daraufhin, den Vermieter dazu zu bringen, sie als Mieter zu übernehmen, doch dem Typen gefiel die Idee nicht sonderlich, vor allem schien ihm Malcolm nicht sonderlich zu gefallen.

Bis eines Morgens plötzlich Myles im Laden stand und verwirrt zur Kenntnis nahm, dass sein Geschäft von Fremden geführt wurde. Die verbliebene Ware befand sich in Säcken auf dem Hof, und sein Mitarbeiter war über alle Berge. Mit dem schwedischen Model war es offenbar vorbei, und es hatte sich herausgestellt, dass er unwissentlich mit einer gestohlenen Kreditkarte in der Karibik unterwegs gewesen war. Die Übernahme seines Ladens war in dieser Reihe alptraumhafter Ereignisse nur der letzte Schlag. Er verzichtete darauf, den Kampf gegen Malcolm und Vivienne aufzunehmen, und verkündete seinen Bankrott.

Da es nun keinen offiziellen Mieter mehr gab, überließ man ihnen widerwillig die Ladenfläche. Malcolm genoss seinen gelungenen Schachzug. Der Schriftzug Paradise Garage verschwand vom Laden, die hawaiianisch anmutende Wellblechfassade wurde schwarz gestrichen, und ein neuer Schriftzug – in weithin sichtbarem Knallrosa – wurde angebracht: Let It Rock! Es war die Geburtsstunde ihres ersten eigenen Geschäfts.

Als Malcolm im Wintergriesel mit dem Farbeimer von der Leiter stieg und zufrieden den neuen Schriftzug betrachtete, wurde es Vivienne schwer ums Herz. Sie wünschte, Malcolm würde Joe nur einmal mit einem solchen Vaterstolz betrachten wie diese Ladenfassade. Doch die Eröffnung ihres eigenen Geschäfts hatte für ihn größere Bedeutung als jener Tag, als er mit schneebedecktem Tweed-Mantel zu Vivienne und ihrem Sohn ans Bett im Krankenhaus getreten war. Sie wünschte sich für den Jungen, dass er einen Vater hatte, der ihm seine Liebe zeigte und zugewandt war. Aber sie ahnte, dass Malcolm niemals so ein Vater werden würde.

Ein roter Doppeldeckerbus dröhnte vorbei, und im nächsten Moment stand an der Haltestelle hinter den Autoschlangen eine vertraute Gestalt, die zu ihnen herübersah, als wolle sie zum Angriff blasen. Es war Dora, die sich anschickte, dem neu eröffneten Laden ihrer Tochter einen Besuch abzustatten. Majestätisch schritt sie über die Straße und verzog keine Miene, als sie Malcolm erblickte.

»Mrs Swire!«, rief er. »Welch eine Ehre, dass Sie unser bescheidenes Geschäft besuchen!«

Seine Stimme triefte vor Ironie, und Vivienne verpasste ihm einen ärgerlichen Stoß in die Seite. Trotz allen Unmuts über ihre Beziehung zu Malcolm wusste Vivienne, dass ihre Mutter hinter ihr stand, wie sie es immer getan hatte, und nun war sie gekommen, um ihrer Tochter auszuhelfen.

»Die Gegend ist ein Alptraum für ein Geschäft«, begrüßte sie Vivienne. »Bei King's Road hatte ich etwas anderes vor Augen.«

»Das Geschäft, das vorher hier war, lief gut«, verteidigte Vivienne ihre Lage. »Und wenn sich erst mal rumgesprochen hat, was wir hier machen, werden die Leute schon kommen.«

»Und was genau macht ihr hier?«

»Wir erschaffen einen Ort jenseits des Establishments«, zitierte sie Malcolms Idee für den Laden. »Einen Treffpunkt für alle, die anders leben wollen und keinen Bock auf den uniformierten Kapitalismusscheiß haben. Ein Ort, an dem Mode, Kunst und Underground zusammenfinden. Ein Gegenprogramm zu dem ganzen Hippie-Mist, der überall verkauft wird.«

Dora verzog ihren Mund. Doch was sie darüber dachte, behielt sie für sich. Stattdessen sagte sie: »Ihr seid hier nicht nur am Ende der Welt, wortwörtlich, sondern noch dazu hinter einer scharfen Kurve. Man sieht euch gar nicht, selbst wenn man die King's Road herunterläuft. Keiner wird sich hierher verirren.«

»Dann brauchen wir eben gute Mund-zu-Mund-Propaganda.«

»Tja«, sagte Dora und zupfte ihre Jacke zurecht. »Wenn du meinst.«

Dann trat sie an Vivienne vorbei in den Laden. Sie waren mit den Umbauarbeiten gut vorangekommen, und trotz des Zwielichts und der durchhängenden Decke sah das

Geschäft inzwischen einladend aus. Es war in ein riesiges, buntes Wohnzimmer aus den Fünfzigern verwandelt worden, das Malcolm gemeinsam mithilfe seiner ehemaligen Kunsthochschulkameraden dekoriert hatte. Überall standen Artefakte aus der Hochzeit des Rock 'n' Roll, Plattenkisten stapelten sich, und an den Wänden hingen Poster von Chuck Berry und Elvis Presley. Dazu passend die Kleidung, die sie verkauften und die aussah wie einem Teenager-Rockfilm der Fünfziger entsprungen.

Doch das Interieur schien Dora nicht zu überzeugen. Sie sah abfällig umher und hielt ihre Arme eng am Körper, wie um ja nichts versehentlich zu berühren. Vielleicht lag es an den Vintage-Schmuddelheften und an den Pin-up-Postkarten, mit denen Malcolm den Heile-Welt-Eindruck provokant gebrochen hatte.

»Und der Vormieter will hundert Pfund für die Übernahme des Geschäfts haben?«, fragte Dora pikiert. »Ist das denn üblich?«

»Normalerweise kostet so was mehr, also ist es ein Schnäppchen. Wir geben es dir zurück, sobald wir flüssig sind, Mum. Wenn der Laden läuft, dann …«

Dora hob die Hand, um sie zum Schweigen zu bringen.

»Das sehen wir später. Ich habe die hundert Pfund dabei. Du kannst sie haben, um diesen Myles auszuzahlen.«

Sie zog ein kleines Geldbündel aus ihrer Handtasche. An Malcolms verschmitzter Miene erkannte Vivienne, dass er im Begriff war, etwas Respektloses zu sagen, und sie warf ihm warnende Blicke zu.

»Ihr könnt das Geld haben«, hob Dora die Stimme, doch als Malcolm es ihr aus der Hand reißen wollte, drückte sie sich die Scheine gegen die Brust, »… unter einer Bedingung«, fügte sie hinzu. »Ihr geht zum Notar und macht alles offiziell. Das wird hier kein Kunstprojekt, das einfach wieder hingeworfen wird.«

Malcolm zuckte mit den Schultern. Ihn interessierte das nicht weiter. Doch Vivienne hatte sofort ein schlechtes Gefühl bei der Sache.

»Es sind hundert Pfund, Mum. Viel Geld, aber kein Vermögen. Ich zahle sie dir zurück.«

»Ihr gründet eine Personengesellschaft und hinterlegt alles vertraglich beim Notar. Sonst gibt es kein Geld von mir.«

Dora bedachte Malcolm mit einem Blick, der zweifelsfrei klarmachte, weshalb sie auf dem Notar bestand. Ihre Tochter sollte nicht von einem windigen Künstler übers Ohr gehauen werden. Vivienne jedoch erkannte: Wenn sie ihre kreative Gemeinschaft zu einer Rechtsgemeinschaft machten, wäre sie fest an Malcolm gebunden. Noch fester als durch eine Heirat.

»Was ist, Vivienne?«, fragte Dora.

»Ich bin dabei«, sagte Malcolm gleichgültig. »Gehen wir halt zu einem Notar, was soll's.«

Das Gefühl, sie könne möglicherweise einen schweren Fehler begehen, blieb. Aber sie kannte ihre Mutter gut genug, um zu wissen, dass sie sich nicht umstimmen lassen würde. Und sie brauchten das Geld.

»Meinetwegen«, gab sie sich geschlagen. »Dann eben zum Notar.«

Dora nickte zufrieden und übergab ihr das Geld. Vivienne nahm die Scheine entgegen, die seltsam schwer in ihrer Hand lagen. Doch sie verscheuchte die düstere Vorahnung, steckte die hundert Pfund ein und begleitete ihre Mutter nach draußen, wo sie den Rückweg zur Bushaltestelle antrat. Es würde schon alles gut gehen.

6

Das Let It Rock! veränderte Viviennes Leben von Grund auf. Kurz nach der Eröffnung kündigte sie ihre Stelle als Lehrerin, damit sie vollauf für ihren Laden da sein konnte. Die Secondhandware der Fünfziger-Jahre-Mode, die Malcolm im ganzen Land in Supermärkten aufkaufte, reichte nicht aus, um die Nachfrage zu bewältigen. Somit waren Viviennes *Do-it-yourself*-Künste gefragt, und in der Nightingale Lane summte Tag und Nacht die Singer-Nähmaschine, die sie sich von ihrem letzten Gehalt als Lehrerin gekauft hatte. Sie trennte die Peg-Hosen und Drapier-Jacken auf, die Malcolm aus Altbeständen aufkaufte, erstellte daraus Schnittmuster und nähte alles originalgetreu nach. Auf diese Weise ließen sich die Bestände auffüllen, und die Ware hatte eine erstklassige Qualität. Und die Kunden liebten die Mischung aus Vintage und Innovation, für die Vivienne auf diese Weise sorgte.

Ihre Wohnung verwandelte sich über Nacht in eine

Miniatur-Textilfabrik; überall lagen Stoffballen, Schnittmuster und Nietenzangen herum. Ben und Joe schoben
ihre Spielzeugautos nun zwischen Stoffresten umher, und
Nähutensilien wurden wie selbstverständlich zu Spielzeug
umfunktioniert.

Vivienne liebte es, den Style der Teddy Boys akkurat zu
imitieren, passende Stoffe und Materialien aufzutreiben
und mit verschiedenen Nähtechniken die perfekte Illusion
zu erschaffen. Um die Mode der Teds genau zu studieren,
ging sie mit Malcolm immer wieder in Clubs. Es wurde
ihr zur Obsession, alles richtig zu machen. Malcolm hatte
zwar wenig Verständnis für diese Art des Perfektionismus,
dafür steuerte er umso mehr Ideen bei, wie sich Stoffe und
Farben variieren ließen. Schrille Töne der Pop-Art misch-
ten sich in ihre Kleidungsstücke, und Vivienne wurde als
Teddy Girl mit übergroßem Mohair-Pullover, hautengen
Lederhosen und Igelfrisur zu einem Aushängeschild ihrer
eigenen Einfälle.

Wenn sie nicht nähte und Ben und Joe bei den Großeltern waren, half sie im Laden aus. Sie liebte es, mit ihren
verrückten Outfits hinterm Tresen zu stehen, mit wasser-
stoffblonder Igelfrisur und lila geschminkten Lippen zum
Hingucker zu werden. Auf der Straße und in der Tube
wurde sie mit ihrem Outfit und den unnatürlich blonden
Haaren angestarrt. Einmal rief ein Autofahrer ihr aus dem
offenen Fenster zu: »Sieht dein Busch genauso aus?« Im
ersten Moment schockierte sie das, aber dann bestärkte
es sie darin, zu ihren Outfits zu stehen. Schließlich wollte

sie provozieren und auffallen! Sie wollte gegen die engstirnige Gesellschaft aufbegehren – gegen verklemmte Sexualmoral, gegen spießige Lebensentwürfe und Intoleranz. Sollten diese Idioten ihr doch nachrufen, was sie wollten. Sie wollte sich ihren muffigen Moralvorstellungen nicht unterwerfen. Sie wollte frei sein, tun, wozu sie Lust hatte, und auf die Regeln pfeifen. Das konnte ruhig jeder sehen.

Malcolm hatte für das Let It Rock! das Diktum *Die Hippies sind tot!* ausgegeben, denn ihre Mode hatte nichts mit der zu tun, die in den meisten Shops der Umgebung zu finden war. Umso mehr Aufsehen erregten sie: Malcolm, mit seinem blauen Lamé-Anzug und der Strickkrawatte, mimte die Wiedergeburt der Teddy Boys, während Vivienne mit ihrem exzentrischen Look bald überall bekannt war. Und nach kurzer Zeit stürmten täglich ganze Busladungen aufmüpfiger Ted-Jugendlicher den Laden, um sich mit ihrer Mode einzukleiden.

Der Laden begann zu brummen, und Malcolm dachte sich immer wieder was Neues aus, um Aufmerksamkeit zu erregen. Eines Abends, Vivienne hatte gerade die Kinder ins Bett gebracht und sich wieder an die Nähmaschine gesetzt, um eine Reihe schwarzer Jeans mit geraden Beinen auszubessern, kam er mit einem großen Stoffsack beladen zur Tür herein, schleppte ihn mitten ins Wohnzimmer und ließ ihn auf die Dielen fallen.

»Du glaubst nicht, wer heute im Laden war«, begrüßte er sie.

Neugierig beäugte sie den Sack. »Nicht so laut, die Kinder schlafen«, sagte sie.

»Zuerst nur ein paar Journalisten und Modefreaks«, ignorierte er ihren Einwand. »Die wollten Fotos von uns machen. Das Übliche halt. Aber dann, stell dir vor, war auf einmal David Bowie da.«

Obwohl sie wusste, dass es reine Eitelkeit war, gefiel ihr die Tatsache, dass Berühmtheiten in ihrem Laden auftauchten. Marianne Faithfull, Iggy Pop und jetzt David Bowie. Sie alle schauten bei ihnen rein, wenn sie über die King's Road bummelten.

»Dass der sich das traut, oder?«, sagte Malcolm und ließ sich auf den Sessel fallen. »Bowie meine ich.«

»Wieso sollte er nicht?«

»Na, wegen Ziggy Stardust! Den Look hat er sich doch von dir abgeguckt. Er muss dich auf der King's Road gesehen haben, da wette ich drauf.«

Mit einem Lachen zitierte sie Malcolms Credo: »Dumm ist, wer nicht das plagiiert, was ihn inspiriert. Das sagst du doch immer, oder nicht?«

Er machte eine wegwerfende Handbewegung, zog den *Evening Standard* hervor und warf ihn vor die Nähmaschine. Auf der aufgeschlagenen Seite erkannte Vivienne sofort das Foto des Let It Rock!, nahm hastig die Zeitung und überflog die Headline. *Die Teds sind zurück*, stand dort. *Hier ist er, Londons erster Rock-'n'-Roll-Laden überhaupt, ausgerechnet in der Mitte von Chelseas Boutiquenviertel.*

»Da kommen die nicht drüber weg«, freute sich Malcolm.

»Die Popkultur der Arbeiterklasse auf der King's Road. Sie verstehen nicht, warum es funktioniert.«

Seit das Let It Rock! und somit Malcolm und Vivienne von einer Produktionsfirma den Auftrag bekommen hatten, einen Film über die rebellische Jugend aus den Fünfzigern namens *Trau keinem über 18* auszustatten, war es mit ihrer Bekanntheit steil bergauf gegangen. In den Hauptrollen spielten Ringo Starr und David Essex, und sämtliche Schauspieler wurden von ihnen in authentisch aussehende Klamotten aus den späten Fünfzigern gekleidet. Malcolm hatte gehofft, dass ihnen der Film als Präsentierteller der Mode aus ihrem Laden dienen würde. Und tatsächlich: Der *Rolling Stone* berichtete über sie, der *Daily Mirror*, und jetzt die *Evening Post. Das Let It Rock! ist eine Hommage*, wurde Malcolm darin zitiert, *wir bringen die Vergangenheit für einen kurzen Moment zurück ans Sonnenlicht. Wir wühlen in den Ruinen untergegangener Kulturen.*

»Ich habe es dir gesagt, Vivienne: Ein Laden in der King's Road wird sich auszahlen.«

»Das hast du tatsächlich«, räumte sie ein, bezweifelte aber, dass Malcolm selbst mit solch einem kometenhaften Start in die Modewelt gerechnet hatte. Er war genauso überrascht wie sie, dass Modejournalisten und Ikonen der Popkultur bei ihnen Schlange standen.

Sie deutete auf den Sack, den Malcolm auf die Dielen geworfen hatte.

»Was hast du da mitgebracht?«, fragte sie. »Sind das Stoffreste?«

»Nein, T-Shirts.« Er gähnte. »Unten sind noch mehr Säcke. Wir müssen sie hochholen.«

»Was willst du mit dem Kram?«

»Du weißt doch, bald ist das Rock-'n'-Roll-Festival im Wembley-Stadion. Von Elvis einmal abgesehen, treten da alle alten Größen auf. Chuck Berry, Bill Haley, Little Richard. Da passen hunderttausend Leute rein. Und wir, Viv, haben einen Stand am Eingang. Ich habe das heute klargemacht.«

»Du willst T-Shirts verkaufen?«, fragte sie irritiert.

In der Rockerszene fand das T-Shirt, das als Unterhemd für amerikanische Soldaten erfunden worden war, wachsenden Anklang. James Dean und Marlon Brando waren Paten dieses Modetrends. Bei den Teddy Boys, die Wert auf gepflegte Outfits legten, war es jedoch weniger verbreitet.

»Ich verstehe nicht, was das soll«, meinte sie.

»Wie auch?« Malcolm nahm eine Schere vom Tisch und schnitt den Sack auf, aus dem der schneeweiße Stoff quoll. »Du hast ja noch nicht gehört, was ich damit vorhabe.«

Er präsentierte ein weißes T-Shirt, wie ein Zauberer, der einen Trick vorführen wollte. Das tat er gern, sie mit großer Geste an seinen genialen Einfällen teilhaben lassen. Er vergewisserte sich, dass er ihre volle Aufmerksamkeit hatte, dann fragte er: »Du beherrschst doch Siebdruck-Techniken?«

»In der Theorie wenigstens. Wieso fragst du?«

»Ich dachte, wir könnten die T-Shirts bedrucken. Mit

dem Konterfei von Chuck Berry oder Little Richard, den Stars der Show. Damit treffen wir einen Nerv bei den Fans, davon bin ich überzeugt.«

Vivienne betrachtete das schneeweiße T-Shirt, das vor ihrem Gesicht in der Luft schwebte, und auf einmal nahm eine Idee vor ihrem inneren Auge Gestalt an. Sie fühlte sich wie elektrisiert und spürte, dass sie einer großen Sache auf der Spur war.

»Der Stoff wird zur Leinwand«, murmelte sie.

»Warum nicht?«, sagte Malcolm leichthin und hielt sich das T-Shirt vor die Brust. »Und wir drucken unsere Botschaften darauf. Wie wär's mit *Vive le rock*? Oder ... ich lass mir noch was einfallen.«

Vivienne schnappte sich ein Shirt aus dem Sack und betastete den Stoff. Ihr kribbelten die Fingerspitzen vor Aufregung. Solider Baumwolljersey, strapazierfähig und dehnbar – es war perfekt. Der Torso des Menschen unterschied sich kaum von einer Litfaßsäule, und mithilfe des neutral geschnittenen Shirts ließe er sich mit Bildern und Texten plakatieren. Nun kamen sie der Revolution schon näher, das wäre etwas ganz Neues, das man in der Fashionwelt noch nicht gesehen hatte.

Noch in derselben Nacht begann Vivienne, an der Umsetzung der Idee zu arbeiten. Sie schleppte alle Säcke in die Wohnung, dann begann sie, über Drucktechniken und Farben zu recherchieren. Druckplatten kosteten ein Vermögen, aber es gab billige Alternativen: Kartoffeldruck war das Leichteste, aber es ließen sich auch selbst gemachte

Stempel verwenden, Linoldruck oder Schablonen. Möglich, dass sie selbst Siebdruckplatten in Eigenregie herstellen konnte. Sie würde herausfinden, mit welcher Drucktechnik welcher Effekt zu erzielen war. Wie sich aus einem T-Shirt eine Litfaßsäule machen ließe, ein Träger von Botschaften, die sie bestimmen würde.

In den darauffolgenden Wochen bedruckte sie unzählige T-Shirts, bis sie schließlich zufrieden mit den Ergebnissen war. Bergeweise Little-Richard- und Vive-le-rock-T-Shirts entstanden, die Malcolm am Tag vor dem Festival ins Wembley-Stadion brachte. Auch wenn Vivienne die Technik noch weiter verfeinern wollte, liebte sie die Shirts schon jetzt.

Das Konzert war großartig, und wenn sie nicht am Stand waren, erhaschten sie einen Blick auf die Stars im Stadion. Doch der Verkauf der T-Shirts entwickelte sich nicht wie erwartet. Sie blieben säckeweise darauf sitzen. Und hatten ganz nebenbei einen ziemlichen Batzen Geld verloren. Vivienne war maßlos enttäuscht. Wieso verstand niemand, wie bahnbrechend ihre Idee war?

Bei Malcolm saß die Enttäuschung noch tiefer. Seit einem knappen Jahr waren sie mit Let It Rock! die erste Adresse, was die modische Wiederbelebung der Teddy Boys anging, und er gierte nach etwas Neuem, nach Weiterentwicklung. Die Teds boten ihm diese Möglichkeit nicht, was ihm durch das Festival klar geworden war.

»Ich habe mich zu Tode gelangweilt«, maulte er, als er abends in ihrem Wohnzimmer zwischen Stoffballen und

Jeansresten hockte. »Das mit den Teds ist vorbei, Viv. Eine Zeit lang war es ja lustig, sie wiederaufleben zu lassen, aber jetzt wird es öde.«

»Der Style verändert sich«, stimmte sie zu, während sie an der Nähmaschine saß und eine Hose umnähte. »Das ist mir längst in den Clubs aufgefallen. Die Mode auf der Straße wird rauer. Weniger verspielt.«

»Das Proletarische fand ich inspirierend, aber ... weißt du, Viv, die Teds sind doch ziemlich ignorant. Verstockt, rechtsgerichtet und rassistisch. Wir wollten Protest und Krawall, und jetzt machen wir Mode für Konservative. Ein Alptraum.«

Vivienne stimmte ihm insgeheim zu. Sie legte die Hose zur Seite, griff in einen der Säcke und nahm eins ihrer T-Shirts prüfend in die Hand. Die Qualität war gut, trotz allem.

»Was machen wir nur mit dem ganzen Zeug?«, fragte sie.

»Mal sehen. Vielleicht verkaufen wir sie den Rockern, die auf der King's Road auftauchen.«

Er sagte das nur so daher, aber ihr gefiel die Idee. Es passte zu dem sich ändernden Style in den Clubs. Wenn sie sagte, dass die Mode rauer wurde, sah sie die Rocker vor sich, die dort neuerdings vermehrt anzutreffen waren.

»Wir könnten die T-Shirts umarbeiten«, schlug sie vor. »Mal sehen, ob sie den Rockern gefallen.«

Er dachte kurz darüber nach, dann grinste er breit.

»Nieten«, sagte er. »Wir machen T-Shirts mit Nieten, Viv. Mit Nieten und Löchern. Und färben sie grau. Wir könnten sie mit Ölflecken bearbeiten, sie zu Arbeitershirts stilisieren. Verstehst du, was ich meine? Das Proletariat in Szene setzen, quasi den Schweiß und das Blut ausleuchten.«

Sie war sofort Feuer und Flamme. Ein völlig neuer Ansatz! Bis tief in die Nacht saßen sie zusammen und entwickelten einen Look, der die Arbeiterklasse ästhetisch völlig anders widerspiegelte als die Mode der Teds.

Letztlich war es Lionel Blair, der ihrem Teddy-Boys-Konzept den finalen Todesstoß versetzte. Er war ein Entertainer aus dem Fernsehen, der für die BBC eine Samstagabendshow moderierte. Unangekündigt tauchte er bei Malcolm im Laden auf und verlangte von ihm, eine Tanzgruppe für eine Rock-'n'-Roll-Revival-Show mit Kostümen auszustatten. Er plane eine Fünfziger-Jahre-Show zur Primetime, wo das doch jetzt das neue Ding sei, nicht wahr?

»Dieser schlangenhaarige, schmierige Spießer«, empörte sich Malcolm abends bei Vivienne, die an ihrem Arbeitstisch mit den Rocker-Shirts experimentierte. »Ich habe ihn hochkant rausgeschmissen! Eine Samstagabendshow in der BBC. Ich habe die Schnauze voll von den Fünfzigern. Wir benennen den Laden um.«

»Die Teds sind unser treuster Kundenstamm«, gab sie zu bedenken.

»Wir müssen ja nicht alles ändern. Nur das Konzept anpassen. Teds provozieren keinen mehr. Ich denke eher an James Dean und Marlon Brando. Das ist Protestkultur!

Nur ein bisschen weiterentwickelt.« Er hielt inne. »James Dean ... Ich weiß es, Viv: *too fast to live, too young to die.* So nennen wir unseren Laden!«

Die halbe Nacht hielt er Vivienne wach, um mit ihr das neue Konzept zu entwerfen. Sie warfen sich die Bälle zu, waren voller Ideen, wobei Malcolm zu allem eine Vision vor Augen hatte, während Vivienne bereits fiebrig darüber nachdachte, wie sie diese umsetzen und in Kleidung verwandeln könne. Statt der Teddy Boys, die penibel Wert auf eine saubere Garderobe legten, müsse der Look schmuddeliger werden, meinte Malcolm, provokativer. Die umgearbeiteten T-Shirts wären Teil des neuen Konzepts, aber sie bräuchten weitere Klamotten – Lederhosen, gerade geschnittene Nietenjeans, härtere Sachen, die zugleich auf keinen Fall Teil des Siebziger-Jahre-Mainstreams wären.

Vivienne, die am nächsten Tag völlig übermüdet die Kinder zu Dora brachte, hatte sich vorgenommen, T-Shirts in Eigenregie zu nähen, so wie sie auch die Teddy-Boy-Klamotten auf eigene Faust genäht hatte. Müde, wie sie war, ließ sie, um den Prozess zu vereinfachen, bei einem Entwurf ganz einfach die Ärmel weg. Mit dem überraschenden Effekt, dass sich das androgyne Shirt perfekt an den weiblichen Oberkörper schmiegte.

Plötzlich war sie hellwach. Für einen weiteren Versuch wählte sie dunkelgrauen Jerseystoff und arbeitete mit Nieten den Schriftzug *VENUS* quer über die Brust, wie es Malcolms Idee gewesen war. Dann nähte sie zwei Reißverschlüsse ein, wo die Brüste der Trägerin lagen, so dass sie sich bei Bedarf freilegen ließen. Es war nur ein Spaß, aber die Reißverschlüsse funktionierten und sahen auch zugezogen großartig aus. Eine Kette, ähnlich der einer Klospülung, befestigte sie am Schulterausschnitt, und ein paar Applikationen rundeten das Bild ab. Das fertige Shirt gefiel ihr sehr – es war auf eine humorvolle Weise sexy, und das entsprach genau dem Bild von Weiblichkeit, was sie in der heutigen Zeit für angemessen hielt. Wem auch immer sie dieses T-Shirt verkaufen sollte, sie brannte darauf, es Malcolm zu zeigen.

Für ein weiteres Shirt verwendete sie den Schriftzug *SCUM*, einen Begriff, der von der radikalen Feministin Valerie Solanas geprägt worden war, jener Frau, die durch den Attentatsversuch auf Andy Warhol berühmt geworden war. Es passte perfekt zu dem *VENUS*-Shirt.

Für das dritte T-Shirt sammelte sie hinter einem Pub weggeworfene Hühnerknochen auf, kochte sie aus und verband sie sorgfältig mit Kettengliedern. Die Erfahrungen, die sie beim Schmuckherstellen gesammelt hatte, halfen ihr, die Knochen zu sägen, zu verbinden und aus ihnen das Wort *ROCK* auf dem Stoff zu formen. Es war eine mühselige Arbeit, zumal die Knochen ständig zu zerkrümeln drohten, aber der Aufwand lohnte sich. Das T-Shirt war einfach spektakulär!

Bald verwandelte sich das Wohnzimmer in ein Schlachtfeld aus Stoffen, Nieten, Leder und Lack. Vivienne war wie im Rausch. Sie schlief kaum, arbeitete rund um die Uhr und erschuf ein Stück nach dem anderen.

Irgendwann, es war tief in der Nacht, und sie glaubte, Joe im Schlaf sprechen gehört zu haben, stand sie auf und ging hinüber ins Kinderzimmer, um nach den Jungs zu sehen. Sie lagen friedlich in ihren Betten. Als sie auf dem Weg zurück in ihr Bett war und im Vorbeigehen die Kleiderstange sah, an der ihre T-Shirts hingen, war sie sich auf einmal sicher: Diese provokanten Klamotten, die sie schuf, die Shirts, auf denen Bildbotschaften prangten, all diese verrückten Ideen, waren nicht nur in ihren Augen revolutionär. Sie spürte genau: Was hier im Wohnzimmer ihrer Sozialwohnung passierte, war der Beginn von etwas Großem. Darauf hätte sie in dieser Nacht eine Flasche Whiskey gewettet – wenn denn jemand da gewesen wäre, der sie mit ihr hätte trinken können.

Das too fast to live, too young to die, oder auch TFTL-TYTD, wie Malcolm es nannte, war an diesem milden Frühlingsmorgen voller Menschen. Da waren Teenager, die die Schule schwänzten, arbeitslose Jugendliche, die sich zwar keine Klamotten leisten konnten, aber die Atmosphäre des Ladens liebten, und Party People, die auf der Suche nach originellen Outfits durch die King's Road schlenderten.

Das Aussehen des Ladens glich nicht länger einem Fünfziger-Jahre-Wohnzimmer mit Pin-ups und Schmuddelheften. Jetzt, mit Totenkopf im Banner, war der Laden zu einem Rockertreffpunkt geworden, in dem Laternenpfähle aufgestellt waren und Wandbilder von Industriegebäuden hingen. Malcolm hatte das Geschäft wie ein Kleidungsstück designt, nichts war dem Zufall überlassen worden.

Nachdem er und Vivienne einen weiteren Film ausgestattet hatten, diesmal ein Biopic über Gustav Mahler, das sie mit provokanten Kreationen bestückten, war die Bekanntheit ihres Ladens weiter gestiegen. Die paar Kröten, die sie damit verdienten, standen allerdings in keinem Verhältnis zu dem Ansehen, das sie inzwischen genossen. Doch selbst für den gebrauchten Austin Mini, den sie sich anschafften, damit Vivienne Stoffe kaufen und Klamotten in den Laden fahren konnte, mussten sie jeden Schilling dreimal umdrehen.

Um im Laden auszuhelfen, wenn Malcolm nicht in London war, hatte Vivienne ihre Söhne einmal mehr bei ihren Eltern untergebracht. Sie hatte ein schlechtes Gewissen, denn es wurde allmählich zum Normalzustand, dass die Jungs bei Dora waren. Gerade waren sie und Malcolm für ein paar Wochen in New York gewesen, wo sie ihre Entwürfe auf einer Messe präsentiert hatten. Und jetzt musste Vivienne ständig im Laden stehen, weil Malcolm in den Staaten geblieben war. Mit der von ihr und Malcolm angezettelten Moderevolution war Vivienne vollauf beschäftigt. Sie fühlte sich wie auf einem Feldzug, den sie gegen das Fashion-Establishment führte. Da blieb ihr wenig Zeit für ihre Kinder, und oft kehrte das alte Gefühl zurück, ihnen durch ihre häufige Abwesenheit eine schlechte Mutter zu sein. Die meisten Frauen ihrer Generation stellten ihre persönlichen Bedürfnisse hintan – Mann und Kinder kamen zuerst. Doch Vivienne spürte, dass mit den ersten Stücken, die sie entworfen hatte, der Anfang von etwas Besonderem gemacht worden war, und sie wollte diesen Weg weitergehen – sie hatte der Welt mit ihrer Mode etwas zu sagen. Sie musste es einfach schaffen, die Arbeit mit ihren Aufgaben als Mutter und ihrer Sorge um die Kinder unter einen Hut zu bekommen.

Als sie in den Laden stürmte und zum Kassentresen marschierte, machte eine vertraute Stimme auf sich aufmerksam.

»Hey, Viv. Wieder im Lande?«

Es war ein junger Mann, den sie vor einiger Zeit mal beim Klauen erwischt hatte. Er hatte ihr hoch und heilig geschworen, es nie wieder zu versuchen, und sie hatte ihm geglaubt. Trotz seiner rauen Schale hatte er etwas Verletzliches an sich, das sie anrührte. Und nebenbei sah er ziemlich gut aus.

»Hi John. Mal wieder dabei, etwas zu klauen?«

»Bei deiner Rechten? Ich wär schön blöd.«

Vivienne lachte. »Angst vor einem blauen Auge?«

»Eher vor einem Schädelbruch. Wie war New York?«

»Ach, die Yankees, du weißt schon. Nicht so mein Fall.«

Sie zwinkerte und ging weiter zum Verkaufstresen, wo Michael, ihr Geschäftsführer, auf sie wartete. Im Augenwinkel beobachtete sie John, um sicherzugehen, dass er nicht wieder etwas einsteckte.

»Sieht Malcolm das genauso?«, fragte Michael, und als sie

ihn fragend ansah, fügte er hinzu: »Das mit den Yankees. Er ist schon seit Wochen in New York. Wollte er nicht längst zurück sein?«

»Er macht einen auf Musik-Manager. Da gibt es eine Band, die New York Dolls, von denen ist er wie besessen. Er will sie unbedingt groß rausbringen. Wenn du mich fragst, ist er allerdings eher Groupie als Manager.«

»Aber eure Klamotten habt ihr drüben kaum verkauft, oder?«

»Nein. Sie haben mich gefragt, warum da Brandlöcher in den T-Shirts sind. Ich hab's versucht zu erklären, aber es war zwecklos.«

»Ich habe gehört, dass Andy Warhol ziemlich begeistert war?«

»Das hat sich rumgesprochen?«, fragte sie erstaunt.

Zwar hatte Warhol die T-Shirts mit den Ketten gemocht und den revolutionären Charakter ihrer Kreationen gewürdigt, aber das Wort *begeistert* hätte sie nicht unbedingt benutzt.

»Malcolm hat angerufen«, sagte Michael. »Vom Chelsea Hotel. Er hat mir das mit Andy erzählt. Er wollte dich sprechen, wegen der New York Dolls. Die brauchen Klamotten oder so. Er sagt, er meldet sich wieder.«

Sollte er doch. Es interessierte sie nicht sonderlich, was er in New York trieb. Sie legte Wechselgeld in die Kasse und begann eine kleine Inventur im Laden, um zu sehen, welche Kleidungsstücke nachgenäht werden mussten. Von ihrem Shirt mit den Ketten, erkannte sie, war nur noch eines am Ständer. Sie machte sich eine Notiz, als der junge Typ wieder hinter ihr auftauchte.

»In den Clubs müssen ständig die Klospülungen ersetzt werden, weil die Leute euren Look nachmachen, weißt du das? Egal, wo du hinkommst, überall werden die Spülketten geklaut.«

Sie grinste zufrieden. Es störte sie nicht, kopiert zu werden. Im Gegenteil, sie fand es toll, wenn die Leute ihre *Do-it-yourself*-Philosophie aufgriffen.

»Hast du auch schon mal eine mitgehen lassen?«

»Ich würd eh nur das Original wollen«, sagte er und deutete auf den Kleiderständer. »Das sieht einfach so cool aus. Du bist echt eine richtige Modeschöpferin.«

Sie hielt verwundert inne. Das hatte ihr noch niemand gesagt. Malcolm hatte sie in New York überall als seine Näherin vorgestellt, was ziemlich demütigend gewesen war. Er tat, als sei das alles seine Vision und sie würde nur umsetzen, was ihm einfiele.

»Quatsch«, sagte sie. »Ich bin keine Modeschöpferin.«

»Sondern?«

»Ich bin nur eine Frau, die ein paar Leute mit ihren Klamotten provozieren will. Das ist alles.«

»Na ja. Das ist doch eine ganze Menge.«

Sie überlegte und grinste dann.

»Finde ich auch.«

Das Telefon klingelte, und Michael ging ran. Es war Malcolm, der sie sprechen wollte. In harschem Tonfall wies er an, sie solle so schnell wie möglich Klamotten anfertigen, die Dolls hätten ein Fotoshooting. Er habe genaue Vorstellungen, alles solle blutrot sein. Er behandelte sie wie seine Untergebene, was ihr überhaupt nicht gefiel. Trotzdem sicherte sie ihm zu, der Band Outfits zu schneidern. Dann redete er endlos von seinen Geschäften, typisch – er achtete nie auf die horrenden Telefonkosten. Vivienne langweilte sein selbstgefälliges Gerede, und sie war froh, als sie endlich auflegen konnte. Im Grunde kam sie ganz gut ohne ihn klar. Kein Streit, keine Belehrungen und kein Herunterspielen ihrer Fähigkeiten. Da konnte sie nicht behaupten, dass ihr etwas fehlte. Sie wusste natürlich, dass er die Menschen so herumscheuchte, weil er als gequältes Kind nicht mit sich im Reinen war. Und seine überbordenden Ideen und seine kreative Energie überwogen für sie seine negativen Seiten. Trotzdem war es schön, den Laden eine Weile für sich zu haben.

In den darauffolgenden Tagen kreierte sie einen Look, der ihr genau das Richtige für die Dolls und ihre Musik zu sein schien – mit Nieten, Lack, rotem Leder, mit androgynen Oberteilen, Hosenträgern, Ketten und Bändern. Die Outfits wirkten durchaus etwas dirty und abgerissen, dennoch waren sie sexy, und vor allem – provokativ. Das war perfekt zu dem neuen Sound, den die New York Dolls spielten und der »Punkrock« genannt wurde.

Es war, wie Malcolm sagte: Die Zeit der Hippies war vorbei, *Summer of Love*, *Peace and Happiness*, all das passte nicht mehr in die Zeit. Großbritannien war geprägt von wirtschaftlicher Depression, von Arbeitslosigkeit, Inflation,

Krisen und Schmutz. Dazu passten keine Hippies mit ihrem naiven Optimismus, wohl aber Punkrock, der laut, rau und wütend war. Kurz nachdem sie alles verschickt hatte, meldeten sich die Dolls bei ihr: Die Outfits kamen sensationell an.

Das Fotoshooting war ein voller Erfolg, und doch schien es mit dem Management der Band für Malcolm nicht richtig zu funktionieren. Er wollte noch nicht aufgeben, plante eine Europatournee für die Band und kehrte nach London zurück, um alles auf die Beine zu stellen. Wie nebenbei tauchte er wieder im Laden auf, plauderte mit den Kunden und gab den Chef, ganz als sei er nie fort gewesen.

Viviennes Freude über seine Rückkehr hielt sich in Grenzen. Waren sie überhaupt noch ein Paar?, fragte sie sich, als sie sich wieder einmal abwandte, genervt von seinen Ausschweifungen einem Kunden gegenüber. Romantisch und sinnlich erfüllt hatte sie ihre Beziehung selten erlebt, umso stabiler war ihre kreative Partnerschaft gewesen, und Vivienne liebte Malcolm. Das tat sie tatsächlich, trotz seiner Schwächen, und sie wollte ihm gegenüber loyal sein. Aber wünschte sie sich nicht mehr von einem Mann als das, was Malcolm ihr geben konnte?

»Ich habe eine Entscheidung getroffen«, sagte Malcolm zu ihr, als er den Kunden verabschiedet hatte. »In New York.«

»Was für eine Entscheidung?«

Nach seiner langen Abwesenheit wäre ein *Hallo, Viv, wie ist es gelaufen?*, schön gewesen, dachte sie verletzt.

»Wir benennen den Laden um«, sagte er. »Ich habe mich von New York inspirieren lassen. Ich weiß jetzt, in welche Richtung ich gehen will, Viv.«

»Ach ja? Und lässt du mich wohl an deinen Überlegungen teilhaben?«

»Der Laden soll SEX heißen.«

Vivienne verstand sofort. Denn unter all dem, was in der verklemmten britischen Nachkriegsgesellschaft verpönt war, galt die öffentliche Zurschaustellung von Sexualität als das Skandalöseste überhaupt. Und ein neuer Name bedeutete eine neue Kollektion, das war ihr ebenfalls klar. Obwohl sie darauf brannte zu erfahren, was Malcolm sich überlegt hatte, setzte sie fürs Erste eine gelangweilte Miene auf. So leicht würde sie es ihm nicht machen.

»Das ist das Einzige, was den Engländern Angst macht«, erklärte Malcolm. »Sex. Es packt sie das nackte Grauen, wenn sie nur das Wort hören. Die verklemmte und verlogene Bagage will alles unterdrücken, was damit zu tun hat. Damit kriegen wir sie.«

»Wenn wir ein neues Konzept haben, brauchen wir eine neue Kollektion«, sagte sie versonnen. Sex. Die Idee sprach sie auf Anhieb an. Sie spürte, wie der Faden der Inspiration in ihr zu schwingen begann, und sie wusste, Malcolm würde ihr den nötigen Input geben, um die Kreationen vor ihrem inneren Auge entstehen zu lassen. So funktionierte es immer.

»Über eine neue Kollektion habe ich mir längst Gedanken gemacht«, sagte er. »Wir bringen Fetischkleidung auf die Straße. Wir wandeln Outfits aus Stripclubs und Schwulenbars so um, dass Alltagskleidung daraus wird. Was hältst du davon?«

Sie fand es schlichtweg großartig. Sofort begannen ihr Bilder durch den Kopf zu rasseln. Lack, Gummi, Latex ... Es waren ungewöhnliche Materialien. Sie würden nach Lieferanten Ausschau halten müssen. Was ließe sich damit herstellen? Wie könnten sie Einflüsse von Fetisch in alltagstauglicher Kleidung sichtbar machen? Sie spürte sofort, dass Potenzial in der Idee lag, und die Vorstellung, wie sexy und zugleich provokativ diese Entwürfe wären und wie stark die Frauen, die sie tragen würden, darin aussehen würden, war elektrisierend.

»Um den praktischen Kram kümmern wir uns später«, sagte Malcolm leichthin. »Denn eins ist noch wichtiger als meine nächste Kollektion.«

Seine Kollektion, natürlich.

»Punk ist das nächste große Ding«, sagte er, »und wenn wir mit dem Laden die Speerspitze sein wollen, dürfen wir nicht nur an Mode denken. Ich brauche etwas, das meine Kreationen mitten in die Bewegung bringt.«

»Und was wäre das?«, fragte sie.

»Ganz einfach«, sagte er und lächelte entwaffnend. »Viv, dass du nicht selbst drauf kommst! Ich brauche eine Band.«

7

Im Frühling 1974 war es dann so weit: In dicken rosa-farbenen Lettern und weithin sichtbar prangte über dem Laden auf der King's Road 430 der Schriftzug SEX. Die Buchstaben waren aus Holz, mit Schaumstoff überzogen und mit rosa Vinyl umwickelt, die Schaufenster bestückt mit in Latexshirts gekleideten Torsos, und der hinter einem Vorhang verborgene Eingang machte die Parodie eines billigen Sexshops perfekt.

Fetischkleidung für die Straße, war die Idee, und alle hatten einen Heidenspaß, der englischen Gesellschaft, gespiegelt in Mode, ihre Prüderie bewusst zu machen. Es gehe darum, den Sex aus dem Schlafzimmer ins Licht der Öffentlichkeit zu bringen, erklärte Malcolm einem schockierten Journalisten, denn die Machtstrukturen in diesem Land basierten auf unterdrückter Sexualität, und genau dagegen lehnten sie sich mit ihrer Kollektion auf.

Nachdem die Sache mit den New York Dolls im Sande

verlaufen war, hielt sich Malcolm wieder häufiger im Laden auf. Zwar hatte Vivienne deshalb mehr Zeit für Joe und Ben und konnte weiter an ihren Entwürfen arbeiten, sie spürte jedoch, wie Malcolm ihr mit seiner Egozentrik zunehmend auf die Nerven ging. Immer weniger fühlte sie sich von ihm als Frau ebenso wie als kreativ arbeitender Mensch gesehen.

Doch so sehr sie auch stritten, oft nur wegen Kleinigkeiten, blieben sie beim Thema Mode dennoch ein eingeschworenes Team. Und die Entwicklung der SEX-Kollektion war das bislang größte Abenteuer ihres Aufbegehrens gegen das Fashion-Establishment. Um Lieferanten für ihre exzentrischen Wünsche zu finden, ging es mit dem Mini Cooper, oft mit Ben und Joe auf dem Rücksitz, kreuz und quer durch England. Ein Ehepaar in Sussex hatte auf dem Gelände ihres Bauernhofs eine kleine Fabrik zur Herstellung von Unterwäsche aus Gummi eingerichtet, die sie kistenweise einpackten. In Nordengland fanden sie dann Latexmasken bei einem Fetischproduzenten, und von einem Gummistiefelhersteller in Manchester bezogen sie das Material für die Gummistiefelfetischisten. Vivienne machte sich einen Spaß daraus, überall in bar zu zahlen, und zog die Scheine aus einem Geldbündel, das sie in ihrem BH verwahrte.

Die ungewohnten Materialien waren zunächst der reinste Alptraum. Wie nähte man einen Catsuit aus Latex? Der Stoff war so dehnbar, dass ihn die Nähmaschine regelrecht verschluckte. Jeder Nadelstich beschädigte das Material. Und am Körper verhielt er sich ganz anders als jeder andere Stoff, den Vivienne kannte. Sie experimentierte mit Garn, Stichtechniken und Schnittmustern, verringerte den Druck des Nähfüßchens und gab schließlich etwas Öl auf die Nähnadel – was erstaunlicherweise funktionierte.

Ähnlich erging es ihr mit Vinyl, Nylon und Leder. Jedes Material hatte seine Eigenarten, und sie musste immer wieder von vorn anfangen.

Bei einem italienischen Schuhmacher im Norden Londons fand sie passende Fetisch-Damenschuhe mit Stiletto- oder Clubabsätzen. Und Accessoires wie Nippelklemmen, Nietenarmbänder oder Harnesse bekam sie von überallher.

Der neue Look wurde ein Riesenerfolg. Ein hauchdünnes Regenkleid aus schwarzem Ciré-Stoff, das Malcolm und sie entwarfen, wurde kurz darauf von einer großen Modefirma kopiert, die es sehr erfolgreich verkaufte. Die ironisch konnotierte Fetischkleidung wurde ihnen förmlich aus der Hand gerissen. Vor allem aber waren es die T-Shirts, die sich wie verrückt verkauften. Oberteile mit erotischen Texten und Bildern, die Vivienne mithilfe von Siebdruckplatten herstellte. Eines der T-Shirts bedruckte sie mit nackten, wohlgeformten weiblichen Brüsten, deren Wirkung am größten war, wenn ein Mann das T-Shirt trug. Ein anderes, ärmelloses Shirt bedruckte sie mit zwei Cowboys, die sich gegenüberstanden, nur mit Lederjacke und Cowboystiefeln bekleidet, wobei sich ihre schlaffen Penisse beinahe berührten. Vivienne experimentierte mit Bildern,

Farben und Typographie und bediente sich dabei der Motivik der Popkultur.

Als einer ihrer Mitarbeiter wegen des Cowboy-Shirts verhaftet und angeklagt wurde, wegen »obszöner Zurschaustellung in der Öffentlichkeit«, gab es ein regelrechtes Spektakel in der Presse, und Malcolm war begeistert von der unverhofften Publicity. Kurz darauf stürmte die Polizei den Laden, beschlagnahmte jedoch absurderweise nur die homoerotischen T-Shirts mit den Cowboys – nicht aber die, die mit einer Anleitung zum Bau von Molotowcocktails bedruckt waren.

Vivienne kam sich in dieser Zeit vor wie eine Prinzessin von einem anderen Planeten, wenn sie mit Latexstrümpfen und Pfennigabsätzen hinter der Kasse stand, während Malcolm den Laden als Rekrutierungsbüro für die Band nutzte, die er gründen und managen wollte. Er sitze direkt an der Quelle, was potenzielle Bandmitglieder anging, meinte er. Der Laden sei ein Treffpunkt für alle, die in London hip und angesagt waren. Einer ihrer Angestellten, Glen Matlock, hatte in einer Band gespielt und brachte ein paar Kumpels mit. Sie hatten bereits einen Namen, Kutie Jones and the Sex Pistols, und einen Frontmann: Steve Jones, ein netter Kerl, den Vivienne ebenfalls als Ladendieb erwischt hatte. Malcolm glaubte, in der Band Potenzial zu sehen, fand jedoch den professionellen Steve als Sänger für eine Punkband nicht passend.

»Nimm John als Leadsänger«, schlug Vivienne vor.

»John? Wer soll das sein?«

»Der Typ, der schon ein paarmal im Laden war. Ich glaub, sein Spitzname ist Sid.«

»Meinst du, er taugt was? Wenn du ihn siehst, sag ihm, er soll nach Feierabend zum Vorsingen kommen.«

»Mach ich gern. Sid würde sicher perfekt in eine Punkband passen. Aber was stimmt nicht mit Steve? Ich schnall's nicht. Der ist doch ein super Frontmann.«

»Viv, du hast nicht begriffen, worum's geht. Ich will Mode und Musik revolutionieren. Punk wird mir die Türen öffnen. Ich will, dass die Musikrichtung und die Mode der Fans untrennbar zusammengehören. Der Style ist das verbindende Element. Ich will nicht weniger als die Popkultur für immer verändern. Und dafür muss jedes Detail stimmen. Steve ist nicht unser Frontmann.«

Dieser Größenwahn war typisch für ihn. Und doch verstand Vivienne, worum es ihm ging: Rockstars waren Idole – wenn sie einen Style hätten, der mehr war als ein Bühnenoutfit, würden ihre Fans den Look nachahmen wollen. Diese Idee war tatsächlich neu, und sie hatte etwas wirklich Revolutionäres.

»Steve ist klasse, und er passt perfekt in die Band«, fuhr er fort. »Aber nicht als Leadsänger. Da denke ich eher an jemanden, der …«

In diesem Moment flog die Tür auf, und ein junger Typ stürzte herein. Grüne Haare, schmächtiger Körperbau und eine abgetragene Hose, die mit Sicherheitsnadeln geflickt war. Er sah sie herausfordernd an, als wäre er bereit, sofort loszuschlagen, wenn ihm jemand krumm käme. Er trug ein T-Shirt mit dem Aufdruck *Pink Floyd*, nur hatte er in Großbuchstaben *I HATE* darübergeschrieben.

Malcolm starrte ihn an wie eine Erscheinung. Vivienne konnte förmlich sehen, was ihm durch den Kopf ging. Er hatte gefunden, wonach er suchte, den perfekten Posterboy für seine Punk-Band. Der Junge sah sich ein Paar Schuhe an, die er sich gewiss nicht leisten konnte, als er Malcolms Blick bemerkte.

»Was glotzt du so«, sagte er.

Sein Dialekt klang nach Arbeiterklasse, seine schlechten Zähne machten das Bild perfekt.

»Kannst du singen?«, fragte Malcolm.

»Nein – höchstens krumm und schief.«

Malcolm lächelte zufrieden. »Wenn du diese Schuhe magst, kannst du sie haben. Du musst nur versprechen, heute Abend in den Pub um die Ecke zu gehen, wo du den Rest der Band treffen wirst. Da kannst du dann vorsingen.«

Damit wandte er sich zu Vivienne um und zwinkerte ihr zu. Malcolm hatte seinen Bandleader gefunden.

»Ich habe nicht darüber nachgedacht, dass ich ja Ton brauche, wenn ich Bildhauer werden will«, sagte Malcolm genervt, als er ein paar Wochen später abends nach Hause kam und sich angekleidet aufs Bett warf.

»Ärger mit der Band?«, fragte Vivienne, ohne von ihrer Nähmaschine aufzublicken.

»Frag mich nicht nach Details«, murrte er, um danach

wie ein Prediger zu verkünden: »Weißt du, Viv, du kannst Menschen benutzen und sie manipulieren. Du kannst etwas mit ihnen erschaffen, das ist mein Kunstwerk, das ich erschaffe, meine Skulptur. Die Menschen sind nur das Material, mehr nicht. Aber sie denken alle, dass sie selbst am Steuer sitzen. Wie bekomme ich das nur aus ihnen heraus?«

»Es sind eigenständige Personen, Malcolm, vergiss das nicht.«

»Es sind meine Geschöpfe«, beharrte er.

Typisch, dachte sie, *er sieht nicht, dass die Menschen um ihn herum auch Kreatives leisten. Er bezieht alles auf sich.*

Malcolm mochte die Band zusammengestellt haben, aber jeder der Beteiligten brachte etwas Eigenes, etwas Unverwechselbares mit. Auch sie waren Künstler, selbst wenn er das gern übersah.

»Was machen die Songtexte? Geht es damit voran?«, fragte sie.

Das Texten war zu einer Art Gemeinschaftsprojekt geworden, Vivienne hatte sich ebenfalls daran beteiligt. Am meisten steuerte John bei, der Junge mit den schlechten Zähnen, der den Spitznamen Johnny Rotten verpasst bekommen hatte. Sein Gesang war alles andere als professionell, aber es lagen geballte Wut und Verzweiflung darin, der Schmerz einer Generation ohne Zukunft, der einen aufhorchen ließ, wenn er ins Mikrophon brüllte. Genau das war es, was Malcolm wollte. Eine Punkrock-Band, deren Bitterkeit und Attitude ihre fehlenden musikalischen Kenntnisse wettmachten. Diese jungen Männer waren die Verlierer ihrer Zeit, und ihr Sound ließ das mit ganz eigener Energie spürbar werden.

»Im Moment covern sie nur«, antwortete Malcolm. »Aber das Texten geht voran. Und wir haben einen Namen für die Band: Sex Pistols. Jetzt müssen wir ihnen einen Style verpassen, Viv. Wir kleiden nicht nur die Band, sondern den Punkrock als Bewegung ein. Am besten legst du gleich los. Wir haben nämlich schon bald die ersten Gigs.«

»Weil sich im Punk Mode und Musik verbinden«, sagte sie. »Das meintest du doch, oder? So wie Rita Hayworth die Mode Diors verkörpert hat und Audrey Hepburn Givenchy.«

»Nur dass es kein Prominenter ist, der Punk verkörpert, sondern eine Band und ihre Musik. Die Musik soll das verbindende Element sein. Deshalb brauchen die Jungs ihre Bühnenoutfits, bevor wir loslegen.«

Vivienne widmete sich in den darauffolgenden Tagen fieberhaft dem Einkleiden der Band. Sie wurden mit den Kollektionen des SEX ausgestattet, denn die orientierten sich ohnehin an dem abgerissenen Look der Wirtschaftskrise, und Vivienne fand es unwiderstehlich.

Zum ersten größeren Konzert der Band, das im April 1976 in den Nashville Rooms in West Kensington stattfand, erschien Vivienne im Latex-Minirock und tanzte ausgelassen in der ersten Reihe. Die Stimmung bei den Konzerten hatte von Anfang an etwas Explosives. Hinzu kam, dass einer der Fans der ersten Stunde, John aus dem Laden, der jetzt den Spitznamen Sid Vicious trug, einen neuen Tanz geprägt hatte, der Pogo genannt wurde und das Ungezügelte des Punk geradezu verkörperte. Man rempelte sich auf der Tanzfläche an wie beim Autoscooter. Vivienne tobte sich nach Leibeskräften aus, dann ließ sie sich auf einen Barhocker an der Theke sinken.

Eine Frau blaffte sie an: »Hey, der Platz ist besetzt! Verpiss dich.«

Vivienne reagierte nicht und drehte sich unbeeindruckt zur Seite.

»Mein Freund ist nur kurz Drinks holen«, sagte die Frau. »Er kommt gleich wieder. Jetzt steh schon auf.«

Vivienne überlegte, hatte aber keine Lust, die höfliche junge Frau zu geben, schon gar nicht nach der wilden Tanzerei. Also warf sie der Frau einen betont gelangweilten Blick zu und blieb erst recht sitzen.

Als der Freund zurückkam, ein Schrank von einem Typ, der nicht sonderlich punkig aussah, weigerte sie sich weiterhin aufzustehen. Woraufhin der Typ, dem Nachgeben ebenfalls nicht zu liegen schien, Vivienne mitsamt dem Hocker in die Luft hob. Da das Ganze sich in der Nähe der ersten Reihe abspielte, wurde die Band sofort aufmerksam. Steve Jones sprang von der Bühne, um Vivienne beiseitezustehen. Doch Sid war schneller. Er zog seinen nietenbesetzten Gürtel aus der Hose und schlug wie entfesselt auf den Typen ein. Obwohl der Mann größer und muskulöser war, konnte er gegen Sids Entschlossenheit wenig ausrichten.

Vivienne sah, wie aus einer Platzwunde am Kopf des Typen Blut spritzte, und sie rief: »Halt! Sid, hör auf!«

Aber er war nicht mehr zu bändigen.

»Hört auf!«, rief sie, doch vergebens.

Der bullige Typ holte aus, Sid warf sich blitzschnell zur Seite, und die Faust traf einen schmächtigen Mann mit grün gefärbten Haaren und irrem Blick, der viel eher wie ein Punk aussah. Der stürzte sich sofort auf den Bulligen und stieß ihn in die Menge, woraufhin eine Reihe Fans überraschend zu Boden gingen, wütend wiederaufsprangen und zu brüllen begannen.

Binnen Minuten versank der ganze Saal in einer einzigen großen Schlägerei. Johnny Rotten sah schadenfroh auf das wild gewordene Publikum hinab, dann begann er seinen Song ins Mikro zu brüllen, eine Mischung aus Wahnsinn und Begeisterung im Blick. Nicht nur die Bestuhlung ging zu Bruch, auch das geliehene Bühnenequipment wurde auseinandergenommen. Ein einziger anarchischer Gewaltexzess, der von den Fotografen und Musikern, die gekommen waren, um die neue Band live zu sehen, fassungslos dokumentiert wurde.

Die Ereignisse in den Nashville Rooms verbreiteten sich in London wie ein Lauffeuer, und von da an eilte der Band ein zweifelhafter Ruf voraus. Da sie dafür bekannt wurden, Veranstaltungsorte in Trümmer zu legen, gestaltete es sich schwierig, neue Auftritte zu bekommen. Eine Schlägertruppe wollte keiner haben.

Nichtsdestotrotz gelang es Malcolm, bei EMI einen

Plattenvertrag für die Band zu ergattern. Und mit der ersten Single, *ANARCHY IN THE U.K.,* avancierten die Sex Pistols über Nacht zu einem Geheimtipp.

Ein paar Tage nach Erscheinen der Single im November 1976 saß Vivienne zu Hause am Wohnzimmertisch und arbeitete an einem neuen T-Shirt, während Ben in der Ecke seine Hausaufgaben machte. Mit dem Siebdruckverfahren hatte sie das Konterfei von Marilyn Monroe auf den Stoff gedruckt – in Schwarzweiß. Darunter sollte in kräftigem Gelb der Schriftzug *PISS* platziert werden, außerdem ein gelber Strahl, der quer über das Gesicht der Hollywood-Schönheit verlief. Ästhetisch und gestalterisch war das Konzept ausgereift, nur mit der Technik war sie sich unsicher. Sie probierte ein wenig herum, als sie bemerkte, dass Ben von seinen Hausaufgaben aufsah und das T-Shirt nachdenklich betrachtete.

»Du, Mum, magst du Marilyn eigentlich, oder nicht?«

»Doch, ich mag sie«, sagte Vivienne und folgte seinem Blick, der auf die gelbe Fontäne gerichtet war. »Weißt du, es geht nur darum, die Leute zu schockieren. Deshalb habe ich ihr Pipi ins Gesicht gemalt. Nicht, weil ich sie nicht mag.«

Ben sah sie auf eine Weise an, dass es ihr schien, er grüble darüber nach, ob seine Mutter wohl den Verstand verloren habe.

»Meine Mode soll wachrütteln«, erklärte sie. »Ich will, dass die Leute die Welt mit anderen Augen sehen.« Sie strich sorgsam über den Stoff und lächelte. »Und ich mag

Marilyn wirklich«, wiederholte sie, woraufhin er sich wieder über die Hausaufgaben beugte.

Ein Gemälde, das nicht schockiert, lohnt sich nicht zu malen, hatte Marcel Duchamp gesagt, und Vivienne glaubte fest daran, dass er recht hatte. Sie wollte provozieren, mit Mode jenseits des Konventionellen auf die Missstände im Land aufmerksam machen. Aber wie sollte Ben das verstehen?

Kurz darauf verschwand er zum Spielen, und sie machte sich daran, das Wohnzimmer aufzuräumen. Schob Stoffreste zusammen, fischte Schneiderkreide aus den Sofaritzen, zupfte Garn vom Teppich. Dann schaltete sie den Fernseher ein, wo eine Nachmittagssendung lief, und schnappte sich den Staubsauger. Gerade wollte sie das Kabel entrollen und einstecken, da fiel ein Name, der ihr allzu vertraut war: die Sex Pistols.

Erstaunt hielt sie inne. Bill Grundy hockte an seinem Fernsehpult; er moderierte die Live-Sendung Today, die regelmäßig am Nachmittag ausgestrahlt wurde. Die Band Queen habe absagen müssen, sagte er, und sie hatten kurzfristig eine andere Band eingeladen, die Sex Pistols, die ebenfalls bei EMI unter Vertrag standen. Und dann schwenkte die Kamera herum, und dort waren sie, der ganze Haufen: die Jungs aus der Band, zwei der Verkäuferinnen aus Viviennes Laden und ein paar Kumpels, die offenbar an diesem Tag nichts anderes vorgehabt hatten. Teils in abgerissenen Klamotten, teils in den Modellen des SEX, in die Vivienne sie eingekleidet hatte, hingen sie in den Sesseln und versprühten eine Aura der Ablehnung und Respektlosigkeit.

Vivienne hätte sich beinahe verschluckt, als sie die Truppe im Fernsehen sah. Typisch, ihr hatte mal wieder keiner was gesagt. Sie konnte sich um das Handwerk kümmern und die Kinder versorgen, während Malcolm mit dem Kopf in den Wolken hing und der Welt das Punk-Spektakel vor Augen führte.

Sie stellte den Fernseher lauter und ließ sich auf einen Stuhl sinken. Steve Jones trug eines der T-Shirts mit den aufgedruckten Brüsten, Johnny Rotten einen ihrer Mohair-Pullover, und Siouxsie, eine Verkäuferin, die selbst Sängerin werden wollte, war als eine Art Punk-Harlekin herausgeputzt, mit wasserstoffblonden Haaren, weiß geschminktem Gesicht und schwarzem Make-up. Bill Grundy als seriöser Moderator wirkte in dieser Runde komplett fehl am Platz. Er wandte sich an Siouxsie, die ihm sagte, sie habe ihn schon immer einmal kennenlernen wollen.

»Wollten Sie das wirklich?«, fragte Bill Grundy.

»Ja«, sagte Siouxsie.

»Dann treffen wir uns doch nach der Sendung«, sagte er anzüglich grinsend.

Siouxsie verzog nur das Gesicht, dafür reagierte Steve Jones umso heftiger.

»Du dreckige Sau«, sagte er. »Dreckiger alter Mann!«

Vivienne hielt den Atem an. Bill Grundy mochte ein Idiot sein, aber diese Wortwahl war extrem, vor allem im Fernsehen.

Doch Grundy schien es drauf ankommen lassen zu wollen. »Mach nur weiter, Häuptling, mach weiter«, forderte er Steve auf. »Na los, du hast noch fünf Sekunden. Sag etwas Unerhörtes.«

Steve hielt inne – schien zu begreifen, welcher Aufruhr blühte. Und Vivienne wusste sofort, dass er es auskosten würde.

»Du dreckiger Mistkerl!«, sagte Steve, nun lauter.

Grundys Gesicht wurde steinern.

»Mach weiter, noch mal.«

»Du dreckiger Wichser!«

Siouxsie und die anderen lachten.

»Was für ein kluger Junge«, kommentierte Grundy kalt.

»Was für ein Scheißkerl«, konterte Steve, wobei er das Schimpfwort genüsslich in die Kamera spuckte.

»Nun, das war's für heute Abend«, sagte Grundy in die Kamera. »Wir sehen uns bald wieder, Ladies and Gentlemen, und ich hoffe, ich sehe euch …«, kommentierte er mit Seitenblick auf die Band, »… nicht wieder. Aber von mir eine gute Nacht.«

Das war's, die Sendung war vorüber. Das Programm wurde fortgeführt, als sei nichts gewesen. Doch Vivienne ahnte, was hinter der Kamera los sein musste. Hatte Malcolm die Jungs etwa dazu angestachelt, sich danebenzubenehmen? Solche Ausdrücke im Fernsehen zu benutzen war ein weiterer Tabubruch, allerdings einer vor den Augen der breiten Masse – und nicht in einem kleinen Kreis Gleichgesinnter im World's End.

Der Medienrummel wäre riesengroß, davon war sie überzeugt. Nach dieser Entgleisung wären die Sittenhüter auf den Barrikaden. Jetzt hatte Malcolm erreicht, was er immer gewollt hatte: absolute Aufmerksamkeit.

8

Mit einem lauten Klirren ging eine der Fensterscheiben zu Bruch, gefolgt von dem dumpfen Poltern eines Steins, der auf dem Fußboden landete. Vivienne, die gerade dabei war, Wechselgeld zu zählen, schreckte hoch. Draußen auf der Straße herrschte Gebrüll, es wurde gepfiffen und gejohlt. Wie es aussah, hatte sich eine Horde Arschlöcher vor dem Laden versammelt.

»Sind das wieder diese Skinheads?«, fragte Michael, ihr Geschäftsführer, alarmiert. »Wir müssen den Laden abschließen, bevor sie reinkommen. Schnell, Vivienne!«

»Das wollen wir erst mal sehen.« Sie trat entschlossen hinter der Kasse hervor. »Ich hab die Schnauze voll von diesen Idioten.«

»Vivienne, sei vorsichtig!«

Doch so leicht ließ sie sich nicht zum Opfer machen. Sie hatte die Faxen dicke von dem Aufruhr, der seit dem Fernsehauftritt der Sex Pistols herrschte. Das ganze Land sprach über sie, wo auch immer sie hingingen, wurden sie von Journalisten belagert, und sogar die Today-Show mit Bill Grundy war aufgrund der öffentlichen Empörung vorerst abgesetzt worden. Selbst Malcolm, sonst stets lustvoller Antreiber des Chaos, machte sich Sorgen, dass er zu weit gegangen war.

»Wo ist Malcolm eigentlich?«, rief Michael, während sie entschlossen zur Tür marschierte. »Sollte der sich nicht um diesen Scheiß kümmern?«

»Träum weiter. Der hat sich in der Denmark Street verkrochen.«

In der Denmark Street lag das Büro von Glitterbest, der Firma, die Malcolm für das Management der Sex Pistols gegründet hatte und in deren Räumlichkeiten er seit Neustem wohnte. In der Nightingale Lane hatte er sich schon eine Weile nicht mehr blicken lassen. Wie sooft musste sie die Kartoffeln für ihn aus dem Feuer holen.

»Auf den kannst du lange warten«, meinte sie und blickte durchs Fenster. »Das müssen wir schon selbst in die Hand nehmen.« Zu ihrer Überraschung waren es keine Skinheads, die draußen vor dem Laden standen, sondern ein Haufen Punks.

»Das ist ja Pete mit seinen Jungs!«, rief sie, und weil Michael nicht begriff, fügte sie hinzu: »Du weißt schon: Dieser Typ, der ständig Stress macht, weil er findet, dass wir Kapitalisten seien. Weil wir einen Laden haben und Geld machen, meint er, dass wir uns nicht Punks nennen dürfen. Was für ein Idiot.«

»Aber was will er von uns? Ist er etwa auch sauer wegen des Auftritts im Fernsehen?«

»Keine Ahnung«, sagte sie mit Blick auf die Straße. »Na warte, Freundchen. Dir werd ich's zeigen.«

Sie riss entschlossen die Tür auf und trat dem Mob entgegen. Michael rief ihr etwas hinterher, doch sie ignorierte ihn. Kaum war sie draußen vor dem Laden, hörte sie, wie er die Tür von innen abschloss. Sollte er doch, dachte sie, wenigstens war ihr Laden so geschützt. Sie wusste sich schon selbst zu helfen.

»Was willst du hier, Pete?«, brüllte sie. »Du hast Hausverbot, schon vergessen?«

»Du denkst, du kannst mich aus deinem Laden werfen?« Er lachte irre. »Du bist eine blöde Spießerin.«

»Hau ab, Pete.«

»Mit Punk hat das nichts zu tun, was ihr hier macht, gar nichts. Was bildest du dir ein, dich eine Punkerin zu nennen?«

»Guck dich doch um. Ihr tragt unsere Klamotten. Und ihr verehrt die Sex Pistols.«

»Deine bescheuerten Klamotten sind scheißteuer. Du nimmst die Leute aus. Du bist bourgeois, Viv, das bist du!«

Die Punks rückten näher, umkreisten Vivienne. Doch sie machten ihr keine Angst. Im Gegenteil, sie war stinksauer. Was für ein lächerliches Theater.

»Verpisst euch bloß, ihr blöden Affen! Ihr denkt, hier gibt es keinen Punk? Dann geht dahin, wo Punk ist.«

Ihre Furchtlosigkeit ließ die jungen Männer zurückweichen, so dass sie glaubte, Pete nur niederstarren zu müssen, und sie würden sich alle verziehen.

Doch dann passierte es. In die gereizte Stille hinein drehte sich für alle hörbar der Schlüssel im Schloss. Die Tür wurde aufgezogen, und Michael sah heraus. Offenbar hatte er es mit der Angst zu tun bekommen, da Vivienne jetzt von den Typen umzingelt war.

Das Geräusch der sich öffnenden Tür wirkte auf die Punks wie eine Fanfare, die zum Angriff blies. Wie auf Kommando brachen sie in Kriegsgebrüll aus, stießen Vivienne zur Seite und stürmten in den Laden.

Sie hatte keine Chance, die Meute aufzuhalten. Schreiend versuchte sie, zwei oder drei, die sie zu packen bekam, zur Seite zu schubsen. Aber vergebens. Im Handumdrehen verwandelten die Punks den Laden in ein Schlachtfeld – rissen Klamotten von den Kleiderstangen und aus den Regalen und stopften sie sich in ihre Hosenbünde und unter die T-Shirts. Mit vollem Körpereinsatz rammte Vivienne einige von ihnen, wie beim Pogo, und nahm ihnen ihr Diebesgut ab. Sie trat, biss und schlug um sich, drängte die Meute zur Tür, versuchte, sie ins Schloss zu drücken. Doch es waren zu viele, und Michael versteckte sich hinter dem Tresen, ohne ihr zu Hilfe zu kommen. Dann warf sich einer mit seinem ganzen Gewicht gegen die Tür, und Vivienne wurde zurückgeschleudert. Fast hätte es ihr den Mittelfinger abgerissen. Aus einer klaffenden Wunde spritzte Blut.

»Michael!«, brüllte sie schmerzerfüllt, aber er blieb immer noch in Deckung.

Minuten später waren sie fort. Wie ein Unwetter, das vorübergezogen war. Der Laden bot ein Bild der Verwüstung.

»Michael, du Idiot!«, rief sie. »Was hast du dir dabei gedacht? Wieso hast du die Tür geöffnet?«

»Ich ... ich wusste nicht, was ich tun sollte. Ich habe mir Sorgen um dich gemacht.«

»Und da lässt du sie einfach rein?«

Verlegen wollte er ihr aufhelfen, doch sie stieß seine Hand zur Seite und raffte sich allein hoch. Malcolm mit seinem verfluchten TV-Auftritt. Nun wurden sie von allen Seiten ins Visier genommen. Den einen waren sie zu provokativ, den anderen zu kapitalistisch.

Vivienne verband sich den Mittelfinger mit einem Taschentuch und blickte sich in dem Chaos um. Die Punks hatten ganze Arbeit geleistet. Die gesamte Kollektion war fort, übrig geblieben nur halb zerstörte Kleiderständer und Poster, die in Fetzen von der Wand hingen, von der eingeschlagenen Scheibe ganz zu schweigen.

»Wir machen den Laden für heute dicht«, sagte sie missmutig. »Zuerst müssen wir das hier in Ordnung bringen.«

Da klingelte das Glöckchen über dem Eingang. Erstaunt wandte sie sich zur Tür und sah einen gut angezogenen, asiatisch anmutenden Mann eintreten. Er deutete Vivienne gegenüber eine höfliche Verbeugung an, dann ließ er den Blick interessiert über das Schlachtfeld schweifen.

»Wir haben geschlossen«, sagte sie ruppig.

Der Typ passte mit seinen schicken Klamotten ohnehin nicht hierher. Bestimmt nur wieder irgendein Journalist.

»Wie bedauerlich«, sagte er. »Wann öffnen Sie denn wieder? Habe ich morgen mehr Glück?«

»Hören Sie, ich habe heute wirklich einen schlechten Tag. Warum gehen Sie nicht einfach?«

»Verzeihen Sie. Nur bin ich extra aus Tokio hergekommen. Ich hatte gehofft, etwas bei Ihnen kaufen zu können. Im Auftrag von Mrs Kawakubo.«

Vivienne glaubte, sich verhört zu haben. Meinte er etwa die japanische Modedesignerin Rei Kawakubo, die mit ihrer Marke Comme des Garçons als Shootingstar der Modewelt galt?

»Mrs Kawakubo verfolgt die Arbeit von Westwood und McLaren sehr genau«, erklärte er höflich. »Wie es Kenzō Takada und Yōji Yamamoto ebenfalls tun.«

»Und … wie kann ich Ihnen da weiterhelfen?«

»Nun, ich dachte, ich könnte ein paar Stücke erstehen.«

»Wie Sie sehen, müsste ich zuerst ins Lager. An welche Stücke hatten Sie denn gedacht?«

»Nun ja …« Er lächelte verlegen. »Wenn Sie so fragen: an die gesamte Kollektion.«

Als sie mit der U-Bahn in Clapham ankam und zur Nightingale Lane zurückkehrte, fiel Viviennes Blick auf das Stück Pappe, das sie in ihrer Wohnung in eins der Fenster geklebt hatte, nachdem einer der örtlichen Skinheads bei ihnen die Scheibe eingeworfen hatte. Ihr Leben war zu einem einzigen Spießrutenlauf verkommen.

Die Jungs waren völlig verängstigt, sie trauten sich kaum mehr aus dem Haus. Vivienne hatte sie zu ihren Großeltern gebracht, damit sie ein wenig zur Ruhe kommen konnten. Besonders auf Joe, der gerade zehn war, wirkten die Anfeindungen verstörend. Seine Eltern schienen plötzlich Staatsfeinde zu sein, und vor dem Haus amüsierten sich die Leute, dass die Fenster eingeworfen waren. Das Absurde war, dass sich in dieser Sache die verschiedensten Gruppen einig waren: Skins und Punks pöbelten an der Seite der pakistanischen Nachbarn. Dass Malcolm in dieser Situation nicht erreichbar war, machte es nicht besser.

Vivienne fragte sich, ob sie die Jungs nicht zurück ins Internat bringen sollte, wie Malcolm es vorgeschlagen hatte. Die beiden waren bereits im letzten Jahr in einem Internat gewesen, weil Vivienne sich voll und ganz dem Geschäft widmen musste. Ein gutes Gefühl hatte sie dabei nicht gehabt, Malcolm war die treibende Kraft gewesen. Ihm gefiel nicht, dass sein Sohn unter dem Einfluss seiner Großeltern aufwuchs. Vivienne wusste, dass sie zu oft mit anderen Dingen beschäftigt war und ihre Jungs zu kurz kamen. Aber die wenige Zeit, die ihr in ihrem ereignisreichen Alltag blieb, wollte sie eigentlich mit ihnen verbringen.

Am Ende des Schuljahrs waren sie und Malcolm deshalb in einer Nacht-und-Nebel-Aktion zu den Internaten der beiden gefahren, hatten die Jungs in den Wagen steigen lassen, aufs Gas getreten und so das Schulgeld geprellt. Sie würde es später bezahlen, ganz sicher, schwor sich Vivienne, aber im Moment ging es einfach nicht. Sollte sie nun ihre Kinder etwa erneut weggeben?

Ihre Sorge, ihrer Rolle als Mutter nicht gerecht zu werden, wuchs von Tag zu Tag. Sie wollte ihre Jungs zu Selbstständigkeit erziehen, ihnen all die Werte und die Ideale vermitteln, die ihr wichtig waren – vor allem aber wollte sie ihnen all ihre Liebe geben. Aber reichte aus, was sie tat? Oder opferte sie ihre Ansprüche als Mutter auf dem Altar ihrer Arbeit?

An einem Kiosk vor ihrem Haus sprangen ihr die fett gedruckten Schlagzeilen der Boulevardblätter entgegen. Wie überall befassten sie sich mit Punk und den Sex Pistols. »*The Filth And The Fury!*«, titelte der *Daily Mirror* und suhlte sich genüsslich in den Fehltritten der Band, und der *Daily Express* wandelte das Shakespeare-Zitat um: »*Punk? Call It Filthy Lucre.*«

Waren sich diese Zeitungen bewusst, dass sie damit unbezahlte Werbung für die Band machten? Die erste Single, die Malcolm herausgebracht hatte, *ANARCHY IN THE U. K.*, wurde den Plattenverkäufern förmlich aus den Händen gerissen. Der Ansturm war so groß, dass sie Schwierigkeiten hatten, genug Platten nachzupressen, und die Single mancherorts schon vergriffen war. Was auch damit zu tun hatte, dass sich jemand bei der Versandabteilung der EMI weigerte, die Scheibe einzupacken und zu verschicken. Eine Tatsache, die wiederum begierig von der Presse aufgenommen und in die Welt getragen wurde. Und mit Textzeilen wie »*I am an antichrist*« und »*I want to destroy*« ließen sich ebenfalls verlässlich Schlagzeilen machen. Dank derer die erste Pressung so gut wie ausverkauft war. Im Grunde ein Witz!

Hinter dem Kiosk hockte eine Gestalt im Hauseingang. Ein Penner, dachte sie zuerst, aber dann erkannte sie, dass der Typ eine der Bondagehosen trug, die sie im Laden verkaufte. Dazu eine übergroße Lederjacke, aus der ein Kopf mit Stachelfrisur ragte, und zahllose Ketten, die am Hals baumelten. Es war Sid. Er schien völlig weggetreten. Betrunken oder auf Drogen, das ließ sich schwer erkennen.

»Hey, Sid. Was machst du hier?«

Er hob träge den Kopf und versuchte, sie zu fokussieren.

»Viv?« Er blinzelte. »Ich warte auf Malcolm. Dass er nach Hause kommt.«

»Da kannst du lange warten. Der hat sich in die Denmark Street verzogen, bis der Sturm vorüber ist.«

Er blickte wie durch Nebel, hielt seinen Kopf nur mit Mühe oben, schien unentschlossen.

»Komm mit hoch«, sagte Vivienne. »Ich mach dir was zu essen. Hier draußen ist es furchtbar kalt.«

Sie half ihm auf und legte seinen Arm um ihre Schultern, damit er nicht fiel. Er stank nach Bier und Zigaretten und allem Möglichen. Eine Dusche wäre sicher auch keine schlechte Idee, dachte sie.

»Was willst du denn von Malcolm, dass du hier in der Kälte wartest?«

»Glen soll aus der Band fliegen, hab ich gehört. Ich will der neue Bassist werden.«

»Das mit Glen habe ich auch schon gehört.«

Es war Malcolms Werk gewesen, denn er spielte die Mitglieder der Band gegeneinander aus, schürte Konflikte, säte Missgunst und sorgte so dafür, dass sie sich nicht gegen ihn verbrüderten. Er glaubte, auf diese Weise die Kontrolle über das Projekt zu behalten, aber Vivienne war nicht sicher, ob die Strategie nicht irgendwann aus dem Ruder laufen würde.

»Ich habe ihm gleich gesagt, er soll dich in die Band holen«, sagte sie. »Schon am Anfang.«

»Hast du?«, fragte er.

Er hob mühsam den Kopf und lächelte. Vivienne packte ihn um die Hüfte und trug ihn wie einen Sack hinauf in ihre Wohnung. Wegen des Lochs im Fenster, notdürftig mit Pappe verschlossen, war es auch hier kalt. Sie drehte die Heizung auf und stellte den Gasherd ein, um Bohnen zu kochen. Dann warf sie Sid, dem es allmählich besser zu gehen schien, ein Dosenbier zu. Er schlurfte zu ihrem Arbeitstisch und betrachtete das Shirt, an dem sie gerade arbeitete.

»Wie gefällt es dir?«, fragte sie.

»Es ist vollkommen irre«, sagte er. »Wahnsinn.«

Sie trat zu ihm und betrachtete das Destroy-Shirt, wie sie es nannte. Ein langärmeliges Oberteil aus mehreren Lagen Musselinstoff, mit sichtbaren Außennähten und extralangen Ärmeln, die mit Klemmen nach hinten gezogen wurden und an eine Zwangsjacke erinnerten. Auf der Vorderseite war in Schwarz und Rot das Wort *DESTROY* aufgedruckt, darunter ein Hakenkreuz und das Bild eines auf dem Kopf stehenden, gekreuzigten Christus, abgerundet mit Textzeilen aus dem Song *ANARCHY IN THE U. K.*

»Ich habe mich erst gefragt, ob das Hakenkreuz zu viel ist«, sagte sie. »Aber das war Malcolms Idee, und er ist Jude. Und was könnte schließlich eine größere Provokation sein als das Hakenkreuz?«

»Du bist eine Meisterin, Viv«, sagte er beeindruckt. »Das Ding ist ein Kunstwerk, ehrlich.«

Sid war es auch gewesen, der ihr im Laden zum ersten Mal gesagt hatte, sie sei eine Designerin und nicht nur die Näherin, als die Malcolm sie betrachtete. Es tat gut, dass ihre Leistung gesehen wurde.

»Ich schenk's dir«, sagte sie leichthin.

»Das kann ich nicht annehmen.«

»Natürlich kannst du. Wenn du erst Mitglied der Band wirst, bekommst du ohnehin das passende Outfit. Nimm das hier als Vorschuss.«

Er nahm das Shirt in die Hand und betastete vorsichtig den Stoff, als wäre er kostbare Seide.

»Denkst du echt, ich komm in die Band?«

»Ich rede mit Malcolm.«

»EMI hat sie rausgeschmissen nach dem ganzen Stress.«

»Na und? Malcolm wird eine neue Plattenfirma finden.«

Er wankte und hielt sich am Tisch fest, immerhin legte er noch umsichtig das Shirt zurück. Was immer er genommen hatte, er war ziemlich durch den Wind. Es sah aus, als könne er kaum die Augen aufhalten.

»Hey, Sid, warum legst du dich nicht hin?«

»Ich weiß nicht … du meinst, aufs Sofa?«

»Die Jungs sind nicht da, du kannst in Bens Bett schlafen. Komm, ich bring dich rüber.«

Sie führte ihn ins Kinderzimmer, schälte ihn mühsam aus der Lederjacke, dann legte sie ihn ins Bett und zog ihm die Decke bis unters Kinn. Zufrieden schloss er die Augen. Vivienne betrachtete ihn. Im Grunde war er noch ein Kind. Ein Junge aus zerrütteten Verhältnissen, vom Vater verlassen, aufgewachsen bei einer Mutter, die trank und Drogen nahm. Es hieß, sie habe ihm das erste Mal Heroin besorgt und es gemeinsam mit ihm genommen, als er vierzehn war. Aber wer wusste schon, ob das stimmte.

Sie glaubte, er sei eingeschlafen, doch da öffnete er die Augen und blinzelte.

»Du bist bestimmt eine gute Mutter, Viv.«

Und damit schlief er endgültig ein. Vivienne lächelte und strich ihm eine Strähne aus dem Gesicht.

»Wenn du wüsstest«, flüsterte sie, »wie sehr ich hoffe, dass du damit recht hast.«

Sie stand auf, verließ das Zimmer und schloss leise die Tür. Kaum war sie am Tisch angekommen, klopfte es. Hatte Malcolm etwa seinen Schlüssel verloren?

Sie riss die Tür auf, bereit, ihm die Leviten zu lesen. Doch von der Schwelle sah ihr eine junge Frau im Punk-Outfit verunsichert entgegen.

»Arbeitest du nicht bei Malcolm?«

Sie nickte. »Assistentin bei Glitterbest.«

»Und was willst du hier?«

Viviennes Stimme war harscher als beabsichtigt, und die junge Frau drückte ihr eilig einen großen Umschlag in die Hand.

»Das sind die Entwürfe für das Cover der nächsten Single«, sagte sie, und als sie Viviennes verwunderten Blick sah, fügte sie hinzu: »Für die Sex Pistols.«

»Hat Malcolm denn eine neue Plattenfirma gefunden?«

»Virgin springt ein, wie's aussieht.«

»Und warum konnte er das nicht selbst vorbeibringen?«

Ungehalten riss sie den Umschlag auf. Ihr Bekannter James Reid, dessen Arbeit sie bewunderte, hatte das Design für das Cover gemeinsam mit Malcolm und Vivienne entworfen. Als sie die Entwürfe aus dem Umschlag zog, erkannte sie auf den ersten Blick, dass sie ikonisch waren. Sie bildeten ein offizielles Schwarzweißfoto der Queen ab, das in der Mitte eines schmutzigen Union Jack platziert war. Auf einem Coverentwurf war ihr der Titel des Songs mit aus der Zeitung ausgeschnittenen Buchstaben ins Gesicht geklebt worden, wie bei einem Erpresserbrief: *GOD SAVE THE QUEEN*. Auf einem anderen waren die Lippen Ihrer Majestät von einer Sicherheitsnadel durchbohrt, dem wichtigsten Symbol des Punk.

Der Song war nicht neu, er war bereits vor Monaten geschrieben worden, zum größten Teil von Johnny Rotten. Er spiegelte die Wut und die Trostlosigkeit der Jugend im

Königreich wider und endete mit der Zeile: *There's no future in England's dreaming.* Offenbar sollte es die zweite Single werden, die sie veröffentlichten und die dann zu dem Album gehören würde, das bald erscheinen sollte.

Das Mädel räusperte sich. »Das Motiv wäre super für ein T-Shirt, sagt Malcolm.«

Das war auch Viviennes erster Gedanke gewesen. Der Union Jack, die Queen mit der Sicherheitsnadel, die Typographie, die an ein Erpresserschreiben erinnerte. Sie hatte sofort zahllose Ideen, wie sich das umsetzen ließe.

»Wann soll die Single denn erscheinen?«, fragte sie.

»Nun ja«, sagte das Mädel und lächelte verlegen, was im krassen Gegensatz zu der Bombe stand, die sie im nächsten Moment platzen ließ: »Sie soll pünktlich zum fünfundzwanzigsten Thronjubiläum der Queen rauskommen.«

9

Eine für London ungewöhnliche Hitze lag über der Stadt. Als Vivienne am Vortag des Thronjubiläums, einem besonders schwülen Sommerabend im Juni 1977, im vollen Punk-Ornat, mit Lederjacke, Bondagehosen und hochtoupierten Haaren, den Pier an der Themse erreichte, lief ihr der Schweiß in Strömen. Das passende Wetter für ihr Abenteuer, es hatte ebenso wenig mit den Traditionen Englands zu tun wie diese erbarmungslos scheinende Sonne.

Am Kai lag das Ausflugsschiff, das Malcolm gemietet hatte, ein rostiger, in die Jahre gekommener Dampfer, der ironischerweise den Namen Queen Elizabeth trug. Etwa zweihundert Leute drängten sich am Anlegesteg. Darunter eine Menge Punks, Freunde von Malcolm und Vivienne und viele bekannte Gesichter aus dem Umfeld des Ladens. Außerdem massenhaft Journalisten und Reporter, die Malcolm zu dem Spektakel geladen hatte. Sogar ein Filmteam war gekommen, um die Ereignisse der Nacht zu dokumentieren.

Im Gewühl vor dem Pier entdeckte sie Malcolm, der ihr mit breitem Grinsen entgegenkam. Es herrschte eine seltsam flirrende Atmosphäre unter den Gästen, eine Mischung aus Aufregung und Vorfreude.

»Viv«, begrüßte er sie. »Da bist du.« Und mit großer Geste in Richtung des Schiffs fragte er: »Ist sie nicht phantastisch? Die Queen Elizabeth steht für uns bereit.«

»Dieser Kahn könnte eher Queen Mum heißen, so abgewirtschaftet, wie er aussieht.«

Er lachte schallend. »Ich habe ihn nicht wegen des Namens gemietet, sondern weil er der einzige war, der sich auftreiben ließ. Queen Elizabeth: Das ist nur das Sahnehäubchen.«

Die Gangway war noch nicht freigegeben. Die Leute am Pier warteten ungeduldig darauf, an Bord gelassen zu werden. Es wurde gedrängelt und geschubst, doch die Stimmung blieb ausgelassen.

»Mein Plan ist aufgegangen«, sagte Malcolm. »Sie sind alle gekommen. Wir werden die größtmögliche Aufmerksamkeit bekommen, warte nur ab.«

Vivienne überraschte das nicht, denn was er vorhatte, war so einfach wie genial: Zu den Feierlichkeiten des Thronjubiläums hatte Malcolm das Boot gemietet, um es, beladen mit Musikern, Punks und Journalisten, die Themse bis Westminster hinunterfahren zu lassen, während sie live *GOD SAVE THE QUEEN* spielten. Jedoch nicht die Nationalhymne, wie es angesichts der Kulisse wohl passend gewesen wäre, sondern den gleichnamigen Song von den Sex Pistols, der Englands Politik faschistische Züge vorwarf und der Queen die Menschlichkeit absprach: *»God save the Queen, she ain't no human being.«* Eine unglaubliche Provokation.

Nach der Veröffentlichung der Single war der Song sofort an die Spitze der Hitparaden geschossen, und das, obwohl er von den öffentlichen Radiostationen boykottiert wurde wie zuvor schon *ANARCHY IN THE U. K.* Pünktlich zu den anstehenden Feierlichkeiten des Thronjubiläums gelang der Single sogar der Sprung auf die Nummer eins der Charts. Es war der helle Wahnsinn: Sie hatten mit ihrem Punk-Song einen Hit gelandet. In einigen Plattenläden gab es nur ein weißes Kästchen an der Stelle, wo sonst der erste Platz auf der Liste stand, dort weigerte man sich, die Single zu verkaufen. Doch auch das konnte den Siegeszug nicht aufhalten. *GOD SAVE THE QUEEN* von den Sex Pistols war zum alternativen Soundtrack des fünfundzwanzigsten Thronjubiläums geworden.

Gleichzeitig eroberte die von Vivienne produzierte Mode die Straßen Londons – zerrissene und bedruckte T-Shirts, Sicherheitsnadeln, Lederjacken und Igelfrisuren waren überall zu sehen. Das von James Reid entworfene Bild der Queen, aus dem Vivienne ein T-Shirt designt hatte, wurde mittlerweile überall auf der Welt verkauft. Der Punk überrollte alles wie eine Lawine.

»Morgen«, feixte Malcolm, »findet hier auf der Themse

die königliche Flottenparade statt. Die Queen auf einem Boot mittendrin, und danach das große Feuerwerk. Was meinst du? Wollen wir sehen, ob wir das nicht schon im Vorfeld in den Schatten stellen können?«

»Genug Journalisten sind jedenfalls da«, kommentierte Vivienne. »Und die öffentliche Entrüstung wird dir sicher sein, Malcolm. Dagegen war der Auftritt bei Bill Grundy geradezu brav.«

»Nicht wahr?« Er setzte ein unschuldiges Lächeln auf. »Ich bin schon gespannt, was passieren wird. Darf ich bitten, Madame?«

Ganz Gentleman, reichte er ihr den Arm und führte sie durch die Menge zur Gangway, die er mit großer Geste fürs Publikum freigab. Der Steuermann und die Leute vom Schiffsverleih beobachteten das Ganze eher distanziert. Sie schienen auf der Hut zu sein, als sie die Partymeute aufs Boot strömen sahen. An Deck hatte sich die Band bereits eingerichtet. Alles war mit Wimpeln geschmückt, die den Union Jack zeigten, und die Bühne war in bunte Lichter getaucht. Mit der Bassgitarre in der Hand lächelte ihr Sid entgegen. Er hatte den Platz von Glen eingenommen, obwohl er miserabel an seinem Instrument war. Lemmy Kilmister von Motörhead persönlich hatte versucht, ihm das Bassspielen beizubringen, aber vergebens. Sid hatte nicht das geringste bisschen Talent, weshalb er bei Konzerten gemutet wurde, und für die Aufnahmen im Studio übernahm Steve Jones seinen Part. Aber er sah einfach umwerfend aus und hatte eine wahnsinnige Bühnenpräsenz, fand Vivienne, als er ihr zuzwinkerte. Er hatte es geschafft, schien sein Lächeln zu sagen, er war Mitglied der Band.

Kaum legte das Schiff ab, ging die Party krachend los. Eine Rückkopplung machte den Auftakt, danach drängte das Schlagzeug den Rhythmus, und Johnny Rotten schrie atemlos ins Mikrophon. Er hatte vermutlich irgendetwas genommen und strahlte eine Art vampirische Schönheit aus, blass, verschwitzt und mit überirdischem Glanz. Eingepfercht auf dem rostigen Dampfer und vollgepumpt mit Alkohol und Drogen, spielten die Jungs wie um ihr Leben. Vivienne, die eine gute Gastgeberin sein wollte, tanzte in der ersten Reihe mit und rempelte beim Pogo durch die Menge, bis das Schiff zu schaukeln begann.

Es war inzwischen klaustrophobisch eng, und die einzige Möglichkeit, zu entkommen, wäre ein Sprung über die Reling in den schlammigen Fluss gewesen, was bei dessen Strömung aber lebensgefährlich war. Vivienne sah einen Musikreporter, den sie kannte und der sich so krampfhaft an die Reling klammerte, dass er die kleine Bootstour wohl als Horrortrip empfinden musste.

Als es dunkel wurde, passierten sie die Lambeth Bridge und näherten sich den Houses of Parliament und dem Big Ben. Die Band spielte die letzten Takte von *ANARCHY IN THE U. K.*, gerade rechtzeitig, als der Westminster Palace ins Blickfeld rückte. Dann begannen sie mit *GOD SAVE THE QUEEN*. Das tanzende und jubelnde Schiff wurde zu einem einzigen pulsierenden Organismus. Was für eine Party!, dachte Vivienne.

Malcolm stieß sie in die Seite und deutete aufs Wasser.

»Wir haben Gesellschaft«, flüsterte er.

Sie sah sich erstaunt um. Von überall kamen Polizeiboote herbei, die bei dem Partylärm scheinbar lautlos aufgetaucht waren. Sie begannen, sie einzukreisen, und zwangen den Kapitän des Ausflugsschiffs, die Motoren zu drosseln.

Ein Uniformierter auf einer schwankenden Barkasse brüllte etwas in ein Megaphon, doch die Musik dröhnte so laut, dass kein Wort zu verstehen war. Vivienne konnte nicht glauben, was für ein Aufgebot geschickt worden war. Überall Polizeiboote. Als seien sie Attentäter der IRA.

Johnny rief noch die Liedzeile *No Fun* ins Mikro, dann ging mit einem Rums das Licht aus. Jemand von der Mannschaft hatte den Stecker gezogen. Die Musik verklang, und die Jungs von der Band sahen sich irritiert um.

Unter den Gästen entstand Unruhe. Es wurde geschoben und gedrückt, alle wollten zur Reling, um zu sehen, was passierte, so dass Vivienne allmählich begann sich Sorgen zu machen.

Der Uniformierte schrie ins Megaphon, dass die Party zu Ende sei und die Polizei die Queen Elizabeth zum Pier geleiten würde, weg von Westminster und zurück nach Chelsea.

»Siehst du das Polizeiaufgebot?«, flüsterte Malcolm begeistert, als sie den Pier erreichten, wo die Mannschaftswagen der Polizei sie erwarteten. »Dieser Massenauflauf? Wir sind der Staatsfeind Nummer eins, Viv!«

Es war ganz nach seinem Geschmack: Chaos und Anarchie. Vor allem aber war es eine perfekt orchestrierte Werbeaktion für die neue Single. Denn die Presse, die an Bord war, fotografierte und notierte das Geschehen fiebrig. Doch da schien ihm plötzlich etwas einzufallen, und seine Begeisterung war wie weggeblasen.

»Was ist los, Malcolm?«, fragte Vivienne.

»Die Band und das Equipment müssen von Bord. Die Polizei darf sie nicht in die Finger kriegen.«

»Das wird sich nicht verhindern lassen.«

»Das Equipment darf auf keinen Fall beschlagnahmt werden. Wir haben morgen ein Konzert.«

Er kaute nervös an einem Fingernagel. Vivienne sah zum Kai, an dem sich eine Hundertschaft der Polizei positioniert hatte, um die Partygäste in Empfang zu nehmen.

»Es ist unmöglich, die Band da vorbeizuschmuggeln«, kommentierte sie.

»Unmöglich, sagst du?« Ein angespanntes Lächeln erschien auf seinem Gesicht, als wäre ihm eine weitere Idee gekommen. »Wart nur ab, Viv. Kümmere du dich um die Band, ich lenke sie ab.«

Ehe sie nachfragen konnte, stürmte er los und verschaffte sich rudernd einen Weg durch die Menge zur Gangway.

»Malcolm, verflucht. Was hast du vor?«

Sie sah, wie er Leute zur Seite schubste und genau auf die Polizeikette zusteuerte. »Ihr verdammten Faschistenschweine!«, brüllte er und ging dem erstbesten Bobby an den Kragen. Augenblicklich brach Chaos aus. Mit Schlachtrufen folgten die anderen Punks Malcolm, der im Gewühl zu Boden gerissen und von einem Polizisten mit Schlagstock brutal verprügelt wurde. Schockiert rannte sie zu Sid, dem Erstbesten, den sie zu fassen bekam.

»Ihr müsst euch in Sicherheit bringen«, sagte sie. »Euch – und das Equipment. Beeilung!«

Er eilte zu den anderen, und Vivienne rannte zurück zur Gangway, zu Malcolm, der gerade mit blutendem Kopf von zwei Polizisten in einen Transporter verfrachtet wurde. Sie folgte ihm über die Gangway, warf sich in das Gewühl, bis ein Polizist sie ebenfalls packte.

Dann sah sie Malcolm im Innern eines Wagens auf der Bank hocken. Er wirkte angeschlagen, schien aber in Ordnung zu sein. Während Vivienne noch darauf wartete, zu ihm in den Transporter verfrachtet zu werden, wurde neben ihr ein bewusstloser Punk auf eine Trage gelegt. Eine Krankenschwester beugte sich zu ihm hinab, um seinen Puls zu prüfen.

»Alles in Ordnung mit ihm«, sagte sie zu einer Kollegin. Dann beäugte sie seine Bondagehose und fügte kopfschüttelnd hinzu: »Keine Ahnung, wie es möglich sein soll, sich in diesen Hosen zu bewegen. Die sind doch irre, diese Punks.«

»Hey! Hey, du!«, rief Vivienne, bis sie die Aufmerksamkeit der Krankenschwester hatte, dann deutete sie auf ihre Bondagehose, das gleiche Modell wie das des Punks auf der Trage, schwang die Arme in die Luft und schlug elegant und formvollendet mitten auf dem Bürgersteig ein Rad.

»Hör auf mit dem Schwachsinn«, schnauzte ein Polizist und schob sie in Richtung Transporter.

Vivienne erkannte am sprachlosen Staunen der Krankenschwester, dass sie eines klargemacht hatte: Und wie man sich in diesen Hosen bewegen konnte! Dann ließ sie sich widerstandslos auf die Bank des Transporters verfrachten, wo Malcolm sie lachend in Empfang nahm.

»Verdammt, Viv«, nuschelte er mit seinen geschwollenen Lippen, »ich bin schon so gespannt auf die Schlagzeilen.«

10

Später, als Vivienne auf die Ereignisse in jenem Sommer zurückblickte, verstand sie, dass die Bootsfahrt auf der Themse der Höhepunkt des Punk gewesen war. Danach ging es langsam, aber stetig bergab, und keiner war imstande, dem Niedergang etwas entgegenzusetzen.

Zuerst bemerkte sie die Veränderungen kaum. Sie war fast rund um die Uhr im Laden eingespannt, den sie mal wieder allein führte, weil Malcolm mit der Band Anfang des Jahres 1978 nach Amerika geflogen war. Mit ihren Drogenexzessen und Gewaltorgien hatten es sich die Sex Pistols in Europa mit den meisten Konzertveranstaltern verscherzt, und Malcolm wollte die Band stattdessen in Amerika groß machen. Er schickte sie auf eine Tournee durch die Südstaaten, ausgerechnet, und der Dauerkrach innerhalb der Band wurde im heißen Klima der erzkonservativen Staaten für alle unerträglich.

Der Laden in der King's Road war wieder einmal umgebaut worden und hieß nun Seditionaries, Aufwiegler. Vivienne schlug sich für die Herstellung der Kleidung die Nächte um die Ohren und stand tagsüber im Laden, denn das Seditionaries brummte.

Es war der Anlaufpunkt für alle Kids im Land, die Punk und New Wave liebten. Viviennes Kleidung wurde inzwischen überall kopiert und umgewandelt, teils von den Fans selbst in bester *Do-it-yourself*-Manier, wie sie immer wieder zufrieden zur Kenntnis nahm, teils von findigen Geschäftsleuten, die erkannten, dass sich mit dem Trend Geld machen ließ. Egal, wohin sie kam, sie sah Ketten, Nieten, Löcher und bedruckte Stoffe.

Sogar die Modeschöpferin Zandra Rhodes nahm Viviennes Ideen auf, lobte die Innovationskraft ihrer Entwürfe. Immerhin hatte sie den Anstand, Vivienne namentlich zu erwähnen und ihr nicht klammheimlich die Lorbeeren zu stehlen.

Als dann eines Morgens ein fliegender Händler im Laden auftauchte und dem Seditionaries Schmuck aus Rasierklingen verkaufen wollte, war endgültig klar, dass der Punk die Welt erobert hatte. Doch trotz des Hypes fühlte sich das für Vivienne längst nicht nach der grundlegenden Veränderung der sozialen und gesellschaftlichen Machtverhältnisse an, die sie bei seiner Erfindung im Sinn gehabt hatten.

Derweil ging es auf der anderen Seite des Atlantiks mit der Band bergab. Die Streitigkeiten unter den Mitgliedern, die Malcolm stets anheizte, hatten das Klima vergiftet. Vor allem Johnny Rotten hatte keine Lust mehr, zu tun, was Malcolm verlangte.

Zugleich sorgten seine Filmprojekte für Ärger, für die es ihm zunächst gelungen war, eine Menge Geld zu organisieren, vor allem von Warner. Er hatte illustre Leute an Bord geholt, wie den Pornofilmer Russ Meyer. Vivienne wusste nur zu gut, wie überzeugend Malcolm sein konnte, doch er lieferte nur die Ideen, und die Leute, mit denen er zusammenarbeitete, waren nicht – wie Vivienne – bereit, seine Egomanie zu ignorieren. Sie waren nicht imstande, Malcolms Ideen so weiterzuentwickeln, dass etwas Handfestes dabei herauskam. Und schon gar nicht waren sie willens, ihn allein alle Lorbeeren ernten zu lassen. Bald gab es an allen Fronten Ärger, ein Projekt nach dem anderen scheiterte, und Malcolm wurde mit Vertragsklagen überhäuft.

Und schließlich brach auch die Band auseinander. Johnny Rotten machte ernst und stieg aus. Vivienne glaubte, es könne nicht mehr schlimmer kommen, aber dann überschlugen sich die Ereignisse. Im New Yorker Hotel Chelsea wurde Sids Freundin Nancy ermordet. Während eines nächtlichen Drogenexzesses war sie in ihrem gemeinsamen Zimmer erstochen worden – und Sid stand unter Mordanklage. Er hatte so viel Drogen genommen, dass er sich an nichts erinnern konnte, und nun bereitete die Staatsanwaltschaft einen Indizienprozess vor. Sid saß im Untersuchungsgefängnis und wartete auf die Anklage.

Vivienne wollte so schnell wie möglich zu ihm. Allein in New York, auf kaltem Entzug in einer Polizeistation, die

Freundin ermordet. Seine Situation war unvorstellbar, und sie musste für ihn da sein. Michael sollte in ihrer Abwesenheit den Laden übernehmen. Dann erreichte sie endlich Malcolm.

»Ich fliege jetzt nach New York!«, teilte sie ihm am Telefon mit.

»Und was willst du da?«, fragte er mit spöttischem Lachen. Sie hätte ihn umbringen können.

»Ich stehe Sid bei. Wenn's sein muss, besuche ich ihn auf Rikers Island, der Gefängnisinsel, oder wo immer er sonst ist. Ich will ihm helfen, Malcolm. Ist das so schwer zu verstehen?«

»Ah, jetzt hab ich's«, sagte er amüsiert. »Du meinst, zusammen mit Mrs Beverly?«

»Sids Mutter? Ist sie etwa da?«

»Heute in New York angekommen. Sie hat als Allererstes für zehntausend Dollar ihre Geschichte an die *New York Post* verkauft. Ich schätze mal, damit hat sie genügend Geld für einen Haufen Stoff. Falls Sid auf freien Fuß kommt, lassen es die beiden sicher krachen. Komm ruhig, ihr drei werdet euch gut verstehen.«

Vivienne schwieg betroffen, was Malcolm erneut zum Lachen brachte. »Warum denn nicht, Viv? Mit zwei Junkies in New York, Mutter und Sohn, das wird bestimmt lustig.«

Sie blieb in London. Kümmerte sich um das Geschäft, wartete auf Neuigkeiten. Irgendwann hieß es, Sid sei auf Kaution frei. Es gab eine Reihe von Indizien, die ihn entlasteten, auch wenn es immer noch danach aussah, als habe er die Tat begangen.

Nicht auszudenken, er würde verurteilt und lebenslänglich auf Rikers Island einsitzen, dachte Vivienne. Die Anstalt war für ihre Brutalität berüchtigt. Wieder erwog sie, nach New York zu fliegen, doch sie hatte wenig Lust, Sids Mutter zu begegnen, deren Ruf als mental labile Drogensüchtige ihr vorauseilte. Als Vivienne hörte, dass Sid sich in einer Entzugsklinik befand, war sie fürs Erste beruhigt. Vielleicht wendete sich noch alles zum Guten.

Mit Malcolm hatte sie in dieser Zeit kaum Kontakt, worüber sie alles andere als traurig war. Wenn er sie anrief, eskalierten ihre Gespräche oft in lautstarken Streitereien. Einmal geriet er völlig außer sich, weil sie Linda Stein, der Co-Managerin der Ramones, eins der teuersten Designs der Seditionaries verkauft hatte – ein geschnürtes, schwarzes Fallschirmhemd mit passender Bondagehose. Er stand mit den Ramones auf Kriegsfuß, weil ihnen nachgesagt wurde, sie hätten den Punk erfunden und die Sex Pistols hätten ihre Ideen geklaut. Minutenlang schrie er Vivienne am Telefon an, wie sie es wagen könne, Linda auch nur in den Laden zu lassen, dann hängte er einfach auf.

Für die Presse waren der Mord an Nancy und die Auflösung der Band ein einziger großer Zirkus. Johnny Rotten reihte sich derweil in die endlose Kette von Leuten ein, die Malcolm vor Gericht brachten. Vivienne verlor den Überblick über die Klagen. Alles versank im Chaos, wobei sich Malcolms Devise *Cash from Chaos* ins Gegenteil verkehrte.

Kurz nach Sids Selbsteinweisung in die Entzugsklinik im Februar 1979 an einem kalten, ungemütlichen Wintermorgen sprang die Tür der Boutique auf, und Michael stürmte herein. Vivienne wusste sofort, dass etwas passiert war. Sein Gesicht war leichenblass, und er hielt eine Zeitung in der Hand.

»Was ist?«, fragte sie voller Angst. »Sag schon!«

Er hielt stumm die Zeitung hoch. Es war die *Sun*, und auf der Titelseite prangte in riesigen Lettern die Schlagzeile: »*Sid Vicious tot.*«

Vivienne glaubte, der Boden werde ihr unter den Füßen weggezogen. Das musste eine Falschmeldung sein. Es war unmöglich. Sid war keine zweiundzwanzig.

»Aber … er ist doch in einer Entzugsklinik«, stotterte sie. »Er ist doch von den Drogen runtergekommen.«

»Sie haben ihn vorgestern entlassen«, sagte Michael. »Er ist sofort ins Hotel.«

Vage erinnerte sie sich, was Malcolm gesagt hatte. Mrs Beverly würde mit dem Geld der *New York Post* sicher einen Haufen Stoff besorgen. Sie riss Michael die Zeitung aus der Hand.

»*Punkrock-Star Sid Vicious starb gestern an einer Überdosis Heroin*«, stand dort. Er sei in einer Wohnung in Greenwich Village aufgefunden worden. Es gab keinen Zweifel, er war tatsächlich tot.

»War das Mrs Beverly?«, fragte sie. »Hat seine Mutter das Zeug besorgt?«

»Das steht da nicht. Aber möglich wär's.«

Unter der Headline prangte ein Bild, das Sid im Profil abbildete. Laut *Sun* war es das letzte Foto von ihm, das am New Yorker Gericht aufgenommen worden war.

Vivienne fuhr mit dem Finger darüber. Oh, Sid. Wäre sie doch nur zu ihm gereist.

Ein paar Wochen nach Sids Tod, am 3. Mai 1979, wurde die regierende Labour-Partei abgewählt, und eine Tory-Premierministerin kam an die Macht, Margaret Thatcher, die für einen radikalen Kurswechsel in der Politik stand: Gewerkschaften entmachten, staatliche Betriebe privatisieren und die Wirtschaft deregulieren. Und es war natürlich die Arbeiterklasse, die den Preis für diese neue Politik zahlen würde. Viel zu schnell wurde Vivienne klar, dass alles, wofür sie kämpften, nun umso rigider unterdrückt werden würde. Es war zum Verzweifeln.

Irgendwie passte das zu Sids Tod, dachte Vivienne. Erst fiel der Posterboy des Punk dem Heroin zum Opfer, und dann übernahm auch noch eine konservative und wirtschaftsliberale Partei das Ruder.

Mit der Zeitung in der Hand saß sie im Laden und las, was die neue Regierung als Nächstes mit dem Land vorhatte, als eine Kundin eintrat und sich neugierig umsah. Kein Teenager, kein Punk, sondern eine gut situierte Frau, die offensichtlich ein Faible für Mode hatte. Sie griff nach einer der Bondagehosen und betrachtete sie voller Bewunderung. Dann bemerkte sie Viviennes prüfenden Blick.

»Hallo!«, sagte sie lächelnd. »Ich liebe Ihre Hosen – einfach alles in Ihrem Laden.«

Vivienne gab sich wenig Mühe mit dem Lächeln, das sie der Frau schenkte, und wandte sich wieder der Zeitung zu.

»Haben Sie die *Vogue* gesehen?«, fragte die Frau.

Was sollte das denn jetzt? »Nein. Wieso?«

»Ein Model trägt Ihre Stachelfrisur, stellen Sie sich vor. Sie hat diese hochgegelten und in alle Richtungen abstehenden Strähnen, genau wie Sie! Keiner kommt mehr um Sie herum, Mrs Westwood. Sie müssen begeistert sein! Jetzt werden Sie sogar von der *Vogue* kopiert.«

»Ach. Und wieso sollte mich das begeistern?«

Die Kundin schien verwirrt. »Weil Sie gewonnen haben. Sie haben das System angegriffen, und jetzt sind Sie ganz oben angekommen.«

Vivienne warf lustlos die Zeitung auf den Verkaufstresen.

»Wir haben das System nicht angegriffen«, widersprach sie. »Dem geht's so gut wie nie.«

»Aber … Sie haben kein Blatt vor den Mund genommen. Niemals.«

»Und was haben wir dadurch erreicht? Wir haben den Hass der Straße auf uns gezogen. Die Zeitungen haben empörte Artikel geschrieben. Aber das ändert nichts daran, dass wir keine Gefahr für die da oben sind. Im Gegenteil. Wir haben sogar Werbung fürs System gemacht.«

»*Werbung*?«, fragte sie fassungslos. »Inwiefern denn das?«

»Wenn unser Land nicht so frei und demokratisch wäre,

dann könne es so eine Jugendbewegung gar nicht geben, so lassen sie es zumindest aussehen.«

Punk war nur noch ein Trend, niemanden interessierte mehr die politische Aussage dahinter. Die Macht des Establishments war unangefochten geblieben. Seit Sids Tod hatte sie das diffuse Gefühl, ganz allein auf den Barrikaden der Revolution zu stehen.

»Punk erobert die Welt«, widersprach die Frau. »Alle springen auf den Zug auf. Die Bewegung wird jeden Tag größer.«

»Der Punk ist tot. Die Leute wissen es nur noch nicht.« Dann stand Vivienne mit einem Seufzer auf, nahm Haltung an und strich einen Staubfussel vom Tresen. »Soll ich Ihnen die Hose in der passenden Größe raussuchen?«, fragte sie.

London, 16. Dezember 1992

Das blasse Licht des Wintermorgens verlieh ihrem Atelier einen überweltlichen Glanz. Die Einsamkeit und die Stille, die zu dieser Stunde in den Räumen herrschten, verstärkten die traumartige Atmosphäre. Vivienne sah sich in den Arbeitsräumen um. So früh am Morgen war sie noch allein mit ihrer neuen Kollektion, die an Ständern, auf Tischen und an Schneiderpuppen Gestalt annahm. Ihre Angestellten würden erst in einer Stunde auftauchen.

Das Foto vorm Buckingham Palace, das sie ohne Höschen zeigte, hatte einen landesweiten Skandal ausgelöst. Vivienne hatte doch etwas unterschätzt, wie hoch das Kleid, das mit seinem opulenten Rock einer Robe von Dior ähnelte, fliegen würde. Doch sie hatte nur lauthals gelacht, als sie das Foto sah.

Und nun stritt man überall darüber, warum man ausgerechnet dieser Frau die royale Ehrung hatte zukommen lassen. Wie könne man nur – sie sei eine Schande für das Land und keinesfalls eine zu ehrende Würdenträgerin. Die Queen allerdings, das hatte eine Mitarbeiterin des Palastes Vivienne anvertraut, habe sich köstlich amüsiert über Sache mit dem fehlenden Schlüpfer.

Ob die kleine Norma, wo immer sie heute sein mochte, das Foto gesehen hatte? Ob sie gelacht hatte, wie die Queen? Ob sie stolz war auf Vivienne, auf ihre Freundin aus der Arbeiterklasse, die von Ihrer Majestät persönlich geehrt worden war?

Wer hätte zu Zeiten der Sex Pistols je für möglich gehalten, dass Vivienne eines Tages vom Königshaus für ihre Verdienste geehrt werden würde? Sie, die offen gegen das Land und sein herrschendes System rebelliert hatte!

Nach dem Ende der Sex Pistols hatte es sich eine Weile so angefühlt, als sei ihre Reise in die Modewelt zu Ende. Zu lange hatte Vivienne sich nur als diejenige gefühlt, die Malcolms Ideen ausführte. Wie groß ihr Anteil an den Ergebnissen war, wurde ihr erst bewusst, als Malcolm endgültig in seinen Film- und Musikprojekten abtauchte und sie wirklich alle modischen Entscheidungen allein zu treffen begann.

Sid, erinnerte sie sich, war der Erste gewesen, der ihre Arbeit als das gesehen hatte, was sie war: das Werk einer Designerin. *Ach Sid*, dachte sie wehmütig. *Hätte es etwas geändert, wenn ich damals nach New York gefahren wäre?*

Eine Weile nach seinem Tod hatte Viviennes Lederlieferant, der vorgab, ein Medium zu sein, ihr gesagt, Sid habe ihn aus dem Jenseits kontaktiert. Dass er, als man ihn freigelassen und er seine Mutter gesehen habe, gewusst habe, dass ihm der Tod bevorstand. Da hatte sie sich einmal mehr gewünscht, sie wäre damals bei ihm gewesen.

Sie nahm den Verdienstorden in die Hand, der sie als *Officer of the Order of the British Empire* pries. Ein goldenes Kreuz mit Reichskrone an einem roten Seidenband. Er lag schwer in der Hand und leuchtete matt im Morgenlicht.

Nach Sids Tod, pleite und allein mit zwei Kindern, hatte sie überlegt, alles hinzuschmeißen. Andere Läden in der King's Road liefen ihnen längst den Rang ab. Ihr Stern sank, und Punk war, wie Vivienne es vorausgesehen hatte, bald darauf passé. Doch sie hatte beschlossen zu kämpfen. Sich ihre Träume zu erfüllen, so schwer es auch sein würde. Also arbeitete sie rund um die Uhr, verbissen und trotz der Gerichtsvollzieher, die immer wieder vor ihrer Tür standen. Sie wollte Mode machen, und zwar eine Mode, die ihren Vorstellungen von Freiheit und weiblicher Stärke entsprach.

Sie hatte gekämpft, um jeden Preis. Aber dann hatte sich herausgestellt, dass es eine Person gab, die über die Macht und die Mittel verfügte, sie von ihrem Weg abzubringen. Die, getrieben von Neid und Eifersucht, versuchte, alles kaputt zu schlagen, was Vivienne aufgebaut hatte.

Diese Person war Malcolm gewesen.

Teil II

FASHION

1981-1993

11

Vivienne hatte seit drei Tagen so gut wie nicht geschlafen, sie fühlte sich völlig erschöpft – und gleichzeitig auf seltsame Weise lebendig. Sie sprang mit den letzten Gürteln und Seidenbommeln, die sie in Windeseile erstellt hatte, aus der Tube unweit der Olympia-Ausstellungshalle im Londoner Westen und hechtete zum Ausgang.

Sie konnte es immer noch nicht glauben: ihre erste Modenschau. Heute würde sie sich der Öffentlichkeit als Modedesignerin präsentieren. Und das auf der Londoner Fashion Week!

Die Wohnung in der Nightingale Lane war in den letzten Tagen zentraler Treffpunkt für alle gewesen, die an der Kollektion mitgearbeitet hatten. Zwischen Stoffballen, Kleiderständern und Schneiderpuppen wurden Entwürfe gebügelt, gesteckt, genäht und wieder aufgetrennt. Bis kurz vor der Premiere sah es aus, als würden sie niemals rechtzeitig fertig werden. Doch dann nahmen die Stücke Gestalt an.

Laut Malcolm hatte es im Vorfeld bereits Gerangel um die Karten gegeben, so groß war das Interesse. Scharen von Besuchern hatten sich angemeldet, überall war man neugierig auf die Arbeit Vivienne Westwoods.

Als sie aus der Tube stürmte, entdeckte sie kurz vor sich Sebastian, einen ihrer treuen Kunden, der heute Abend als Model einspringen sollte. Wie Vivienne war auch er viel zu spät dran. Sie wollte ihm etwas zurufen, als eine vertraut wirkende Frau ihn abfing: »Kennen wir uns nicht? Gehörst du nicht auch zur Westwood-Show?«

Es war Laura, ihre Näherin, mit einer riesigen Tasche über der Schulter.

»Ich bin spät dran«, sagte Sebastian atemlos. »Verflucht, ich kriege so was von Ärger.«

»Nur keine Panik, ich habe die Kleider hier in der Tasche. Ohne mich geht nichts los.«

Vivienne holte zu Laura auf, die einen gehörigen Schreck bekam, ihre Chefin zu sehen.

»Laura! Bist du etwa noch nicht im Olympia?«

»Es tut mir so leid, mein Hund war weggelaufen, ich musste ihn suchen. Es hat doch noch nicht angefangen?«

»Wird schwer, ohne die Klamotten«, sagte Vivienne kopfschüttelnd. Aber ihr gefiel, dass ihre erste Modenschau auch in Sachen Zeitplanung zumindest ein bisschen Punk war.

Während sie über die Straße hasteten, rief sie: »Backstage wird ohnehin noch genäht. Ich hoffe nur, dass die Schuhe angekommen sind.«

Wenig später stürmten die drei in die Halle, in der die Besucherreihen bereits dicht gefüllt waren. Wie Malcolm vorhergesagt hatte, waren Hunderte gekommen. Modekritiker, Einkäufer großer Häuser und Prominente aus der Kunst- und Musikszene. Vivienne blieb fast das Herz stehen, als sie die vielen Leute sah. Waren sie alle ihretwegen gekommen?

Sie scheuchte Sebastian und Laura nach hinten und sah sich in der Halle um. Der Raum war kunstvoll in buntes Licht getaucht, und die Säulen rechts und links waren mit goldenem Papier umwickelt, auf das das Logo von McLaren & Westwood gedruckt war – auf Geschenkpapier aus ihrem Laden, wie Vivienne feststellte. Aus den Boxen drang Musik von Malcolms neuer Band, Bow Wow Wow, deren Bühnenoutfits auf die aktuelle Kollektion abgestimmt waren, und eine mit Trockeneis gefüllte Maschine produzierte Nebel auf dem Catwalk.

Alles sah umwerfend aus. Bei anderen Modenschauen gab es meist funktionale weiße Laufstege und bestenfalls klassische Musik zur Untermalung. Hier hingegen kündigte sich ein Ereignis an. Das Publikum befand sich in einem Zustand aufgeregter Vorfreude. Vivienne fühlte sich zurückversetzt an den Pier in Chelsea, kurz bevor sie an Bord der Queen Elizabeth gegangen waren. Es war, als erwarteten alle einen Wendepunkt.

In der Menge tauchte Malcolm auf, der sich mit einer gestreiften Pluderhose und einem schwarzen V-Pullover ihrem Outfit angepasst hatte, das erklärtermaßen nicht mehr schrill und punkig, sondern nüchtern und seriös wirken sollte. Vivienne war ungeschminkt, hatte ihre Haare hochgesteckt und trug einen schlichten grauen Pullover. Sie wollte aussehen wie eine Designerin, nicht wie die Queen des Punk.

Malcolm grinste übers ganze Gesicht, als er sie entdeckte.

»Sieh nur, wer alles gekommen ist, Viv!«, begrüßte er sie. »Boy George und sein Culture Club, Mick Jagger, alle wichtigen Namen der Clubszene. Und siehst du die Frau da hinten, mit der großen Brille? Die ist von der *Vogue*. Es sind fast alle großen Modezeitschriften vertreten.«

»Ich glaube, mir wird übel.«

»Du wolltest deinen Auftritt als Modedesignerin, hier hast du ihn. Gefällt es dir nicht?«

Nachdem der Punk für sie gestorben war, hatten sie lange überlegt, wie es weitergehen sollte. Vivienne hatte mit dem Gedanken gespielt, auf die Kunsthochschule zu gehen und das Studium nachzuholen. Doch das Kleidermachen war längst ihre Leidenschaft, das größte Abenteuer ihres Lebens. Sie musste herausfinden, ob ihr Talent ausreichte, um ihre Kollektionen von der Straße in die Fashion-Welt zu bringen.

»Das hier …« Er machte eine Handbewegung in Richtung Laufsteg. »… ist, was Modedesigner tun. Sie präsentieren ihre Kollektionen auf dem Laufsteg.«

Obwohl sie in letzter Zeit fast ununterbrochen stritten, fühlte sich Vivienne ihm durch die Atmosphäre dieses besonderen Abends nahe. Ihm ging es offenbar ähnlich. Er legte den Arm um ihre Schultern und küsste sie.

»Willkommen auf der Fashion Week, Darling«, sagte er. »Tritt ein in die Arena der Haute Couture. Deine Models warten backstage auf dich.«

Sie spürte ihr Herz hämmern, als sie sich in der in Szene gesetzten Halle umsah.

»Es sieht toll aus, Malcolm. Du hast dich selbst übertroffen.«

»Mode braucht eine Bühne. Sie braucht Dramatik, ein Storytelling. Genau, wie wir es in der King's Road immer gemacht haben.«

Glücklich drückte sie Malcolm einen Kuss auf die Wange.

»Ich glaub, dein Typ ist hinten gefragt«, sagte er. »Geh schon.«

Sie drehte sich um, als er ihr hinterherrief: »Weißt du, was der größte Spaß sein wird, Viv? Sie alle …«, sagte er und deutete auf die Publikumsreihen, »erwarten, dass hier Punk gezeigt wird. Sie glauben, du nutzt deine Chance, um den Punk auf den Laufsteg zu bringen.«

»Sie werden sich wundern«, antwortete sie, zwinkerte ihm zu und ging weiter.

Die Geschichte des Punk war für sie erst einmal zu Ende erzählt, auch wenn ihr Name dafür stand wie kein zweiter. Im Zuge der Krise nach Sids Tod war Vivienne ratlos gewesen, was sie mit ihrer Mode anfangen wollte. All die Provokation, was hatte sie gebracht? Und was konnte auf diese

Achterbahnfahrt folgen? War es überhaupt möglich, sich etwas ganz Neues auszudenken?

Sie hatten lange überlegt, was modisch für sie auf den Punk folgen könne. Bis Malcolm, der stets den Finger am Puls der Zeit hatte, verkündete: »Mach was Romantisches! Beschäftige dich mit Geschichte. Das passt in die Achtziger.«

Vivienne war sofort Feuer und Flamme. Natürlich! Auf den Straßen sah man neuerdings immer mehr Leute, die sich am Theater-Kostümfundus bedienten, Eyeliner und Vintage-Rüschen statt Igelfrisuren und Sicherheitsnadeln trugen. New Romantic war der Look der Zeit.

Anfangs war sie nicht sicher, wie sie die Sache angehen sollte. Sie kaufte sich einen dicken Schinken über Modegeschichte und stieß dort auf die Pariser Mode nach der Revolution. »Les Incroyables et Merveilleuses«, die Unglaublichen und Wunderbaren, hatten es ihr besonders angetan. Mit ihren Accessoires wie etwa dem roten Halsband, einer Anspielung auf den Terror der Guillotine, verliehen sie ihrer neu gewonnenen Freiheit Ausdruck. Dabei spielten sie mit den Veränderungen in der Mode, die durch die Revolution ausgelöst wurden. Sexualität, begriff Vivienne, wurde in der europäischen Mode vor der Revolution völlig anders zum Ausdruck gebracht. Es waren Männer, die ihren Körper erotisch zur Schau stellten – mit Strumpfhosen, hochhackigen Schuhen, Perücken und Schminke –, während Frauen ihre Reize tunlichst zu verbergen versuchten. Sie stieß auf Pluderhosen, die ihrem Träger ein verwegenes

Aussehen verliehen, und fand Schnittmuster, die seit Jahrhunderten nicht mehr verwendet wurden.

Alles schien sich darum zu drehen, die Erotik des männlichen Körpers zu betonen, während der Körper der Frau durch den verschwenderischen Umgang mit teuren Stoffen auf seine repräsentative Funktion reduziert wurde. Nur die Mätressen und leichten Mädchen aus den Armenvierteln präsentierten eine für Viviennes Generation völlig normale weibliche Erotik. Was für eine Offenbarung!

Andere Designer mochten sich auf Reisen in ferne Länder inspirieren lassen. Sie war pleite und hatte zwei Jungs zu versorgen, Museen und Bibliotheken mussten deshalb für sie ausreichen. Von Zeit zu Zeit traf sie sich mit ihrem Freund Gary Ness, einem kanadischen Maler und Kunsthistoriker, der ein wandelndes Lexikon zu sein schien. Wie oft hatte sie das Gefühl gehabt, im Nachteil zu sein, weil sie nicht studiert hatte? Aber Gary nahm sie ernst. Er erklärte ihr alles, was sie wissen musste, empfahl ihr Bücher und teilte zu jeder Kunstepoche sein umfangreiches Wissen mit ihr.

So fand er zum Beispiel, seit der Französischen Revolution sei es in Europa mit der Kultur bergab gegangen. Da kulturelle Leistungen nicht länger für die gebildete Elite, sondern für die bürgerliche Gesellschaft erbracht wurden, habe ihre Qualität rapide abgenommen. Das galt in seinen Augen nicht nur für Malerei, Literatur und Musik – sondern auch für Fashion. In England entstand die Empire-Mode, der Herrenanzug mit Zylinder und Krawatte eroberte Europa, womit die Herrenbekleidung von allem Modischen befreit werden sollte. Die Institutionen der Republik verlangten nach dem Zurückstellen der eigenen Person hinter das Amt. Nicht der herausgeputzte Adlige, sondern der uniformierte Bürger lenkte die Republik. Und da die Institutionen rein männlich besetzt waren, wurde die Lücke der erotischen Präsentation von der weiblichen Mode ausgefüllt.

Vivienne war begeistert von diesen Kulturgeschichten, die sie bei ihren Kreationen der Neuen Romantik beflügelten. Das Einzige, was bei ihren neuen Entwürfen noch an den Punk erinnerte, war die Dominanz von Schwarz. Bis Malcolm bei einer seiner seltenen Stippvisiten einen Blick auf die Kleider warf und sagte: »Nimm Farben, Viv. Mach es bunt.« Sie versuchte, ihm das Konzept zu erklären, das sie sich nach dem Studium der Bücher und den Diskussionen mit Gary überlegt hatte, doch er blieb dabei: »Das begreift kein Teenager! Du musst Mode machen, die von den jungen Leuten auf der Straße gefeiert wird. Denk an Piraten. An den romantischen Look der Freibeuter.«

Damit war das Schlüsselwort gefallen: Piraten! Sie war hellauf begeistert. Ein Pirat ließ sich hervorragend mit Punk vereinen. Ein Freibeuter, der mit seinen Pluderhosen und den Rüschenhemden ganz der vorrevolutionären modischen Präsentation von Sexualität entsprach. Und der als Outlaw eine Menge vom Punk und seinem Protest gegen die Gesellschaft hatte. Das gefiel ihr. Vivienne fing noch mal von vorn an, und diesmal entstand eine Kollektion, mit der sie rundum zufrieden war – und Malcolm pflichtete ihr bei.

Bevor sie die neue Kollektion präsentierten, sollte der Freibeuterstil Einzug in ihren Laden halten. Malcolm nannte das Geschäft um: World's End. Und er ließ alles renovieren. Der Fußboden wurde dem einer Galeone nachempfunden, mit alten Schiffsplanken, die am hinteren Ende des Ladens erhöht lagen, so dass sie einem beim Durchschreiten des Geschäfts das Gefühl vermittelten, an Bord eines alten Mehrmasters zu sein. Bleiglasfenster wie zur Dickens-Zeit und ein Giebel aus Schieferplatten rundeten das Bild ab. Der Clou jedoch war eine übergroße Uhr, deren Zifferblatt dreizehn Stunden anzeigten und deren Zeiger rückwärtsliefen. Das Outlaw-Motto war perfekt umgesetzt, fand Vivienne.

Doch obwohl sie die Piraten-Kollektion bereits im Laden verkauften, machten die Gäste im Olympia nicht den Eindruck, als ahnten sie, was sie auf dem Laufsteg erwarten würde. Vivienne ging hinter den Vorhang, wo sich die Models gesammelt hatten. Die meisten von ihnen waren keine Profis, sondern Typen wie Sebastian, junge Londoner, die öfter im World's End abhingen und die mit ihren unterschiedlichen Hautfarben und Herkunftsgeschichten die Vielfalt der Metropole widerspiegelten. Sie schienen auf Anweisungen zu warten.

Vivienne nahm die große Tasche und häufte Kleider und Schuhe zu einem Berg. Da waren sie, die leuchtenden Farben der afrikanischen Ostküste: Safran, Chromgelb,

Orange, Zinnoberrot und Lapislazuli. Nirgends auch nur ein einziger schwarzer Fleck.

»Sucht euch was aus«, rief Vivienne den Models zu. »Nehmt euch einfach, was ihr am liebsten tragt.«

Einige der jungen Leute stürzten sich begeistert auf den Kleiderhaufen, während ein halb professionelles Model, das neben Vivienne stand, irritiert wirkte.

»Du meinst, einfach irgendwas?«, fragte sie ungläubig.

»Na klar. Die meisten Stücke sind unisex. Es kann also nichts schiefgehen.«

Das Model sah fassungslos zu, wie die anderen gut gelaunt den Haufen zerrupften.

»Die Zusammenstellung der Outfits ist für andere Designer das Wichtigste, Vivienne«, sagte sie mit großen Augen. »Die legen größten Wert darauf, welches Model was trägt. Und in welcher Reihenfolge sie auf den Laufsteg gehen.«

»Ach ja?«, fragte Vivienne verwundert. »Also, bei mir sind alle Stücke so entworfen, dass man sie beliebig miteinander kombinieren kann. Ich mag die Vorstellung, dass jeder sich aussucht, was ihm gefällt.«

»Die Schuhe passen nicht«, rief eines der Mädchen. »Das sind alles Quadratlatschen.«

»Kann ich das Hemd zu den Stiefeln nehmen?«, rief ein anderes. »Das passt eigentlich nicht zusammen, aber sonst ist nichts mehr da.«

»Ich finde es perfekt«, sagte Vivienne. Und als sie das verdatterte Gesicht des Models neben sich bemerkte, fügte sie hinzu: »Komm schon, such dir was aus.«

Malcolm tauchte backstage auf, um zu sehen, wie weit sie waren. Draußen wurden die Leute bereits ungeduldig. Er gab dem Assistenten, der Musik und Nebelmaschine bediente, ein Zeichen. Alle sahen toll aus, fand Vivienne. So sollte ihre Mode sein – lebendig, jenseits aller Grenzen, frei.

»Habt einfach Spaß, wenn ihr rausgeht«, rief sie und wandte sich ab, um sich unters Publikum zu mischen.

»Wo willst du hin, Vivienne?«, fragte das halb professionelle Model entgeistert.

»Nach vorn. Es geht doch jetzt los.«

»Aber die Designer bleiben immer hinter dem Vorhang. Erst zum Schluss zeigen sie sich dem Publikum.«

»Willst du damit sagen, dass sie nicht zugucken? Dann entgeht ihnen ja der ganze Spaß!«

Das sah Vivienne nicht ein. Die Models kamen allein zurecht, und sie wollte die Show genießen. Sie huschte nach draußen, stellte sich in die hinterste Reihe, und da ging es auch schon los. Malcolm feuerte einen Böller ab, und das erste Model sprang auf den Laufsteg. Die ausgelassene Musik der Bow Wow Wow verwandelte den Catwalk in eine Tanzfläche. Man sah den Models die Freude an der Musik und der bunten Piratenkollektion an, die auch das Publikum auf Anhieb elektrisierte.

Die Mode, die Musik, die Show – alles war überwältigend. Es war wie auf der Queen Elizabeth, hieran würde man sich noch lange erinnern, das begriff Vivienne sofort.

Nur dass diesmal ihre Kollektion im Mittelpunkt stand.

Ihre Arbeit war der Grund für das Spektakel. Jedes einzelne Teil, das von ihr gefertigt wurde, wurde von den Models über den Catwalk getragen, wobei Musik und Performance nur als Untermalung dienten. Ihre Arbeit war es, die begeistert aufgenommen wurde. Das Gefühl war einfach unbeschreiblich. Tagelang hatten Nervosität und Begeisterung sie wach gehalten, und jetzt kribbelte ihr Körper nur so vor Aufregung.

Dann war die Show am Ende angekommen, und Applaus brandete auf. Malcolm winkte Vivienne zu sich. Sie nahm seine Hand und ließ sich auf den Laufsteg ziehen, wo sie sich unter Jubel verbeugten. Sie hatte es geschafft. Ihre erste Fashion-Show in der echten Modewelt. Sie war überglücklich.

Sobald Vivienne den Laufsteg verließ, machte sich namenlose Erschöpfung bemerkbar. Drei schlaflose Nächte forderten ihren Tribut. Jemand drückte ihr ein Glas Sekt in die Hand, aber sie wollte nur noch ins Bett.

»Der Penner, der Punkrocker, der Pirat, das ist immer dieselbe Person«, hörte sie Malcolm einer Gruppe von Besuchern sagen. »Es ist der Entrechtete, der Underdog, der sich sein eigenes Gesetz schafft!«

Er redete und redete, während sie selbst kaum die Augen offen halten konnte. Die Kollektion, die er diesen Leuten gerade so wortreich erklärte, hatte Vivienne allein entworfen. Natürlich hatte er immer wieder Ideen beigesteuert, sie inspiriert und hatte ihr bei großen Entscheidungen als wichtiger Ratgeber zur Seite gestanden, aber die meiste Zeit war er nicht da gewesen. Er war ein ebenso abwesender Geschäftspartner wie Vater.

»Vivienne, komm rüber«, lud er sie ein, »sei nicht so schüchtern. Du musst dich nicht verstecken!«

Er legte einen Arm um sie, und dann erklärte er den Umstehenden: »Die Ideen der Kollektion gehen auf mich zurück. Aber Vivienne ist die unangefochtene Meisterin an der Nähmaschine.«

Von überall nahm sie Glückwünsche entgegen. »Es war das Außergewöhnlichste, was ich je gesehen habe«, sagte jemand, »Magie pur, Mrs Westwood!« Eine Frau offenbarte ihr: »An der Bar sitzen diese Auskenner, die in der Mode schon alles gesehen haben, und diskutieren darüber, ob sie eine modische Revolution gesehen haben oder eine lächerliche Clown-Show. Sie kommen zu keinem Ergebnis.« Und eine dritte flüsterte ihr zu: »Was Sie und Mr McLaren machen, wird die Welt verändern.« Wo man hinsah, waren die Leute in angeregte Gespräche vertieft. Trotz der späten Stunde wollten sie bleiben, um über das Gesehene zu debattieren.

Eine Weile später bemerkte Malcolm, dass Vivienne allein am Rand der Menge stand und sich verloren umsah. Er nahm zwei Gläser Sekt von einem Tablett und marschierte auf sie zu.

»Das war ein Triumph«, sagte er und reichte ihr ein Glas. »Auf deine Zukunft als Modedesignerin, Vivienne.«

»Auf unsere Zukunft«, sagte sie und stieß an.

Ein zufriedenes Gefühl mischte sich in ihre Müdigkeit.

»Was denkst du gerade?«, fragte er.

»Wir stehen auf dem Feld unseres Sieges.«

Er lachte zustimmend. Die Sensation war perfekt. Vivienne hatte den Sprung geschafft, den wenige ihr zugetraut hatten. Ab heute war sie nicht mehr nur das Gesicht des Punk.

»Jetzt kann nichts mehr passieren«, sagte sie. »Wir haben es geschafft.«

Malcolm zwinkerte, dann hob er das Glas und leerte es.

»Ich habe das Gefühl, dass ich endlos weitermachen könnte, Malcolm«, sagte sie und ließ den Blick über die Gesellschaft schweifen. »Ich meine, wer sollte sich mir jetzt noch in den Weg stellen?«

12

Kurz darauf besuchte Vivienne Gary Ness, diesmal in Paris, wo er bis vor einiger Zeit eine Wohnung gehabt hatte. Die Stadt passe einfach besser zu ihm, meinte er, London sei in vielerlei Hinsicht unkultiviert. Der gebürtige Kanadier war etwa zehn Jahre älter als sie, schlug sich mit Porträtmalerei durch und war meistens völlig pleite. Aus seiner Pariser Mansardenwohnung hatte er deshalb vor einiger Zeit ausziehen müssen, aber sooft er konnte, kehrte er in die Stadt zurück. Sie besuchte ihn im Hotel, wo er auf einer Couch saß und Gitanes rauchte.

Vivienne kam nicht umhin zu bemerken, wie gut er aussah, wie da vor ihr saß, distinguiert die Zigarette hielt und seine Zeitschrift las. Mit seinem gepflegten Äußeren und der stilvollen Kleidung zeigte er sich entschlossen, dem Mangel an Geld stets mit Würde zu begegnen.

»Westwood ist die heißeste Designerin des neuen Looks«, zitierte er aus der Zeitschrift und hob anerkennend die

Augenbraue. »Und das in der *Women's Wear Daily*. Sehr einflussreich in den USA, die Zeitschrift. Ich hätte nicht mal geahnt, dass die jemanden zu deiner Show schicken würden.«

»Wer alles da war! Und die Einkäufer standen Schlange, stell dir vor. Große Kaufhäuser, die Interesse an der Kollektion hatten. So was habe ich noch nie erlebt. Wir hatten gar nicht so viel Ware, dass wir an alle hätten verkaufen können.«

Nach anfänglichem Hin und Her hatten sich Presse und Händler darauf geeinigt, dass die Show geradezu visionär gewesen sei. All jene, die an besagtem Abend im Olympia waren, seien Zeugen einer Moderevolution geworden. Von dem Label McLaren & Westwood würde man noch oft hören. Liz Tilberis von der britischen *Vogue* fand die Vorstellung, in diese Urstätte des Punk, diese »Höhle«, zu gehen, wo die Fenster eingeschlagen wurden, zwar weiterhin schrecklich, wie sie in einem Interview sagte, aber selbst sie war inzwischen im World's End gesehen worden.

»Die Modenschau war offenbar ein voller Erfolg, Vivienne.«

»Ich wusste, dass es einmal so kommen würde. Ich habe mir immer gesagt, ich will Kleider machen, in denen man sich anders bewegen muss. In denen man sich nicht verstecken kann. Ich will, dass sich Frauen aufrecht und würdevoll bewegen, dass sie die Kraft einer Herrscherin ausstrahlen, wenn sie morgens auf dem Weg zur Arbeit in die Tube steigen. Sie sollen in ihrer Weiblichkeit und in ihrer Sinnlichkeit erstrahlen, aber befreit sein von einem sexualisierten Blick. In meinen Kleidern muss man sich bewegen, als ob einem die Straße gehört. Ich wusste, eines Tages habe ich damit Erfolg!«

»Kleider machen Leute. So ist es immer gewesen.«

»Ja, Gary, das glaube ich wirklich. Und warum sollte nicht jede Frau wie eine Göttin umherwandeln wollen, ganz egal, mit welchen körperlichen Vor- und Nachteilen sie zur Welt gekommen ist? Warum nicht?«

Er lächelte.

»Und was hast du als Nächstes vor?«

»Du liebe Güte, die zweite Kollektion ist schon so gut wie fertig. Wenn du in diesem Modetheater mitspielen willst, brauchst du jedes Jahr zwei Shows. Da kommt eine Menge Arbeit auf mich zu.«

»Erzähl mir von der Herbstkollektion.«

»Sie wird wieder Piratenelemente haben, aber wir haben sie weiterentwickelt. Sie ist beeinflusst von der Mode und Körperbemalung der indigenen amerikanischen Bevölkerung. Und Malcolm hat schon Ideen für die Frühjahrskollektion. Nostalgia of Mud, soll sie heißen. Du weißt schon, aus dem Französischen, Nostalgie de la boue, die Sehnsucht nach der Gosse. Da soll es rauer werden, die Straße kehrt zurück, allerdings nicht wie beim Punk, sondern in Gestalt der ausgebeuteten Bevölkerung aus dem Süden. Da liegen die Wurzeln der Kultur, mit braunen und grauen Farbtönen, mit bauschigen Röcken und Lammfelljacken. Zwiebelartig, mit umgekehrten Nähten, Naturmaterialien, und das Ganze unisex. Kleider machen Leute, nicht wahr? Wir halten den Menschen den Spiegel vor. Wir bringen die Ursprünge der Naturvölker auf den Laufsteg. Ist das nicht aufregend?«

Gary wollte unbedingt wissen, welche Schnitte sie plante, denn bei ihrer ersten Kollektion, war er nicht ganz unbeteiligt gewesen. Es waren seine Kenntnisse von Kunstgeschichte, die Vivienne stets weiterhalfen, wenn sie in eine Sackgasse geraten war.

»Tizian und Vermeer haben mir die Augen geöffnet, Gary. Nichts konnte mir die Mode der Zeit besser nahebringen als ihre Gemälde.«

»Du solltest die Wallace-Sammlung in London besuchen, das ist die erlesenste Sammlung von Kunstwerken des 18. Jahrhunderts in England. Ach, da gibt es so viel zu entdecken. Ich meine ja nach wie vor, dass die zeitgenössische Kunst ein Widerspruch in sich ist. Findest du nicht auch, dass die Kunst seit 1950 nichts Neues mehr hervorgebracht hat?«

»Ich wünschte, ich wüsste mehr über all das, Gary. Ich komme mir oft so dumm und provinziell vor.«

Er sog scharf die Luft ein. Der Vorwurf, provinziell zu sein, kam häufig von Malcolm, der sich über ihre Herkunft und ihren Derbyshire-Akzent lustig machte und sie vor anderen damit bloßstellte.

»So etwas will ich nie wieder von dir hören«, sagte er streng. »Du hast dir das Nähen beigebracht. Du kannst dir auch die goldene Zeit der Kultur nahebringen. Dein Akzent klingt wunderschön, und er hat nichts damit zu tun, wie interessant und wichtig dein Blick auf die Welt ist.«

Er kramte ein paar seiner Kunstbücher hervor, die er für sie aufgetrieben hatte.

»Du solltest ›Der Olivenbaum‹ von Aldous Huxley lesen«, sagte er plötzlich, als sein Blick auf das Buch auf dem Nachttisch fiel. »Und was von Bertrand Russell. Das sind die einzigen intellektuellen Denker des 20. Jahrhunderts. Den Rest kannst du vergessen.«

Und dann überkam es ihn, von Chopin und Ravel zu schwärmen. Vivienne kannte das von Malcolm, von seiner Zeit an der Kunsthochschule, dieses Herumspringen in Theorien und Ideen, das äußerst unterhaltsam war. Nur dass bei Gary mehr dahintersteckte als heiße Luft.

Auf sie wenig später auf der Fähre nach Dover war, vertiefte Vivienne sich in einen Kunstführer, und im Zug nach London las sie gierig eine Kulturgeschichte Frankreichs des 18. Jahrhunderts, vom Absolutismus bis zur Französischen Revolution. Sie konnte gar nicht genug bekommen von der Welt der Kunst, die sich ihr nach und nach offenbarte. Hätte sie doch damals nur studiert!

Zu Hause in der Nightingale Lane stellte sie fest, dass Malcolm nicht zu Hause war. Die Wohnung war wie so oft in letzter Zeit kalt und leer. Er war unterwegs, und wenn sie sich den Abwasch in der Spüle ansah, war er das wohl schon seit Tagen. Doch sie spürte keine Enttäuschung, vielmehr war sie erleichtert. Diesmal konnte sie in Ruhe ankommen, ihre Bücher sortieren, ein wenig lesen und entspannen. Sie würden nicht streiten, wie so oft, wenn sie nach Hause kam. Wenn er seine aufgestauten Emotionen bei ihr ablud, bis er sich in einen Wutanfall hineinsteigerte und etwas so Verletzendes sagte, dass sie in Tränen ausbrach. Inzwischen glaubte sie fast, er könne nicht aus dem Haus gehen, ehe er sie nicht zum Weinen gebracht hatte.

Wenn Joe und Ben morgens da waren, zwang sie sich, möglichst schnell zu weinen, nur damit der tobende Malcolm endlich verschwand und sie allein ließ. Sobald dieses ganz und gar überflüssige Ritual am Ende war und sie sich die Augen trocknete, um den Arbeitstag zu beginnen, konnte sie aufatmen.

Seit ein paar Wochen hatte Malcolm eine Geliebte. Eine Kunststudentin, die seine Tochter hätte sein können. Sie hieß Andrea, und Vivienne war sich sicher, dass er bei ihr war. Es war nicht seine erste Affäre, und es war auch nicht das erste Mal, dass er aus der Nightingale Lane auszog. Nach einer Weile würde er zurückkommen, wie er es immer tat, davon war sie überzeugt. Er propagierte offene Beziehungen, das hatte er immer getan. Sie selbst war sich nicht so sicher, was sie davon halten sollte. Jedes Mal, wenn er im Bett einer anderen Frau lag, spürte sie, wie sehr es sie verletzte, auch wenn Malcolm das engstirnig und konservativ fand.

Es war zum Verzweifeln. Was war sie für ein Vorbild, bei all dem, was sie sich von ihm gefallen ließ – für ihre Kinder, für andere Frauen? So oft hatte sie sich schon gefragt, ob sie ihn nicht verlassen sollte. Aber sie brachte es nicht über sich.

Malcolms schwierige Kindheit hatte ihn zu dem manipulativen Erwachsenen gemacht, der er war. Tief im Innern trug er viele Verletzungen. Es fiel ihr schwer, ihm daraus einen Vorwurf zu machen, war er doch selbst Opfer der Umstände. Dazu kam, dass sie als Design-Team perfekt funktionierten. Er war ihr Freund und Partner, ihr Mentor ebenso wie ihre Muse. Dafür liebte sie ihn unerschütterlich.

Sie war schon eine Weile aus Paris zurück, als er schließlich auftauchte, vorgeblich, um irgendwas aus der Wohnung zu holen. Kaum trafen sie aufeinander, gingen die Streitereien los. Es war immer dieselbe Leier: Sie tauge bestenfalls als Näherin, ohne ihn sei sie gar nichts. Zu den Designs füge sie höchstens fünf Prozent bei. Sie könne ja nicht mal die Farbe eines Gürtels aussuchen, ohne dass er die Richtung vorgab. Außerdem könne sie nicht mit Geld umgehen. Der Laden werfe kaum etwas ab, und das sei allein ihre Schuld.

Vivienne bereitete sich auf einen langen Streit vor, der damit endete, dass sie weinte, doch diesmal war es anders. Er hielt inne. Ruhig und entschlossen sagte er, dass er sie verlassen wolle.

»Wegen dieses Teenagers?«, fragte sie ungläubig.

»Sie heißt Andrea.«

Vivienne schnaubte.

»Von ihr fühle ich mich nicht verurteilt«, sagte er. »Sie

nimmt mich, wie ich bin. Sie gibt sich mir hin. Will nicht ständig Streit.«

Vivienne starrte ihn fassungslos an. »Willst du mir vorwerfen, dass ich dich nicht so nehme, wie du bist? Dass ich streitsüchtig bin?«

»Du bist Lehrerin und willst es immer besser wissen. Ständig hast du etwas an mir auszusetzen.«

»Das ist doch ein Witz. Du musst mich doch erst zum Weinen bringen, bevor du das Haus verlassen kannst.«

»Bei Andrea erfahre ich, was Leidenschaft ist. Sie ist eine Frau voller Geheimnisse. Sie ist sanft und zärtlich. Ich will mit ihr zusammen sein.«

»Wir gehören zusammen, Malcolm. Du kommst wieder zurück. Das tust du immer.«

Er widersprach nicht, doch das machte es nur noch unheimlicher. Er schien nicht länger darauf aus, sie zu demütigen. Es schien ihm ernst zu sein.

Unter Schock sah sie ihm dabei zu, wie er sein Zeug nahm und wortlos die Wohnung verließ. Die Tür fiel mit einem dumpfen Laut hinter ihm ins Schloss, dann war Vivienne allein in der Wohnung. Und diesmal, sagte ihr eine Stimme, würde sie das für eine längere Zeit bleiben.

13

Die Trennung traf Vivienne schwerer, als sie erwartet hatte. Trotz aller Streitereien und Malcolms aufbrausendem und teils gehässigem Wesen stürzte sie in ein Loch. Sie spürte einen tiefen Schmerz tief in ihr drin, blieb tagelang im Bett liegen, aß kaum, wusch sich nicht, vergaß die Zeit. Sie hatte nicht geahnt, dass da noch so viel Leidenschaft gewesen war. Wie war es möglich, dass ihre Gefühle zu Malcolm so stark waren, obwohl sie sich so sehr auseinandergelebt hatten?

Sie erinnerte sich an den dürren jungen Mann, der sich in ihr Bett geschlichen hatte. Wäre sie nicht schwanger geworden, sie hätte ihn niemals als Partner gesehen. Erst bei näherem Hinsehen hatte sie erkannt, dass er ein wundervoller Mann war, ein Künstler, dessen Sicht auf die Welt, dessen Humor und Kreativität sie eingenommen hatten. Und trotz allem, was sie trennte, traf sie dieser Abschied mit Wucht.

»Ich glaube, es ist, weil ich so viel in unsere Beziehung investiert habe«, erklärte sie Gary später. »Ich habe immer alles ausgeglichen, mich angepasst, seine Launen und Gemeinheiten ertragen. Ich habe so viel gegeben, und das fünfzehn Jahre lang. Und dann steht er einfach auf und geht.«

Gary, von dem sie wusste, dass er Malcolm nicht besonders leiden konnte, verlor kein schlechtes Wort über ihn. Er versuchte auch nicht, das Positive in der Trennung zu sehen. Er hörte ihr nur zu und sprach ihr sein Mitgefühl aus, was sie ihm hoch anrechnete.

Als sie sich endlich wieder aufraffte, um mit der Arbeit fortzufahren, die ihr doch neben Malcolm alles bedeutete, waren Wochen vergangen. Sie fuhr mit dem Fahrrad in die Kingly Street, wo sie kürzlich ein kleines Atelier bezogen hatten, um bei ihrer Kollektion Trost zu finden, und danach weiter ins World's End, um sich mit Michael zu besprechen und nach dem Rechten zu sehen. Als sie den Laden betrat, stand eine junge Frau hinterm Tresen, die sie noch nie gesehen hatte.

»Was machen Sie hier?«, wollte Vivienne wissen. »Wer sind Sie?«

Die junge Frau wusste offenbar nicht, wen sie vor sich hatte, denn sie sagte hochmütig: »Ich bin die neue Designerin des World's End.«

»Wollen Sie mich auf den Arm nehmen?«

»Wenn ich es doch sage. Ich bin Nachfolgerin von Westwood. Was kann ich für Sie tun?«

Vivienne war sprachlos. Sie starrte die junge Frau an, der sichtlich unwohl wurde.

»Raus hier, sofort!«, zischte Vivienne. »Das ist mein Laden.«

»Aber, Malcolm hat …«

»Es ist mir egal, was Malcolm hat. Richten Sie ihm einen schönen Gruß aus und sagen Sie ihm, er kann mich mal!«

Die junge Frau schien zu erwägen, den Kampf aufzunehmen, aber dann überlegte sie es sich anders und verzog sich. Vivienne konnte es nicht fassen. Dass Malcolm sich einen Spaß daraus machte, sie zu demütigen, war nichts Neues. Er liebte es, ihre Arbeit herabzusetzen. Aber damit hatte er den absoluten Tiefpunkt erreicht.

Sie schwang sich aufs Fahrrad, fuhr nach Hause, hängte sich ans Telefon, bis sie ihn am Apparat hatte, und erinnerte ihn lautstark daran, dass das World's End ihnen zu gleichen Teilen gehörte. Er lenkte ein, sagte, sie solle weiter an der Kollektion arbeiten, er würde den Rest klären, und legte auf.

Abends saß sie an der Singer und versuchte, sich mit Nähen zu beruhigen, was sonst immer funktionierte. Doch die Sache ließ sie nicht los. Konnte das Andrea gewesen sein, seine neue Freundin? Diese Studentin? Wollte er sie vielleicht zur neuen Designerin des World's End ernennen? Gedankenverloren wechselte sie den Faden, doch sie war unaufmerksam und stach sich in den Finger. Wütend sprang sie auf, um das Haus zu verlassen.

Als sie eine Stunde später zurückkehrte, fühlte sie sich deutlich besser. Sie setzte sich wieder hinter die Maschine und machte weiter. Mit dem Klirren der Fensterscheibe und den panischen Schreien der jungen Frau im Ohr, ließ es sich deutlich gelassener nähen. Es war dunkel gewesen, keiner hatte sie gesehen. Niemand würde ihr nachweisen können, dass sie es gewesen war, die die Fensterscheibe von Malcolms Wohnung eingeworfen hatte.

Nostalgia of Mud, die nächste Kollektion, nahm derweil Gestalt an. Die ursprüngliche Idee ging auf Malcolm zurück, er hatte ihr Fotos von bolivianischen Frauen geschickt, ein paar Vorschläge gemacht und dazu die Farbauswahl diktiert: »Verwende nur Schlammfarben.« Vivienne war beeindruckt gewesen von den Frauen mit ihren Bowlerhüten und den weiten Rückenausschnitten ihrer Kleidung. Die Ideen waren nur so aus ihr herausgesprudelt: Sie nähte Schaffellmäntel, wobei sie die rauen Enden des dicken Stoffs in nach außen gedrehte Nähte verwandelte, kombinierte Kapuzenpullis mit eng sitzenden Jacken und entwarf einen ikonischen Berghut, der den Bowlerhüten nachempfunden war. Als sie Fotos von Frauen in einer südafrikanischen Township sah, die ihre westlichen BHs stolz über der Kleidung trugen, übernahm sie die Idee für ihre Kollektion.

Malcolm tauchte ab und zu auf, meist, um sich darüber zu beschweren, dass sie zu viel Geld für die Produktion ausgab. Manchmal, meist nach einem Streit, geschah es doch noch, dass sie miteinander schliefen. Vivienne genoss diese Momente, und sie wollte nicht zu viel darüber nachdenken. Sich nicht fragen, ob er zu ihr zurückkehren würde. Und ob sie ihn diesmal überhaupt zurückhaben wollte.

Er war ohnehin nur selten in London, die meiste Zeit verbrachte er in New York, um an seinen Musikprojekten zu arbeiten. Und so traf sie bei der Mud-Kollektion immer mehr Entscheidungen allein und verlor zunehmend die Angst davor, das Ruder ganz zu übernehmen. Anfangs fiel es ihr schwer, etwas fertigzustellen, ohne Malcolms Urteil einfließen zu lassen. Aber ihre Ergebnisse waren großartig, fand sie, und sie merkte, dass sie ihn weniger brauchte als angenommen.

Immer öfter rief er an, meist, um ihr Verschwendung vorzuwerfen, da sie auf teuren Stoffen bestand. Er brauche Geld für seine Projekte, aber es reiche hinten und vorne nicht.

»Ich schicke dir alles, was möglich ist«, sagte sie. »Mehr wirft der Laden nicht ab.«

»Die paar Kröten? Das ist unmöglich.«

»Du weißt doch, dass unsere Berühmtheit nichts mit unseren Einkünften zu tun hat.«

»Da stimmt was nicht, Vivienne. Du kannst einfach nicht mit Geld umgehen!«

Ein Vorwurf, den sie nicht auf sich sitzen lassen wollte. Sie hatte mit sechs Pfund Kindergeld pro Woche und zwei Kindern in einem Wohnwagen gelebt. Sie brauchte nichts für sich selbst, arbeitete rund um die Uhr und ernährte sich bescheiden. An ihr lag es nicht, dass zu wenig Geld da war.

»Die Kasse kann nicht stimmen«, beharrte Malcolm, »du solltest einen Buchhalter einstellen.«

»Und noch mehr Geld für Personal ausgeben? Wenn es dir nicht passt, dann kümmere dich selbst darum. Aber, ach ja, du bist ja nie hier.«

Das Gespräch drohte in einen Streit abzugleiten, deshalb wechselte sie schnell das Thema.

»Hast du die *Vogue* gesehen?«, fragte sie. »Wir haben *vier* Seiten! Ist das nicht der Wahnsinn?«

»Ich habe sie hier liegen«, kam es wenig begeistert zurück. »Ein Shooting in der Karibik. Wer hätte das gedacht, die lassen sich nicht lumpen.«

»*Die neuen Romantiker*«, lautete die Überschrift des Artikels, »*in der Kleidung Schiffbrüchiger, in Seemannsjacken und Pluderhosen*«. Dazu einige Fotos und viel Werbung für das World's End.

»Diese Zeitschrift stürzt sich regelrecht auf unseren Laden«, sagte Malcolm herablassend. »Wir wollen doch diese Leute gar nicht, und sie tun so, als seien wir ihre Lieblinge.«

Vivienne schwieg, denn im Gegensatz zu ihm fühlte sie sich von der Anerkennung der *Vogue* geehrt. Doch Malcolm ahnte längst, was in ihr vorging.

»Du willst eben eine ›echte‹ Designerin werden, Viv. Und ich versuche, im Untergrund zu bleiben. Das passt nicht zusammen.«

Für eine echte Designerin war sie allerdings ziemlich pleite, dachte sie missmutig. Denn auch wenn Malcolm ihr vorwarf, ihm zu wenig Geld zu schicken – es war schlicht nicht mehr da.

Er schien sich schon verabschieden zu wollen, als er wie nebenbei erwähnte: »Ach, du weißt es noch gar nicht: Nostalgia of Mud wird in Paris gezeigt.«

Vivienne stockte der Atem. »Nein, du irrst dich. Mein Antrag, am Prêt-à-Porter-Programm teilzunehmen, wurde abgelehnt.«

»Erinnerst du dich an Pierre Bénain? Er hat ein paar Auftritte der *Sex Pistols* in Frankreich organisiert. Tja, Viv, Kontakte sind alles.«

Sie musste sich setzen, so sehr begann es in ihren Ohren zu rauschen. Das war unmöglich. Die Prêt-à-Porter in Paris!

»Nimmst du mich auf den Arm, Malcolm?«

»Das würde ich nie wagen. Du wolltest schließlich unbedingt Modedesignerin sein. Ich habe dafür gesorgt, dass du in Paris präsentierst. Als erste britische Designerin seit Mary Quant. Und das war 1963.«

Und da sie unfähig war, etwas zu sagen, fügte er hinzu: »Der *Vogue* wird es jedenfalls gefallen.«

In Paris sollte alles anders werden. Bisher hatte sie sich mit ihren Shows immer am Rande des Chaos bewegt – fehlende Kleidungsstücke, Zeitdruck, Models, die nicht erschienen oder komplett unter Drogen standen, Näharbeiten, die noch backstage erledigt wurden. Für Paris – die Kollektion würde im Salon de thé Angelina in der Rue de Rivoli gezeigt werden – drohte solch ein Chaos zum Glück nicht, glaubte Vivienne, denn es war nicht die erste Präsentation von Nostalgia of Mud. Sie hatten die Kollektion schließlich bereits im Olympia auf der Londoner Fashion Week gezeigt, und da war alles glatt über die Bühne gegangen. Es war die perfekte Generalprobe für Paris gewesen. Was sollte schon schiefgehen?

Wegen des knappen Budgets wurden sie in winzigen Hotelzimmern untergebracht, doch Vivienne fand Paris wundervoll. Sie hatte sofort das Gefühl, ihre Heimat als Designerin gefunden zu haben. Dass die konservativen Pariser Modehäuser die Nase über sie rümpften, interessierte sie nicht.

In der Rue de Rivoli bewunderte sie die opulente Kulisse, vor der die Veranstaltung stattfinden würde, ein Saal im Stil der Belle Époque. Sie genoss die Atmosphäre, endlich musste nichts mehr auf den letzten Drücker erledigt werden.

Zumindest glaubte sie das. Und während Vivienne ihrer Modenschau entspannt entgegenblickte, nahm das Unheil seinen Lauf. Denn die Kollektion traf nicht ein. Der Abend rückte immer näher, Gäste füllten den Saal und nahmen Platz, aber der Transporter mit der Kollektion tauchte einfach nicht auf. Später erfuhren sie, dass der Fahrer sechs Stunden lang beim Zoll aufgehalten worden war, bevor man ihn endlich auf die Fähre gelassen hatte. Mit Höchstgeschwindigkeit war er dann nach Paris gejagt, während sich das Publikum bereits versammelte, und um ein Haar wäre er zu spät eingetroffen, hätte er sich nicht mit waghalsigen Manövern durch die Straßen von Paris geschlängelt. Sie brauchten mal wieder starke Nerven: Der Saal war inzwischen brechend voll, alle warteten auf den Startschuss, und sie wussten immer noch nicht, wo die Kleider waren. Bis plötzlich wildes Hupen von der Straße zu hören war und der rettende Transporter in der Rue de Rivoli im Halteverbot abbremste.

Doch trotz des Vorfalls brachten sie die Show auf die Bühne. Und Kleider wie diese hatte keiner der Anwesenden bisher gesehen. Dem glatten und kühlen Pariser Chic setzten Viviennes Kreationen ein buntes Spektakel entgegen, waghalsige Kreationen, zu denen Malcolm einen bahnbrechenden Soundtrack geliefert hatte. Mit Hiphop, Ethno-Klängen, Anleihen beim Pop und sogar einer Aufnahme der Glocken von Notre-Dame. Musik und Lichteffekte machten aus der ohnehin schon ungewöhnlichen Präsentation eine rundum gelungene Performance.

In der ersten Reihe saßen Pressevertreter und verwirrte Einkäufer von Bloomingdale's zwischen Persönlichkeiten wie Susanne Bartsch, der Veranstalterin, oder der Journalistin Anna Piaggi von der *Vogue Italia*. Überhaupt waren viele Berühmtheiten der italienischen Modeindustrie im Publikum, und zu Viviennes Freude schienen sie begeistert von dem, was sie sahen.

Vivienne war außer sich vor Freude – ihr erster Auftritt

in Paris war ein voller Erfolg! In den Gesprächen danach begriff sie, dass nun jeder in der Modewelt ihren Namen zu kennen schien. Sie hatte erreicht, wonach sie sich so sehr gesehnt hatte: Sie war eine in der Branche anerkannte Modedesignerin. Es war ein herrliches Gefühl. Sie gehörte dazu, obwohl sie aus einer ganz anderen Welt stammte und keinen akademischen Abschluss hatte.

Und doch blieben die Aufträge aus. Den großen Einkäufern waren ihre Kreationen zu avantgardistisch, oder sie wollten lieber mit Modehäusern zusammenarbeiten, weil sie dort geringere Risiken vermuteten. Zwar verkaufte Vivienne im World's End Einzelstücke an Privatkunden und erntete eine Menge Lob, aber dabei blieb es.

Als Malcolm wieder nach New York geflogen war, nutzte Vivienne die Gelegenheit, um bei ihrem Freund Gary vorbeizuschauen. Wie gewöhnlich saß er mit Fliege und Dreiteiler in seinem Pariser Hotel und rauchte Kette.

Sie tranken Tee und plauderten, bis er irgendwann vorsichtig auf das Thema zu sprechen kam, über das sie seit ihrem letzten Besuch nicht mehr gesprochen hatten: Malcolm.

»Wie geht es denn jetzt weiter?«, fragte er. »Mit euch als … Paar?«

»Wir arbeiten zusammen, wenn du das meinst.«

»Aber ihr teilt nicht mehr das Bett.«

»Ich weiß es nicht. Ab und zu. Aber nein, eher nicht.«

»Funktioniert das denn? Könnt ihr so ein Team sein?«

»Ach, er ist ohnehin die meiste Zeit in New York. Er hat

so viele Bandprojekte, um die er sich kümmert. Und er will nach Hollywood, das ist es, wovon er eigentlich träumt. Die Mode, das läuft nebenher. Die Mud-Kollektion habe ich zu großen Teilen allein gemacht. Er kommt vorbei und übt Kritik, sagt mir, was ich tun oder lassen soll, dann verschwindet er wieder und lässt mich die Arbeit machen.«

»Das hört sich nicht nach einer fairen Partnerschaft an.«

»Malcolm denkt, er ist das Genie und alle anderen sind Geschöpfe seiner Gnade. Das war bei den Sex Pistols so, und bei mir ist es ähnlich.« Sie seufzte. »Aber ich brauche ihn als Partner. Allein schaffe ich das nicht. Und ich will unbedingt weitermachen.«

»Was ist der Grund, Vivienne, weshalb willst du weitermachen?«, fragte er herausfordernd.

Sie sah überrascht auf. »Diese Reise soll nicht zu Ende sein, nur weil wir uns trennen. Die Mode ist mir wichtig. Wir haben so viel erreicht.«

Sie versuchte, ihre Gedanken zu ordnen. Er beobachtete sie abwartend hinter seiner Gitanes-Wolke.

»Ich will beweisen, dass ich es schaffen kann«, fuhr sie fort. »Als Frau ohne großes Modelabel. Die kein Marketing und keine Förderung hat, sondern nur aufgrund ihres Talents und ihrer harten Arbeit ans Ziel kommt.«

»Das ist alles?«, fragte er mit einem Blitzen in den Augen, als wüsste er längst, was dahintersteckte.

»Nein«, gab sie zu. Sie hielt kurz inne und überlegte. Dann begann sie von Neuem. »Ich muss das machen, es ist mein Leben. Was mich treibt, ist mein Pflichtgefühl. Meine

Pflicht der Mode gegenüber. Es ist meine Passion, meine Aufgabe im Leben. Das, wofür ich auf der Welt bin. Ich weiß einfach, dass das meine Bestimmung ist. Hört sich das albern an?«

»Nein, gar nicht.« Er lächelte zufrieden, dann blies er Rauch in Luft und lehnte sich zurück. »Aber die eigentliche Frage hast du noch nicht beantwortet. Wie geht es jetzt mit Malcolm weiter?«

Sie seufzte. »Er ist genervt. Hat das Gefühl, dass die Notwendigkeit, neue Kollektionen zu präsentieren, ihn in seiner Unabhängigkeit einschränken würde. Ich kann das verstehen. Das hat er immer geliebt an der King's Road. Es war nie kommerziell, wir konnten unsere eigenen Regeln aufstellen. Und jetzt müssen wir mit dem Mainstream konkurrieren.«

»Darling, ich fürchte, das ist nicht zu ändern. Du bist Teil des Modegeschäfts. Und das sind die Spielregeln.«

»Genau das stinkt ihm: Teil dieses Geschäfts zu sein.«

»Aber stinkt es dir nicht? Du kommst doch auch vom Punk.«

»Mode ist politisch. Ich kann Gesellschaftskritik mit Kleidung ausdrücken. Dazu muss ich nicht im Underground sein. Wenn man die Welt verändern will, ist der Mainstream letztlich wirkungsvoller als der Underground.«

Gary dachte nach. »Hast du Angst, Malcolm könnte sich endgültig lossagen, weil er keine Lust auf Mainstream hat? Und allein weitermachen mit seiner Mode, die dann im Underground bleiben könnte?«

»Nein. Ich weiß, dass er mich braucht. Nicht nur meine handwerklichen Fähigkeiten – ohne mich kann er keine Mode machen.«

»Verstehe«, sagte er, beugte sich vor und drückte elegant die Zigarette aus. Dann sah er auf und schenkte ihr ein verschmitztes Lächeln. »Aber brauchst du eigentlich ihn so unbedingt?«

»Wie meinst du das? Ich habe doch gesagt, ohne ihn geht es nicht. Ohne seine Ideen und seinen Überblick. Er kann genial sein.«

»Und doch kommst du ganz gut allein klar, wenn er in New York ist. Vivienne, brauchst du ihn wirklich?«

Vivienne grübelte über das Gespräch mit Gary nach, während sie nach London zurückreiste. Doch eine Antwort auf seine Frage fand sie nicht. Kaum hatte sie sich darangemacht, im Atelier in der Kingly Street ein wenig aufzuräumen und die spärlichen Aufträge aus Paris abzuarbeiten, meldete sich Malcolm aus New York mit einer Idee für die neue Kollektion.

»Die nächste Show heißt Witches«, sagte er in einem Tonfall, als gebe er einer Sekretärin Anweisungen. »Ich setze damit die vorchristlichen Themen von Nostalgia of Mud fort. Witches wird allerdings weiter gehen, sich mit den Ritualen der Naturvölker befassen. So was wie Voodoo auf Haiti. Heiden, die Hexerei praktizieren. Zombies, Medizinmänner und so weiter. Eine Reise in die Welt der Magie und der Zauberei.«

Vivienne erkannte augenblicklich, dass das Thema perfekt in ihre Entwicklung passte. Sie fand die Idee großartig und spürte, wie der Faden der Inspiration in ihrem Innern zu schwingen begann. Dennoch ärgerte sie sich über seine Art, ihr das Thema vorzuwerfen wie einem Hund den Knochen.

»Und ich habe eine Überraschung«, sagte er selbstgefällig. »Halt dich fest. Du kennst doch Keith Haring?«

»Ich glaube schon. Ist er nicht Pop-Art-Künstler?«

»Genau. Er macht das Cover für meine aktuelle LP, habe ich das schon erwähnt? Ich konnte ihn überzeugen, mir Vorlagen für Stoffdrucke zu erstellen. Er wird Witches den visuellen Touch verleihen.«

Vivienne war sprachlos. Sie kannte diesen Künstler kaum, wusste wenig über seine Arbeit und hatte keine Ahnung, was er daraus machen würde. Sollte sie etwa blind fertige Designs übernehmen? Würde sie kein Mitspracherecht haben? Bisher hatte sie selbst Stoffe, Farben und Muster ausgewählt, Malcolm hatte nur Einspruch erhoben, wenn ihm etwas nicht passend erschien.

»Ein bisschen mehr Freude wäre angebracht, Viv.«

»Kann ich die Vorlagen in den Mülleimer werfen, wenn sie mir nicht gefallen?«

»Jetzt hör schon auf. Keith ist einer der hellsten Sterne am New Yorker Kunsthimmel. Das Zeug wird dir gefallen, dafür lege ich meine Hand ins Feuer.«

»Wunderbar. Dann kann ich es ja entsorgen, wenn es doch nicht so ist.«

»Was ist denn dein Problem? Ist es, weil man Keith in Derbyshire nicht kennt? Versuche doch wenigstens mal so zu tun, als würdest du die Welt kennen.« Er wartete ihre Antwort nicht ab, sondern nuschelte eilig: »Ich muss jetzt Schluss machen, ich hab einen Termin mit der Plattenfirma. Und zwar in einem Stripclub, falls du es wissen willst.« Und im nächsten Moment war die Leitung tot.

Vivienne war auf hundertachtzig. Sie hatte gemütlich bei einer Tasse Tee die Zeitung lesen wollen, bevor sie mit ihrem Atelierassistenten und dem Schnittmusterschneider den Arbeitstag besprach. Aber das war jetzt unmöglich. Sie musste sich abreagieren. Da sie ohnehin zum World's End wollte, sagte sie sich, konnte sie sich unterwegs dorthin auf dem Fahrrad abstrampeln und so vielleicht ihren Puls beruhigen. Im Nieselregen ging es quer durch London, bis sie die King's Road erreichte, genau in dem Moment, als ein Wolkenbruch niederging. Eilig flüchtete sie in den Laden, hielt nach Michael Ausschau. Doch hinter der Theke hockte nur eine Aushilfe, und die sah aus, als hätte sie Gras geraucht, und zwar nicht zu wenig.

»Wo ist Michael?«

»Vivienne!« Die Aushilfe sprang erschrocken auf. »Ich … sorry, um diese Zeit ist normalerweise nie einer da. Ich dachte, ich könnte … sorry.«

»Hast du gekifft?«

»Nur einen Joint, um in den Tag zu kommen. Mehr nicht.«

»Und wo ist Michael?«

Jetzt sah das Mädchen aus, als wünschte sie sich, einen klareren Kopf zu haben.

»Ich weiß nicht. Er ... er ist schon seit ein paar Tagen nicht da. Er ... hat nicht gesagt, was los ist.«

»Und da sagt mir niemand Bescheid?«

Voller Unbehagen beäugte sie die Kleiderständer, als könne sie dort einen Hinweis finden.

»Wir sind ganz gut allein klargekommen«, sagte das Mädchen lediglich.

Von draußen waren scharfe Autobremsen zu hören, es wurde gehupt und geschimpft, dann tauchte eiernd ein Fahrrad vor dem Fenster auf. Es war Michael, der in Unterwäsche auf dem Sattel saß und gegen das Schaufenster zu fahren drohte.

»Was zur Hölle ...« Vivienne lief nach draußen.

Michael versuchte zitternd, vom Fahrrad zu steigen, doch er war völlig neben der Spur und fiel samt Rad auf den Bürgersteig. Vivienne half ihm auf, ohne sich um den einsetzenden Platzregen zu kümmern, und führte ihn ins Geschäft. Er war kaum ansprechbar, keuchte und zitterte.

»Wie lange war er weg, sagst du?«, fragte Vivienne.

»Ich weiß nicht ... ein paar Tage. Er wollte zu einer Party und meinte, dass er vielleicht verschläft.«

»Hey, Michael, hörst du mich?«

Er sah auf. Seine Augen waren blutunterlaufen, er wirkte völlig weggetreten. Wusste der Himmel, was er alles genommen hatte.

»Leg dich hinten hin«, sagte sie. »Schlaf dich aus.«

Die Aushilfe schien verwundert über Viviennes sanfte Stimme und ihre mütterliche Art.

»Brauchst du irgendwas, Michael? Einen Tee oder so?«

Er schüttelte den Kopf, ließ sich widerstandslos nach hinten führen, wo sie ihn aufs Sofa legte und mit einem Mantel zudeckte. Die Aushilfe sah sie verdattert an, sie schien zu erwarten, dass Vivienne ihn hochkant rausschmeißen würde. Als wäre er der Erste, der zu viel von weiß Gott was gehabt hatte und um den Vivienne sich kümmern musste. Deswegen warf sie niemanden raus, schon gar nicht Michael, der ihr in den letzten Jahren mehr als einmal den Hals gerettet hatte, weil er einen Freund hatte, der ihr Geld lieh. Ohne ihn hätte es düster ausgesehen. Er schien schon halb eingeschlafen, als sie mit der Aushilfe nach vorn ging.

»Kümmer dich um ihn, ja? Und ruf jemanden an, der hier aushelfen kann. Eine von den Studentinnen.«

»Und du? Was hast du vor?«

»Das wollte ich eigentlich mit Michael besprechen.« Sie seufzte. »Er soll mich anrufen, wenn er einigermaßen klar im Kopf ist. Ich bin für eine Weile weg, ihr müsst ohne mich zurechtkommen.«

»Aber was ist denn los?«

»Ich muss nach New York. So schnell wie möglich.«

14

Am New Yorker John F. Kennedy-Flughafen angekommen, geriet Vivienne gleich in Konflikt mit der amerikanischen Bürokratie, weil sie bei ihrem überstürzten Aufbruch vergessen hatte, sich um ein Visum zu kümmern. Es folgte eine langwierige Diskussion mit den Beamten der Einwanderungsbehörde, denen sie klarzumachen versuchte, dass die Vereinigten Staaten mit Sicherheit der letzte Ort auf der Welt seien, in den sie illegal einwandern wolle. Im Ernst, wie konnten diese Sturköpfe auf die Idee kommen, sie würde freiwillig mehr Zeit als nötig in diesem kulturlosen Land verbringen?

Irgendwann erklärte sich einer der Männer endlich bereit, im Mayflower Hotel anzurufen, wo Malcolm und seine Entourage residierten.

»Hier ist eine Frau ohne Gepäck, nur mit ein paar Mülltüten voller Kleidung, die sagt, dass sie Sie kennt. Können Sie für sie bürgen?«

Während er in den Hörer lauschte, beäugte er Vivienne misstrauisch.

»Ja, richtig«, sagte er, »Mrs Westwood.«

Er schien nicht erfreut über den Verlauf des Gesprächs, aber nachdem er aufgelegt hatte, ging er kurz in einen Nebenraum, bevor er zurückkehrte und sagte: »Sie können gehen.«

Vivienne nahm sich ausnahmsweise ein Taxi, weil sie keine Geduld hatte, sich in den öffentlichen Verkehrsmitteln zurechtzufinden, und fuhr auf direktem Wege zu Malcolm. Er empfing sie in seiner Suite, von wo aus er die Geschäfte führte. Er wirkte ziemlich baff, sie zu sehen.

»Vivienne, was zur Hölle machst du hier?«

»Ich will Keith Haring kennenlernen, was sonst?«

»Das ist nicht nötig! Hast du dich etwa deshalb auf den langen Weg gemacht?«

»Ich denke schon, dass es wichtig ist, womit unsere Stoffe bedruckt werden. Ich muss schließlich mit ihnen arbeiten.«

»Himmel, lass mich das doch machen. Was ist denn los mit dir? Willst du mich hier vor allen blamieren? Indem du dich benimmst, als wärst du meine Mutter?«

»Ich würde eher sagen, ich benehme mich wie deine Geschäftspartnerin.«

Er verdrehte die Augen. »Gut, komm rein. Wir reden in Ruhe drüber.«

Vivienne betrat mit ihren Tüten das Zimmer und machte es sich bequem. Doch sie blieb dabei, sie wollte Keith

Haring kennenlernen. Schließlich setzte sich Malcolm mit ihm in Verbindung, und Vivienne hörte aus dem Nebenzimmer, wie er sie vor dem Künstler lächerlich machte und sich für ihr Verhalten entschuldigte. Keith allerdings hatte nichts gegen ein Treffen und schlug vor, sie solle einfach bei ihm in der Broome Street vorbeikommen.

»Er ist *der* aufgehende Stern, Viv«, warnte Malcolm sie. »Alle wollen mit ihm zusammenarbeiten – Diana Ross, Andy Warhol, Grace Jones. Versau es nicht.«

»Dir ist klar, dass ich mich sonst auch um alle Stoffe und Drucke kümmere, weil du dich nie blicken lässt?«

»Das ist kein Latexproduzent aus Newcastle, Viv. Er ist Künstler.«

Sie gab auf. Er würde ohnehin nicht verstehen, weshalb ihr das wichtig war. Also ließ sie sich erklären, wie sie mit der Subway zur Broome Street käme, und machte sich auf den Weg.

Es war schwer, sich der Strahlkraft von New York zu entziehen, dieser märchenhaften, heruntergekommenen und überwältigenden Stadt. Zwar hatte Vivienne alles andere als eine hohe Meinung von den Vereinigten Staaten, aber New York machte es ihr jedes Mal schwer, ihre Vorbehalte aufrechtzuerhalten. Es war einfach zu schillernd und beeindruckend.

Das mehrstöckige Mietshaus in der Broome Street stammte aus der Jahrhundertwende, und mit der abblätternden Fassade und den gusseisernen Feuerleitern strahlte es den Charme längst vergangener Zeiten aus. Sie stiefelte durch ein stinkendes Treppenhaus ins oberste Stockwerk und hämmerte gegen die schwere Tür.

Als sie aufgezogen wurde, stand ein blutjunger schlaksiger Typ mit Brille vor ihr. Vivienne fühlte sich im Grunde alterslos. Aber sie war bereits über vierzig, und in seiner Jugend strahlte er so viel Lebendigkeit aus, dass ihr plötzlich bewusst wurde, wie alt sie im Vergleich war.

»Du bist Vivienne?«, fragte er mit offenem Blick.

»Und du Keith?«

Ein breites Grinsen. »So ist es, komm rein. Ich habe Kaffee gekocht, und mein Freund hat Nusskuchen besorgt.«

Er führte sie in eine Altbauwohnung mit hohen Decken, die sie an Gordons Haus in der Kings Avenue erinnerte. Überall Fotos und Poster, bunte Lichter und knarzende Dielen. In einem riesigen Zimmer stand ein Zelt, aus dem Kissen und Decken hervorquollen.

»Da schlafen wir«, erklärte er, leicht verlegen, als er Viviennes erstaunten Blick bemerkte. »Es ist ein Durchgangszimmer, dahinter wohnt meine Mitbewohnerin. So haben wir etwas Privatsphäre. Komm, die Küche ist gerade durch.«

In der Mitte des riesigen Raums sah sie alte Diner-Stühle aus den Fünfzigern und einen runden Tisch, auf dem Kaffee und Kuchen bereitstanden. Die Wände waren mit Graffiti besprüht, der Kühlschrank vollgekritzelt, überall hingen Kunstwerke. Vivienne betrachtete die Graffiti, die etwas Geheimnisvolles und Hieroglyphenhaftes an sich hatten. Da entdeckte sie ein Foto, das an die Wand geheftet war. Es zeigte eine Brandmauer, auf der *Clones Go Home* stand.

»Das war eine Message gegen die Gentrifizierung«, sagte er. »Ich fand schon immer, dass Kunst politisch sein muss.«

Sie wandte sich um. »Das finde ich auch.«

»Mich interessiert, was auf der Straße passiert. Hab mir viel angeschaut von dem, was die Schwarzen machen. Dann kam ich nach New York und hab diese ganze Graffiti-Art entdeckt – und mich darin wiedergefunden. Sie ist dem, was ich mache, so ähnlich. Nimmst du Milch in deinen Kaffee?«

Damit war das Eis gebrochen. Vivienne hatte endlich jemanden gefunden, mit dem sie darüber reden konnte, was sie mit ihrer Mode wollte, welche politische Dimension ein T-Shirt hatte, welche Botschaft man damit senden konnte. Irgendwann hielt Keith mitten in ihrer angeregten Diskussion inne und betrachtete sie nachdenklich.

»Hat er dich geschickt, um mich zu überzeugen?«

»Wen meinst du?«, fragte sie irritiert.

»Malcolm McLaren. Er will doch, dass ich Zeichnungen für euch mache. Hat er dich deshalb geschickt?«

Stand es etwa noch gar nicht fest, dass er die Zeichnungen machte? »Du hast das Cover seiner LP mitgestaltet, oder? Also arbeitest du doch längst für ihn.«

»Schon. Aber ehrlich gesagt, war ich mir nicht sicher, was ich von der Sache mit diesen Stoffmotiven halten soll.«

»Wo ist das Problem?«, fragte sie, denn sie verstand nur Bahnhof.

Das schien ihn verlegen zu machen.

»Sei mir nicht böse, Vivienne. Es ist nur … ich bin ein

bisschen misstrauisch, was Malcolm angeht. Ich will nicht über den Tisch gezogen werden.«

»Verstehe.« Jetzt war es Vivienne, die verlegen wurde. »Ich weiß leider nur zu gut, was du meinst. Und ich kann dir nichts erzählen, was ihn verteidigen würde.« Sie hielt inne, dann sah sie ihn direkt an. »Würdest du mir ein paar Zeichnungen machen, die ich für meine Entwürfe verwenden könnte?«, fragte sie. »Für mich, nicht für Malcolm.«

Er lächelte. »Klar, Vivienne. Für dich mache ich das gern.«

Und dann philosophierten sie weiter, als wäre nichts gewesen. Am Ende des Nachmittags überließ er ihr zwei Bögen mit Schwarzweiß-Zeichnungen, die sie an moderne Hieroglyphen erinnerten – Bilder von Hunden, Babys und hüpfenden Menschen. Sie wirkten wie eine Art magische Zeichensprache.

Ein paar Tage später flog sie zurück nach London und machte sich sofort daran, die Zeichnungen in Druckvorlagen zu verwandeln. Die hieroglyphenartigen Muster erinnerten sie an die Ästhetik von Space Invaders, diesem japanischen Computerspiel, das seit Kurzem in aller Munde war. Sie waren grell und futuristisch und wirkten gleichzeitig wie Überbleibsel einer längst vergessenen Kultur. Ein toller Kontrast.

Zuerst bedruckte sie Probestoffe mit den Motiven, wählte dabei grelle Farben, fluoreszierendes Grün und knalliges Pink, Farben, die an das Einwickelpapier von Feuerwerkskörpern erinnerten. Der Untergrund blieb dunkel, um den Kontrast hervorzuheben.

Sie war mittlerweile regelrecht verliebt in Keiths Zeichnungen. Die Hieroglyphen spiegelten die Dynamik und Lebendigkeit der New Yorker Hiphop- und Graffiti-Kunst wider, wie eine flirrende Nacht in einem Tanzclub.

Vivienne trat zurück, betrachtete die Meterware, die sie zur Probe bedruckt hatte, und lächelte. Ein Nightclub. Plötzlich wusste sie, wie die Kleider aussehen sollten. Sie hatte es vor Augen. Sportliche Stücke sollten es sein, die schlicht und doch geheimnisvoll wären, wie für eine Club-Night bestimmt. Sie brauchte dazu Rippenstrick und Jersey – elastische Stoffe, in denen man sich bewegen konnte. Materialien, die robust waren und sich trotzdem an den Körper schmiegten. Schlauchröcke und figurbetonte Jerseykleider, Slips und Mützen. Ihre Gedanken überschlugen sich. Sneaker! Sie brauchte unbedingt Sneaker. Und wenn sie die erste Designerin wäre, die Sportschuhe auf den Laufsteg bringen würde. Es spielte keine Rolle. Das war genau der Look, den sie brauchte!

Sie arbeitete rund um die Uhr und versank völlig in ihrem kreativen Prozess. Malcolm blieb währenddessen in New York, aber das störte sie nicht, sie hatte alles im Griff. Und da die Sache mit ihm und Andrea etwas Festes zu werden schien, konnte man das Kapitel ihres gemeinsamen Weges offenbar als beendet betrachten.

Einmal tauchte er in London auf und besuchte sie kurz im Atelier, wo er in gewohnter Manier die Kollektion durchging und kommentierte. Bei einem Pullover befand er, der Jerseystoff sei unpassend und gebe dem Ganzen einen behäbigen Look, daher solle sie einen strafferen Webstoff aus der gleichen Faser nehmen. Vivienne betrachtete den Pullover an der Schneiderpuppe, befühlte den Stoff, trat zurück. Und kam zu dem Schluss: Er hatte unrecht, das Material war genau richtig.

»So fällt der Stoff ganz leicht am Körper«, sagte sie. »Es ist perfekt.«

»Es ist Mist, Viv. Und das weißt du auch. Wir sind nicht beim Aerobic, sondern bei den Naturvölkern. Das sieht nicht gut aus. Du musst es ändern.«

Sie betrachtete den Pullover erneut. Es war das erste Mal, dass sie keinen Anlass sah, seiner Meinung zu folgen.

»Nein, Malcolm. Er ist gut, wie er ist. Ich lasse ihn so.«

»Es ist meine Kollektion, Viv, ich setze die Themen. Du weißt, dass ich die kreative Linie vorgebe. Setz es einfach um.«

Sie zögerte. Sollte sie etwas erwidern? Sie wusste, dass sie ihrem Urteil vertrauen konnte – und weshalb sollte sie sich von ihm in ihre Entwürfe reinreden lassen?

»Habe ich mich deutlich ausgedrückt?«, gab er genervt von sich. »Dann können wir ja weitermachen.«

Sie kümmerte sich nicht darum. Stattdessen arbeitete sie an einem übergroßen Regenmantel, der die Kollektion abrunden sollte. Der Pullover blieb, wie er war, und Vivienne fühlte sich gut mit ihrer Entscheidung.

Die Witches-Kollektion, die im März 1983 in Paris ge-

199

zeigt wurde, war ein voller Erfolg. Die italienische und französische Fachwelt lag ihnen zu Füßen, und das Interesse aus Japan war enorm. Da störte es wenig, dass die Fashion-Welt Englands, wo McLaren & Westwood nach wie vor mit Punk und Sex Pistols, mit Chaos und Anarchie gleichgesetzt wurden, sie eher belächelte und die Presse reserviert reagierte.

Die Begeisterung für die Witches-Show war Balsam für Viviennes Seele. Es war die erste Kollektion, die sie quasi allein gemacht hatte, und umso merkwürdiger fühlte es sich an, den Erfolg mit Malcolm zu teilen. Es schien ihr geradezu absurd, neben ihm über den Laufsteg zu gehen und den Applaus auf sich einprasseln zu lassen. Was hatten sie denn noch miteinander zu tun? Hier nebeneinander zu stehen war nicht echt, so weit, wie sie sich voneinander entfernt hatten.

Da riss Malcolm ihre Hand hoch, als spielte sie die Hauptrolle in einem Stück, in seinem Stück, und erneut brandete der Jubel auf. Er trat auf sie zu und umarmte sie. Vivienne ertrug es lächelnd, war jedoch froh, als sie abgehen konnte.

Beim anschließenden Sektempfang wurde sie von Modemachern und Journalisten belagert. Keith Haring war ebenfalls angereist, sehr zu ihrer Freude. Sie verabredeten sich zum Frühstück am nächsten Tag, zu dem auch Karl Lagerfeld kommen würde, dann lud ein italienischer Hersteller alle zum Abendessen ein. Vivienne ging umher, nahm Glückwünsche entgegen, plauderte und kam nicht umhin, darüber zu staunen, wie hoch ihr Stern am internationalen Modehimmel gestiegen war. Im Herzen lebte sie immer noch Punk. Sie gab nichts auf Konventionen und legte sich mit dem Establishment an. Sie machte Mode für Frauen jenseits des Mainstreams, für wilde, mutige und unangepasste Frauen. Ihre Kollektionen hatten politische und soziale Botschaften. Und trotzdem hatte sie es so weit gebracht!

Als sie ihr leeres Sektglas auf ein Tablett stellte, sah sie Malcolm mit einem Modejournalisten reden. Sie gab der Kellnerin ein Zeichen, ihr ein neues Glas zu bringen, und schnappte dabei ein paar Worte auf.

»Was ich wahrscheinlich für Vivienne tue«, sagte Malcolm gerade, »ist, ihr die Welt da draußen zu zeigen. Ich sehe, was sie hat, und schiebe es in die richtige Richtung. Ich bin der Mann fürs Konzept, aber sie ist die Schneiderin. Sie ist eine brillante Handwerkerin. Sie wissen ja, Londoner sind keine Handwerker, dafür sind wir zu faul. Sie kommt aus Derbyshire, und glauben Sie mir, sie hat die Fähigkeit, in den Wäldern zu überleben.«

Viviennes Hochstimmung war mit einem Schlag dahin. Das Arbeitstier, das Führung brauchte – das war sie also für Malcolm. Gerade als sie dazwischengehen wollte und im Beisein des Journalisten fast eine Szene gemacht hätte, sprach sie eine junge Italienerin von der Seite an.

»Mrs Westwood? Bitte entschuldigen Sie.«

»Was gibt es denn?«, fragte Vivienne ungehalten.

»Mein Arbeitgeber möchte Sie gern kennenlernen. Er fragt, ob Sie einen Moment für ihn erübrigen könnten.«

Sie sah sich nach Malcolm und seinem Gesprächspartner um. Die beiden waren ein wenig abgerückt, so dass sie sich nicht mehr belauschen ließen.

»Und wer soll das sein, Ihr Arbeitgeber?«

»Es ist Carlo D'Amario.«

Ein italienischer Publizist und Modezar, ein großer Name in der Fashion-Welt, jeder kannte ihn. Ehe sie einen weiteren Gedanken fassen konnte, bemerkte sie einen breitschultrigen Mann mit einem charmanten Lächeln, der sie bewundernd ansah. In seinem Blick war etwas, das schwer zu deuten war.

»Ist das Mr D'Amario?«

»Das ist er, Mrs Westwood.«

Sie wandte sich noch mal nach Malcolm um, doch der war in der Menge verschwunden. Mit einem Mal war ihr egal, was er dem Journalisten sagte. Dass er sie vor anderen heruntermachte, war nichts Neues. Was sollte sie sich darüber aufregen?

Sie wandte sich wieder dem gut aussehenden Mann zu, der etwas an sich hatte, das sie neugierig machte.

»Natürlich habe ich einen Moment Zeit für Mr D'Amario«, sagte sie.

Ein paar Wochen später sah Vivienne in ihrem chaotischen Atelier in der Kingly Street die liegengebliebene Post durch – bergeweise unbezahlte Rechnungen. Die Geldprobleme, über die Malcolm stets klagte, ließen sich nicht leugnen. Das World's End stand finanziell schlechter da, als es nach außen hin wirkte. Trotz all des Glanzes der Modewelt musste Malcolm, der inzwischen mit seinen Plattengeschäften ordentlich verdiente, immer wieder Geld zuschießen. Vor einem Jahr hatte er ihr noch vorgeworfen, dass sie nicht genug Geld aus dem World's End für seine Musikgeschäfte zur Verfügung stellte. Doch inzwischen waren es seine Einnahmen, die das Modelabel mittrugen.

Vivienne hasste es, sich mit Finanzen zu befassen. Die geschäftliche Seite der Mode interessierte sie überhaupt nicht. Genauso hasste sie es, wenn Malcolm ihr vorrechnete, was ihre hochwertigen Stoffe kosteten. Was sollte sie denn machen? Sie waren nun mal notwendig für die Kollektion. Ihre Mode ließ sich nicht aus Kattun fertigen. Der Vorwurf, Geld zu verschwenden, schmerzte sie trotzdem, denn sie lebte aus Prinzip sparsam, wie sie es immer getan hatte, und ihre privaten Ausgaben tendierten gegen null. Alles, was sie kaufte, investierte sie in ihre Kollektionen. Der Vorwurf war einfach ungerecht.

Sie schob die Post achtlos beiseite. Das würde sie später durchgehen. Dann fiel ihr der ausladende Regenmantel der Witches-Kollektion ins Auge, der in seiner ganzen Pracht an einer Kleiderstange hing, und sie geriet ins Träumen. Paris war berauschend gewesen!

Die größten Designer der Gegenwart hatten Vivienne ihre Aufwartung gemacht, sie hatte an ihrer Seite im Zentrum der Modewelt gestanden. Die amerikanische *Vogue* erklärte Witches zu einer über die Maßen bedeutsamen

Show. Und auf der After-Party gestand eine Moderedakteurin Vivienne, dass viele Givenchy verpasst hätten, um Westwood zu sehen, aber das sei es wert gewesen.

Die Kollektion brachte Bestellungen im Wert von zweihundertfünfzigtausend Pfund allein aus Italien. Der reine Wahnsinn! Was sie wieder zu den unbezahlten Rechnungen brachte. Wie sollte sie die nötigen Stoffe für die Bestellungen einkaufen, wenn das Konto leer war? Die Mitarbeiter warteten auf ihren Lohn, und sie wusste nicht einmal, wie sie die nächste Miete für den Laden zahlen sollte.

Einen Buchhalter einzustellen wäre vielleicht eine Lösung, dachte sie. Jemand, der den Überblick behielt und mit Zahlen umgehen konnte. Inventarlisten, Rechnungen, Kassenbücher, solch ein Zeug. Denn nichts davon wurde im World's End geführt. Wenn sich das Finanzamt je zu einer Steuerprüfung durchringen sollte, war das Chaos vorprogrammiert. Amüsiert, dass ausgerechnet sie, die Queen of Punk, Hilfe bei einem Buchhalter suchte, nahm sie sich vor, die Sache anzugehen.

Sie machte sich mit dem Fahrrad auf den Weg in die King's Road, um nach dem Rechten zu sehen. Als sie den Laden betrat, drängten sich ihre Mitarbeiter gerade um den Verkaufstresen und waren in ein angeregtes Gespräch vertieft, so dass sie gar nicht bemerkten, wie Vivienne auftauchte.

»Hey! Was ist denn das für eine Begrüßung?«

Vier Köpfe fuhren herum, sahen ihre Chefin und strahlten augenblicklich drauflos.

»Vivienne! Hast du es schon gehört?«

»Wir haben es gerade gesehen!«

»Nicht auf MTV, das kriegt hier keiner, aber ...«

»Alle reden davon!«

Vivienne hatte nicht die geringste Ahnung, was der Grund für diese Aufregung sein konnte. Sie musste entsprechend verwundert dreingeschaut haben, denn eine der Aushilfen rief lachend: »Mensch, Vivienne! Es geht um Madonna.«

»Sie trägt was aus der Witches-Kollektion«, klärte eine andere sie auf. »In ihrem neuen Video.«

»Madonna?« Sie war der Shootingstar des Jahres, so viel wusste sogar Vivienne, obwohl sie sich nun wirklich nicht für Popmusik interessierte. »Ich erinnere mich, dass Keith von ihr erzählt hat. Er ist mit ihr befreundet.« Sie runzelte die Stirn. »Weshalb denn die strahlenden Gesichter? Ich verstehe die Aufregung nicht.«

»Mann, Vivienne – *Madonna*!«, stöhnte die Aushilfe.

»Das ist jetzt wirklich der Durchbruch«, erklärte eine andere. »Kann ja sein, dass dich jeder in der Modebranche kennt, aber mit Madonna wird dich bald jeder auf der ganzen verdammten Welt kennen.«

Nur weil sie als Popstar erfolgreich war? Das kam ihr reichlich übertrieben vor.

»Was trägt sie denn in dem Video?«, fragte sie vorsichtshalber.

Die Aushilfen winkten sie zum Tresen, wo sie die herausgerissene Seite aus einer Pop-Zeitschrift auseinanderfalteten und glatt strichen.

»Den Schlauchrock aus Jerseystrick«, stellte Vivienne fest. Der Rock stand der Sängerin. Sie trug ihn mit einem weiten Pullover, der grellgrün war, wie die Farbe der Hieroglyphen auf dem Rock. Vivienne freute sich, konnte die Aufregung aber immer noch nicht ganz nachvollziehen.

»Kennt einer von euch einen Buchhalter?«, fragte sie.

Jetzt waren es die Mädels, die verdattert aus der Wäsche guckten. Offenbar war das die letzte Frage, mit der sie gerechnet hatten. Und wenn sie es sich recht überlegte, war die Wahrscheinlichkeit, dass eine von ihnen einen Buchhalter, Bankangestellten oder Finanzbeamten kannte, tatsächlich ziemlich gering.

»Ich möchte jemanden einstellen«, sagte sie. »Das geht so nicht weiter, wir müssen ab sofort Buch führen.«

Prompt hatte sie die Aufmerksamkeit der jungen Frauen verloren.

Würde sie sich eben selbst darum kümmern. Sie zog ein Blatt Papier aus ihrer Tasche, schrieb mit dickem Marker *Buchhalter gesucht* darauf und machte sich daran, es ins Fenster zu hängen.

»Ach, fast hätte ich's vergessen«, sagte eine der Aushilfen. »Da hat eben einer angerufen. Ein Italiener.«

»Carlo?«, fragte Vivienne elektrisiert.

»Ich glaub schon. Er will sich wieder melden.«

Vivienne vergaß den Aushang, ging zum Telefon und rief umgehend zurück. Doch als die Verbindung nach Italien stand, sagte die Sekretärin am anderen Ende, dass er nicht mehr im Haus sei. Enttäuscht legte Vivienne auf.

Der Gedanke an Carlo D'Amario ließ es ihr warm ums Herz werden. Er war ein Italiener, wie er im Buche stand: charmant, leidenschaftlich, impulsiv und voll erotischer Präsenz. Er hatte sie zum Essen ausgeführt, und es war ein wirklich schöner Abend mit spannenden Gesprächen gewesen. Erst von ihm hatte Vivienne erfahren, wie hoch ihr Stellenwert in Italien war – mit dem in England nicht zu vergleichen. Er bot ihr an, für sie die PR in Italien zu übernehmen, und lud sie in seine Villa in Mailand ein. Vivienne nahm die Einladung an.

Italien war wunderbar. Sie redeten und redeten, tranken, lachten und tanzten bis in die frühen Morgenstunden.

Wie sehr hatte sie sich nach einem Liebhaber wie Carlo gesehnt. Er war stürmisch und leidenschaftlich, voller Aufmerksamkeit für ihre Bedürfnisse und Überraschungen.

Ein schlechtes Gewissen wegen Malcolm hatte sie nicht, ihre romantische Beziehung war längst am Ende angekommen. Das hatte er ihr mehr als einmal deutlich gemacht, und auch sie selbst empfand es so. Sie war frei, und es tat ihr ungemein gut, diese Freiheit in die Hand zu nehmen und etwas daraus zu machen.

Carlo wollte nicht nur die PR für sie übernehmen. Er wollte sie auch allen wichtigen Leuten in der italienischen Modewelt vorstellen. Ihr den roten Teppich in seinem Heimatland ausrollen, damit man sie dort gebührend feiern könne. In Italien, versicherte er ihr, könne sie die Rolle einnehmen, die Großbritannien ihr verwehrte, nämlich die der wichtigsten Designerin des Landes, des größten Modeschatzes, den eine Nation ihr Eigen nennen könne.

Natürlich war vieles davon Schmeichelei, aber das spielte keine Rolle. Sie tauchte in seine Lobhudeleien ein wie in ein heißes Bad. Zu einer stürmischen Affäre gehörte ein gewisses Maß an Überschwang, sagte sie sich und genoss die Wertschätzung, die Malcolm ihr niemals gezeigt hätte.

Doch Carlo sagte auch vieles, was sie zum Nachdenken brachte. Zum Beispiel verschwieg er ihr nicht, wie verschrien Malcolm bei den großen Geschäftemachern der Mode war. Vivienne wusste, dass er recht hatte. Trotzdem fiel es ihr schwer, die nötigen Konsequenzen zu ziehen.

Bevor sie zurück nach London fuhr, sorgte Carlo dafür, dass sie Elio Fiorucci kennenlernte, den Gründer des gleichnamigen Modelabels, der sich interessiert zeigte, Viviennes Geschäft in Italien zu leiten. Überhaupt gab es viele Geschäftsleute, die mit ihr zusammenarbeiten wollten. Wie aus dem Nichts taten sich neue Möglichkeiten auf. Sie war gefragt! Offenbar war sie doch mehr als nur die Näherin aus Derbyshire, die ohne Malcolms Genialität nichts zustande brachte.

Vivienne hatte jedoch keinerlei Zusagen gemacht und sich Bedenkzeit erbeten. Malcolm und sie waren noch immer Geschäftspartner. Das Label gehörte ihnen beiden.

»Kann ich mal das Klebeband haben?«, sagte sie zu den Aushilfen, die immer noch über Madonna sprachen.

Sie versuchte, nicht zu viel an Carlo zu denken. Es war

nur eine Affäre, nicht mehr. Trotzdem, wenn sein Gesicht vor ihrem inneren Auge auftauchte, weitete sich ihre Brust, und ein Lächeln stahl sich in ihr Gesicht. Verlieb dich bloß nicht in ihn, mahnte sie sich.

Sie nahm den Zettel und das Klebeband und steuerte den Eingang an. Sorgfältig klebte sie die Stellenanzeige an die Scheibe, bevor sie sich verabschiedete und zur Tür ging. Da klingelte das Telefon erneut.

»World's End«, meldete sich eine der Aushilfen.

Vivienne ärgerte sich über sich selbst, als sie innehielt und lauschte. Doch tatsächlich grinste die junge Frau und sagte: Ja, Mrs Westwood sei zu sprechen. Dann hob sie den Hörer in die Luft und rief: »Es ist dieser Italiener.«

15

Mailand war eine Offenbarung für Vivienne. Überall in der Stadt glaubte sie den Atem der Geschichte zu spüren, an jeder Ecke gab es großartige Kunst und Architektur zu sehen, gleichzeitig war Mailand ein dynamisches Zentrum der Wirtschaft. Aber noch nirgends hatte sie so viel Eleganz und Lebendigkeit, so viel Raffinesse und Stil auf so engem Raum erlebt wie in dieser Stadt. Für sie als kreativ arbeitenden Menschen war es ein Gefühl, als würde sie nach Hause kommen.

Im Quadrilatero della Moda, dem Modeviertel, in dem sich die Schaufenster der Designerläden aneinanderreihten, drängten sich modisch gekleidete Menschen jeden Alters auf den Straßen. Prachtvolle Häuser säumten die engen Straßen, zwischendrin knatterten Vespas und winzige Lieferwagen, es wurde gehupt und geschimpft. Vivienne fand es atemberaubend schön. Dass Carlo in dieser Stadt zu Hause war, verstärkte ihre Gefühle ihm gegenüber nur.

Sie wohnte in seiner Villa, von deren Veranda aus sie einen malerischen Blick auf hügelige Weinberge hatte, umrandet von jahrhundertealten Eichen und Zypressen. Der warme Sommerwind bewegte die bodenlangen Vorhänge, wenn sie morgens barfuß, mit einer Schale Milchkaffee in der Hand auf die Veranda ging und in einem Korbstuhl Platz nahm, um den Ausblick zu genießen.

»Signora Westwood«, rief Carlos Mutter fröhlich, die auf die Veranda kam. »Che bello che tu sia ancora qui! Che bella questa giornata!« Die alte Dame freute sich des schönen Tages und des netten Besuchs. »Avete dormito bene?«, erkundigte sie sich.

»Grazie mille«, sagte Vivienne, die seit ein paar Wochen Italienisch lernte. Sie habe hervorragend geschlafen und das Wetter sei wunderschön.

»Möchten Sie denn gar nicht frühstücken?«, fragte die alte Dame. »Sie müssen doch was essen, so dünn, wie Sie sind.«

»Nein, danke. Ein Kaffee reicht mir.«

»Der Junge, der hat einen gesunden Appetit! Er wird einmal ein prächtiger Kerl. Und so höflich ist er!«

Sie sprach von Joe, der Vivienne nach Italien begleitet hatte und den sie gleich ins Herz geschlossen hatte. Ben hatte es sich in der Wohnung in der Nightingale Lane gemütlich gemacht, um den musste sie sich keine Sorgen machen.

»Werden Sie in Italien bleiben?«, fragte die alte Dame. »Sie sind hier immer willkommen, das müssen Sie wissen.

Und Joe natürlich auch. Ich würde mich freuen, Sie häufiger zu sehen, Signora.«

»Sie wissen, dass Carlo will, dass ich in Italien produziere?«, fragte Vivienne.

Sie klatschte in die Hände. »Dann hat er mit Ihnen gesprochen«, rief sie hocherfreut. »Wir werden Sie in Zukunft häufiger sehen?«

Vivienne konnte sich ein Lächeln nicht verkneifen. Dieser emotionale Überschwang war etwas, das man im kühlen England nicht kannte.

»Wir werden sehen«, sagte sie. »Ich habe das noch nicht entschieden.«

Carlo hatte ihr tatsächlich nahegelegt, ihre Mode in Italien zu produzieren. In Mailand gebe es die passende Infrastruktur für sie. Es sei ein Leichtes, für jede Kollektion den geeigneten Subunternehmer zu finden. Die Schneiderkunst wurde in Mailand hochgehalten, und ihre Kunden würden es honorieren, wenn sie in Italien herstellte.

Vivienne wusste, dass er recht hatte. In England war es schwer, Produzenten zu finden, die ihren Ansprüchen genügten, und es gab immer wieder Konflikte mit der Logistik, die vor allem ihre Partner in Amerika misstrauisch machten. Bloomingdale's hatte eben einen Auftrag storniert, aus Angst vor Lieferschwierigkeiten. Carlos Versprechen, das für sie in Italien in die Hand zu nehmen, fühlte sich an, als würde man ihr Mühlsteine vom Hals nehmen.

»Ihr Sohn versteht eine Menge vom Geschäft«, sagte sie. »Das muss man ihm lassen.«

»Ah, Carlo! Der Junge ist immer ruhelos, immer geht es darum, Geschäfte zu machen.« Sie zwinkerte liebevoll. »Aber er mag Sie, Signora. Das sieht eine Mutter.«

Vivienne wusste ebenfalls, dass Carlo nicht nur auf einen schnellen Deal aus war. Denn er hatte längst begriffen, dass es nicht so einfach sein würde, Geld mit ihrem Label zu verdienen, wie anfangs geglaubt. Mit Schrecken hatte er die finanzielle Situation des World's End zur Kenntnis genommen. Dass ihr Ruhm als Designerin in einem so großen Missverhältnis zu ihren Einnahmen stand, damit hatte er nicht gerechnet.

Trotzdem war er geblieben. Nun versuchte er, Fiorucci davon zu überzeugen, die Marke World's End zu übernehmen. Sie brauche dringend Investitionen. Da stimmte Vivienne ihm zwar zu, allerdings würden sie Malcolm davon überzeugen müssen, dem ihr Label immer noch zur Hälfte gehörte.

»Bleiben Sie den Sommer über bei uns im schönen Italien, Signora?«, wollte Carlos Mutter wissen. »Oder werden Sie nach London zurückkehren?«

»Das weiß ich noch nicht«, sagte Vivienne. »Für ein paar Wochen muss ich auf jeden Fall zurück. Und danach werde ich sehen …«

»London, London!«, schimpfte die Dame. »Was wollen Sie denn im kalten London? Wo es hier so gutes Essen und so schöne Berge gibt!«

Vivienne sah über die malerische Landschaft und seufzte.

»Was ich in London will?«, fragte sie. »Ich muss die

nächste Kollektion planen. Mit meinem Partner, Malcolm McLaren.«

Denn so verheißungsvoll die Zukunft auch aussehen mochte, die Carlo ihr ausmalte, noch war sie geschäftlich nicht frei in ihren Entscheidungen.

In London erwarteten sie Nieselregen und Kälte und das Durcheinander in ihrem Atelier. Das Wetter schlug ihr aufs Gemüt, und sie sehnte sich nach dem Ausblick auf die Weinberge, danach, morgens barfuß auf die warmen Steinplatten der Veranda zu treten, nach den sommerlichen Düften, dem lauen Wind, der Lebensfreude.

In den engen Räumen ihres Ateliers herrschte große Unordnung. Ihre Mitarbeiter arbeiteten emsig an den Bestellungen der Großhändler, und beim Anblick der allgemeinen Hektik kam Vivienne die Vorstellung, für diese Arbeit fähige Produzenten zu haben, wie Carlo es ihr für Mailand anbot, geradezu beflügelnd vor. Einmal nicht für alles allein verantwortlich sein! Er wusste wirklich, wie er sie locken konnte.

Auch in Sachen Buchhaltung schien sich das Chaos in ihrer Abwesenheit weiter zugespitzt zu haben. Rechnungen stapelten sich, das Atelier kam mit den Lieferungen nicht hinterher – wo sie auch hinsah, eine schreckliche Zettelwirtschaft. Sie wühlte sich durch die Auftragsordner, schaffte es aber nicht, sich einen Überblick zu verschaffen.

»Wo ist der Buchhalter?«, fragte sie ihren Schnittmusterschneider. »Allein blicke ich hier nicht durch.«

»Keine Ahnung. Vor einer Stunde war er noch hier.«

Vivienne griff sich das Telefon und rief im Laden an.

»Sagt dem Buchhalter, er soll in die Kingly Street kommen! Und zwar schnell.«

»Er ist nicht hier, Vivienne. Wir dachten, er ist bei euch?«

Entnervt legte sie auf und nahm sich den Rechnungsordner vor. Doch für sie waren das alles Hieroglyphen, und ohne jemanden, der ihr erklärte, was sie da überhaupt betrachtete, kam sie nicht weiter. Eine Stunde später rief sie nochmals im World's End an.

»Ist er bei euch aufgetaucht?«, fragte sie.

»Nein, Vivienne. Keine Ahnung, wo er ist.«

»Wo zur Hölle treibt er sich nur rum? Er muss sich doch abmelden, wenn …« Sie stockte. War da ein Geräusch gewesen? »Bleibt in der Leitung!«

Sie legte den Hörer beiseite und sah sich um. Die Toiletten. Hinter der Tür knisterte es. Mit schnellen Schritten war sie an der Tür, doch die war abgeschlossen. War das Brandgeruch, der da unter der Tür hervorzog? Verdammt. Sie machte einen Schritt zurück und trat mit voller Kraft gegen die Tür. Wieder und wieder, bis das Schloss aufbrach und die Tür gegen die Wand knallte.

Eine Rolle Toilettenpapier brannte, und auf dem Klo hockte der Buchhalter, total weggetreten. Vivienne löschte das Feuer und versuchte, ihn wach zu rütteln, wobei sein Drogenbesteck und ein Feuerzeug zu Boden fielen. Er musste versucht haben, sich einen Schuss zu setzen. Sie lief zurück zum Telefon und nahm den Hörer.

»Verflixt noch mal! Der dämliche Buchhalter hat das Klo in Brand gesteckt.«

»Wenigstens weißt du jetzt, wo er ist …«, kam es trocken zurück. Sie beendete das Gespräch, ging wieder zum Klo und kippte dem Buchhalter ein Glas Wasser ins Gesicht, woraufhin er langsam zu sich kam.

Sie hätte ihn wohl feuern müssen, brachte es aber nicht übers Herz. Stattdessen schickte sie ihn nach Hause, wo er sich ausschlafen sollte. Sie dachte an Sid und seine Drogenprobleme. Vielleicht hätte er es geschafft, wenn seine Mutter ihm nicht ständig Nachschub besorgt hätte. Was sollte sie denn tun? Ach, verflucht. Ihm zu kündigen, obwohl er solche Probleme hatte, kam ihr schrecklich unsozial vor.

Als der Buchhalter am nächsten Tag zerknirscht und verkatert zur Arbeit kam, fragte ihr Schneider sie leise: »Hast du ihn nicht gefeuert? Hier hätte alles niederbrennen können.«

»Ich hatte ein klärendes Gespräch mit ihm«, erwiderte sie. »Er hat mir versprochen, sein Drogenproblem in den Griff zu bekommen.«

Der Schneider schüttelte mit einem Seufzen den Kopf, bevor er zurück an die Arbeit ging, aber Vivienne hatte sich entschieden. Der Buchhalter blieb.

Kurz darauf tauchte Carlo in London auf, der Viviennes englischen Standort kennenlernen wollte und die Zustände in ihrem Atelier mit großer Verwunderung zur Kenntnis nahm. Das sei kein Business, das sei Punk. Es schien ihm undenkbar, dass die weltweit gefeierte Marke World's End in einem winzigen Raum produzierte, der aussah wie das Wohnzimmer einer verrückten Katzenfrau. Er nannte den Firmensitz das »Bombay« von Camden, nach dem Stadtteil, in dem die Kingly Street lag, und kam aus dem Staunen nicht heraus.

Kurzerhand beschloss er zu bleiben, verkaufte seinen Mercedes und stürzte sich in die Arbeit.

Vivienne versuchte derweil, mit Malcolm über die neue Kollektion zu sprechen. Er war in New York, kümmerte sich um seine Bands, und wenn sie telefonierten, stellte sich kaum noch ein Gefühl von Gemeinsamkeit ein. Sie spürte, dass er ihr keine Inspiration mehr geben konnte. Das, was über lange Jahre den Kern ihrer Beziehung ausgemacht hatte, ihre Begeisterung für seine Kreativität und seine Ideen, war an einem Endpunkt angekommen. Da hatte Carlo interessantere Sichtweisen auf Mode.

Malcolms Anweisungen, wie die neue Kollektion auszusehen hatte, überzeugten sie nicht, ohnehin waren es kaum mehr als Federstriche. Er hatte nichts mehr beizusteuern. Was bedeutete, dass sie sich, wie schon bei Witches, im Grunde um alles allein kümmern würde.

Carlo nannte sie schon »das Aschenputtel« – die Frau, die die Arbeit machte, während Malcolm sich schmückte und zum Ball ging.

Das mochte zwar stimmen, trotzdem musste sie zweimal jährlich eine Kollektion auf die Beine stellen. Es blieb ihr keine Wahl, als sich in die Arbeit zu stürzen.

Im World's End herrschte derweil Hochbetrieb. Wie es

die Mädels vorhergesagt hatten, sorgte Madonnas Musikvideo dafür, dass Vivienne schlagartig bei jungen Londonern aus allen Schichten bekannt wurde. Die Witches-Kollektion wurde zu einem Verkaufsschlager. Eigentlich müsste der Laden mehr Gewinn abwerfen, sagte sie sich jedes Mal, wenn sie die Kasse machte. Irgendwie bewegten sie sich in finanzieller Hinsicht einfach nicht vom Fleck. Es war zum Haareraufen.

Als sie den Laden verließ und hinter sich abschloss, entdeckte sie im Pub auf der anderen Straßenseite den Besitzer einer Nachbarboutique, Sam, der ihr durchs Fenster zuprostete. Ein alter Hippie, der Glamrock-Mode verkaufte und jetzt auf die Achtziger-Mode umschwenkte und den sie trotz ihrer unterschiedlichen Geschmäcker stets gemocht hatte. Sie wollte kurz Hallo sagen, überquerte die Straße und setzte sich zu ihm.

»Vivienne! Dich bekommt man hier immer seltener zu Gesicht!«

»Ein Ale für mich, bitte!«, rief sie dem Wirt zu.

»Der Laden brummt ja richtig«, sagte er und deutete auf das World's End. »Freut mich für dich, dass es jetzt endlich abgeht.«

»Ach, das sieht nur so aus. Es kommt einfach nichts rum. Wir schuften und schuften, und es bleibt kaum ein Schilling hängen. Mein Buchhalter kann mir auch nicht erklären, weshalb das so ist.«

Er verfiel in Schweigen, verdeckte sein Gesicht mit dem Bierglas, schien verlegen.

»Du kannst sicher ein Lied davon singen, was? Egal, wie sich das Rad dreht, Profit bleibt kaum übrig.«

Sam zeigte ein gequältes Lächeln. Offenbar erging es seinem Laden nicht so. Aber da war noch was anderes.

»Was ist los?«, fragte sie. »Du hast doch was.«

Ein schwerer Seufzer folgte. »Vivienne … ach, verflucht.«

»Jetzt spuck's schon aus. Was ist los?«

»Also gut. Einer muss es dir ja sagen.«

»Was sagen, Sam? Raus damit!«

»Mach doch die Augen auf. Siehst du nicht, was bei dir los ist? Was meinst du, womit deine Mitarbeiter ihren Heroinkonsum finanzieren?«

»Heroin? Ich weiß nicht, was du meinst.«

»Es werden Stücke nebenher verkauft. Es ist ein offenes Geheimnis, dass man sich nach Zahlung von fünfzig Pfund Schweigegeld im Laden frei bedienen kann.«

Vivienne fühlte sich, als würde ihr der Boden unter den Füßen weggezogen werden. Ihre Mitarbeiter bestahlen sie? Nein, das war unmöglich.

»Am schlimmsten ist dieser Michael«, sagte er. »Dein Geschäftsführer. Er zweigt schon seit Jahren Geld ab. Und zwar im großen Stil.«

»Nein, da irrst du dich«, stotterte sie. »Im Gegenteil. Michael hat mir immer wieder Geld gepumpt, wenn es eng war. Ohne ihn wäre ich schon oft aufgeschmissen gewesen.«

»Und woher, glaubst du, hat er das Geld?«

»Er hat einen reichen Freund. Deswegen konnte er mir aushelfen.«

Sam lächelte nachsichtig. »Vivienne, Michael hat keinen reichen Freund.«

Jetzt befand sich Vivienne im freien Fall. Michael war seit vielen Jahren ihre wichtigste Stütze im Laden. Sie wollte das nicht glauben. Und doch sickerte die Erkenntnis langsam zu ihr durch. Fehlende Quittungsblöcke, unübersichtliche Kasseneingänge, Gerüchte, dass bei ihnen zum Großhandelspreis eingekauft werden könne. Es ergab plötzlich alles Sinn.

»Er hat dir dein eigenes Geld gepumpt«, sagte Sam eindringlich. »Jeder einzelne Schilling davon gehörte dir.«

»Malcolm hat mir immer vorgeworfen, dass ich das Geld verprasse«, murmelte sie. »Dabei bin ich von Michael ausgenommen worden … ich habe gedacht, er ist mein Freund.«

»Er ist ein gottverdammter Junkie, Vivienne!«

Sam seufzte, dann wandte er sich zur Theke und hob die Hand. »Zwei Whiskey«, rief er, und als er Viviennes Gesicht sah, fügte er hinzu: »Doppelte.«

Gleich am nächsten Tag warf sie Michael und einige weitere Angestellte, die in die Sache verstrickt waren, raus. Diesmal fiel es ihr ganz und gar nicht schwer. Sie hatte Michael vertraut, hatte voll auf ihn gesetzt. Sie war ihm so dankbar gewesen, weil er ihr Geld geliehen hatte. Was war er nur für ein Widerling. Es war die ganze Zeit ihr Geld gewesen.

Mit den Kündigungen hoffte sie den Sumpf trockengelegt zu haben. Nachdem sie all den Ärger hinter sich gebracht hatte, beschloss sie kurzerhand, sich zu belohnen und für die Entwicklung der Kollektion nach Italien zu reisen.

Sie wollte alles hinter sich lassen und zur Ruhe kommen. Mit Carlo zusammen sein und sich von der Atmosphäre in Mailand inspirieren lassen. Produzenten haben, die ihre Wünsche umsetzten, und sich nicht länger mit Junkies und ihren Konflikten umgeben. Ja, Italien war im Moment alles, was sie sich wünschte.

Vor ihrer Abreise schaute Vivienne bei Sam vorbei, um sich zu bedanken. Er wollte jedoch nichts davon hören, sondern wirkte zerknirscht, weil er nicht eher etwas gesagt hatte.

»Wie ist denn deine Beweislage, Viv?«, fragte er. »Kommt Michael in den Knast?«

Die Frage überraschte sie.

»Denkst du etwa, ich habe ihn angezeigt?«

»Natürlich. Hast du das etwa nicht?«

»Ich habe ihm gesagt, er soll sich verpissen.«

»Viv, du musst die Polizei rufen. Schon allein, um die anderen abzuschrecken.«

»Alle, die mich beschissen haben, sind weg. Und die anderen wissen jetzt, dass ich ein Auge drauf habe.«

»Aber überleg mal, was er für einen Schaden angerichtet hat. Er muss bestraft werden.«

Doch Vivienne sah das ein wenig anders: »Ich habe ja die ganze Zeit, in der er mich bestohlen hat, trotzdem was verdient«, erklärte sie Sam. »Es hätte mehr sein können, na klar. Aber ich habe keinen Verlust gemacht. Der Laden lief. Das ist doch was Gutes, oder?«

Sam lachte. »Du bist wirklich eine unverbesserliche Optimistin.«

16

In der Stadt herrschte geschäftiges Treiben; die Cafés waren bevölkert von gut gekleideten Menschen, die beim Espresso palaverten, und kleine Autos rumpelten durch die engen Straßen, vorbei an zahlreichen Läden mit bunten Schaufenstern. Vivienne hatte das Gefühl, genau am richtigen Ort zu sein, um die Hypnos-Kollektion zu entwickeln.

Hier stimmte einfach alles: Für jeden Wunsch fand sie einen entsprechenden Produzenten, der ihre Vorstellungen sorgsam umsetzte. Rohstoffe und Handelswaren waren jederzeit problemlos verfügbar, ganz egal, mit welchen Stoffen und Materialien sie arbeiten wollte, und die Dichte der Modehäuser sorgte für ein unvergleichlich kreatives Flair. Fiorucci beauftragte Vivienne, Jeanshosen für seine Marke zu entwerfen, was ihr die Möglichkeit gab, dringend benötigtes Geld dazuzuverdienen.

Sie spazierte durch eine enge Gasse, hinter deren histori-

schen Fassaden sich Werkstätten und elegante Schneider-
ateliers befanden, wie das des Produzenten, mit dem sie die
Hypnos-Kollektion durchzusprechen gedachte. Ein weiteres Plus in Mailand: Alles ließ sich zu Fuß erreichen, was
Vivienne sehr genoss. Ein Taxi brauchte sie nur, wenn sie
zurück zu Carlos Villa fuhr. Sie überquerte die Straße und
ging durch ein Bogentor in eines der alten Häuser hinein,
stieg durch das Treppenhaus in die erste Etage und schob
die gläserne Tür auf, hinter der sie ein lauter italienischer
Streit empfing. Es ging offenbar dramatisch zur Sache, aber
alle sprachen so schnell, dass sie kein Wort verstand. Zögernd trat sie ein und schloss die Tür hinter sich, schließlich
hatte sie einen Termin.

Der Schneider, ein gepflegter Mann in den mittleren
Jahren, den Vivienne sonst als weltgewandt und distinguiert erlebt hatte, schimpfte wie ein Rohrspatz. Dann, als er
sie in der offenen Tür entdeckte, warf er die Arme in die
Luft, als sei ihr Anblick eine Zumutung.

»Wenn man vom Teufel spricht!«, rief er.

»Ist was passiert?«, fragte sie verwirrt. »Egal, was es ist,
das kann nur ein Missverständnis sein.«

»Ein Missverständnis«, rief er höhnisch. »Habt ihr die
Signora gehört? Ein Missverständnis!«

Er schien wütend auf sie zu sein, auf sie persönlich.

»Die Produktion soll eingestellt werden!«, regte er sich
auf. »Hypnos wird nicht produziert, nicht in diesem Haus.
Und wir werden keine einzige Lira sehen.«

»Nicht? Aber wieso denn nicht?«

»Mr McLaren hat angerufen«, sagte er ärgerlich. »Tun Sie nicht so, als würden Sie das nicht wissen. Er sei Teilhaber bei World's End, sagte er, und er würde nicht in Italien produzieren. Wir sollen sofort stoppen, sonst werde er uns verklagen. Seine Unterschrift sei auf keinem Auftrag.«

Malcolm!, dachte sie entgeistert. Das konnte nicht sein Ernst sein. Was war nur in ihn gefahren?

»Ich sage: Wir kennen keinen McLaren«, zeterte er weiter. »In Italien kennt man nur Signora Westwood. Er sagt, Sie seien seine Angestellte. Seine Schneiderin. Sie können uns gar nicht beauftragen, nicht ohne seine Zustimmung.«

Vivienne war völlig verdattert. Ihm konnte doch egal sein, wo sie die Kollektion produzierte. Sonst mischte er sich nie ein. Es ergab keinen Sinn. War er etwa eifersüchtig? Natürlich gab es Gerüchte, was sie und Carlo anging. Waren die etwa bis nach New York gedrungen?

»Ich bin gleichberechtigte Partnerin«, wandte sie ein. »Und mein Wort gilt, das kann ich Ihnen versichern.«

Doch er wollte nichts davon hören. Für ihn, der sonst nur mit männlichen Designern zu tun hatte, hatte das Wort einer Frau weniger Gewicht. Malcolm war offenbar derjenige, auf den es ankam, was sie sagte, zählte nicht mehr.

»Ich habe investiert«, erhitzte er sich. »In Stoffe, Material, Arbeitsstunden. Rechnungen fallen an! Wir sind betrogen worden! Von Ihnen betrogen, Signora Westwood.«

Ehe sie etwas sagen konnte, rief er: »Ich werde mit

Fiorucci reden. Ich bin der Hauptgläubiger bei Ihrer Kollektion. Ich werde ihn verklagen, so wahr ich hier stehe. Er muss mir meine Unkosten erstatten, dafür ziehe ich vor Gericht.«

Um Himmels willen! Fiorucci bürgte für ihre Geschäfte, das hatte Carlos für sie organisiert. Ihm war es gelungen, dass ihr Elio Fiorucci persönlich vertraute. Wenn sie Malcolm nicht stoppte, würde er noch als Bürge abspringen.

»Lassen Sie mich erklären. Die Produktion …«

Weiter kam sie nicht. Er wies mit ausgestrecktem Arm zur Tür. »Gehen Sie!«, rief er.

»Das kann doch nicht Ihr Ernst …«

»Ich möchte Sie nicht länger in meinem Atelier sehen. Gehen Sie.«

Vivienne stieß die Luft aus. Es hatte keinen Zweck. Zuerst mussten sich die Gemüter beruhigen. Wie ein geprügelter Hund verließ sie die Schneiderwerkstatt und setzte sich mit Carlo in Verbindung.

Letzlich gelang es, die Wogen zu glätten. Die Produktion würde in Mailand weitergehen, Signora Westwood sei solvent und entscheidungsfähig, alle seien begeistert von der neuen Kollektion. Doch Carlo riet ihr dringend, ihre Abhängigkeit von Malcolm zu beenden. Sie solle World's End vergessen und ebenso Malcolm. Sie könne neu anfangen und das Kind beim Namen nennen: Vivienne Westwood. So solle die Marke in Zukunft heißen, die ihr allein gehören müsse.

Der Gedanke daran ließ sie nicht los. Frühmorgens saß

sie auf der Veranda über den Weinbergen, einen Kaffee in der Hand, ließ den Blick über die malerische Landschaft schweifen und dachte nach.

»Vivienne Westwood«, sagte sie in den stillen Morgen hinein, wie um den Klang des Labels zu testen. Er gefiel ihr. Bisher hatten sie den jeweiligen Namen des Ladens für ihre Labels benutzt, ergänzt mit McLaren & Westwood. Doch ihr Name als Markentitel, das klang hervorragend. Und Carlo hatte recht: In Italien war sie bekannter als in ihrer Heimat. Die italienische *Vogue*, die ihre Arbeit verehrte, wollte nur mit ihr sprechen, Malcolm McLaren interessierte hier niemanden.

»Signora Westwood!« Carlos Mutter rauschte auf die Veranda. »Immer sind Sie so früh auf! Sie müssen schlafen. Das ist ungesund. Und wieder trinken Sie nur Kaffee. Ich mache mir wirklich Sorgen um Sie. Sie sollten etwas essen.«

»Wissen Sie was, da haben Sie recht!«, sagte sie entschlossen, wie um zu zeigen, dass sie bereit war, ihr Leben selbst in die Hand zu nehmen. »Ein Frühstück, das täte mir wirklich gut.«

»Molto bene!«, rief sie und klatschte in die Hände. »Ich werde uns ein Frühstück machen, das Sie nicht vergessen werden. Mit allem Drum und Dran. Es wird auch Zeit, dass Sie mit einer guten Grundlage in den Tag gehen. Nur so kann man etwas schaffen.«

Damit verschwand sie wieder im Haus, wo Vivienne sie in der Küche vor sich hin singen hörte. Sie stützte sich zufrieden auf die Brüstung der Veranda. Vivienne Westwood – diesen Namen würde sie zu einer Marke machen, entschied sie mit Blick auf die Lombardei. Sie würde eine erfolgreiche Modedesignerin werden, auch ohne Malcolm.

Und in Italien würde diese Geschichte ihren Anfang nehmen.

Im Oktober 1983 wurde Hypnos, wie ihre vorherigen Kollektionen, in Paris als Prêt-à-Porter vorgestellt. Die Show wurde jedoch weniger begeistert aufgenommen. Es gab viel Applaus, aber von der überbordenden Begeisterung der letzten Präsentationen war nichts zu spüren.

Die reservierte Reaktion passte zu dem Verhältnis, das zwischen Vivienne und Malcolm herrschte und von kühler Distanz geprägt war. Sicher lag es daran, dass Vivienne weniger Herzblut in die Kollektion gelegt hatte. Die Streitereien mit Malcolm hatten ihre Arbeiten belastet, und diesmal war sie nicht in der Lage gewesen, über sich hinauszuwachsen. Während der Präsentation redeten sie kaum ein Wort miteinander, aber nach der Show gingen sie lächelnd auf den Laufsteg und verbeugten sich.

Jetzt kann er wieder nach Hause gehen, dachte Vivienne erleichtert. *Es ist vorbei. Das war die letzte Kollektion, die wir zusammen gemacht haben.*

Am liebsten hätte sie die After-Party geschwänzt, aber sie musste sich den Journalisten und Designern zeigen. Lächeln, über Mode reden, so tun, als sei alles normal. Sie war spät dran, als sie den eleganten Saal betrat, in dem Champagner und Häppchen gereicht wurden, und sah sich nach bekannten Gesichtern um.

»Sie denken, man könne mein Geschäft einfach so übernehmen?«, hörte sie Malcolm wütend fauchen. »Was soll das überhaupt?«

An den Gesichtern der Umstehenden erkannte Vivienne, dass der Streit schon eine Weile im Gang war. Alle sahen verlegen zu Boden, taten angestrengt und redeten betont laut miteinander, um den erhitzten Wortwechsel zu übertönen. An einem Stehtisch entdeckte sie Malcolm und Elio Fiorucci, die einander wütend gegenüberstanden, umgeben von ihren jeweiligen Freunden und Mitarbeitern. Malcolm hatte offenbar davon erfahren, dass Carlo angeboten hatte, World's End zu kaufen, was er längst hatte tun wollen.

»Die Marke World's End ist bedeutender als Fiorucci«, empörte Malcolm sich. »Bedeutender als die meisten lächerlichen bürgerlichen Häuser, die wie Sie Kleidung für Hausfrauen herstellen.«

Verflucht, Malcolm, halt den Mund!, dachte sie. Wollte er nach all den Querschüssen und Paraden jetzt auch noch Elio Fiorucci persönlich beleidigen?

Sie ging hastig auf die Gruppe zu und stellte sich demonstrativ auf die Seite der Italiener.

»Verschwinde, Malcolm«, fauchte sie. Sein Verhalten war nicht länger zu tolerieren. Diese Seifenoper, die er heraufbeschwor, war unentschuldbar. »Keiner will dich hier sehen«, sagte sie. »Wenn du das Kaufangebot nicht annimmst, in Ordnung. Aber du musst hier keine Szene machen.«

»Ich habe das Recht auf meiner Seite«, geiferte er. »Alle Versuche von diesem Lackaffen, unser geistiges Eigentum zu verwerten, werden scheitern. Das schwöre ich.«

»Mit *meinem* geistigen Eigentum kann ich machen, was ich will. Jetzt hör schon auf mit diesem Schmierentheater. Ich mache die Kollektionen doch längst allein. Meine Ideen gehören mir.«

»Das tun sie nicht, Vivienne. Ich besitze einen fünfzigprozentigen Anteil, rechtlich abgesichert.«

»Du denkst doch nicht, dass …«, begann sie voller Verachtung, doch er zwinkerte nur. Da begriff sie. Die Personengesellschaft, die sie wegen der hundert Pfund ihrer Mutter gegründet hatten. Solange die Rechtsgemeinschaft nicht aufgelöst war, gehörten ihnen alle Ideen je zur Hälfte. Nichts, was sie in ihrem bisherigen Leben entworfen hatte, konnte sie ohne seine Zustimmung für irgendwas verwenden.

»Grüß Dora von mir«, sagte er süffisant und warf einen galligen Blick in Richtung Carlo. In dem Durcheinander ihrer Gefühle begriff sie noch etwas: Er hatte durchschaut, dass sie und Carlo ein Paar waren. Und so wie er sich aufführte, war er damit alles andere als einverstanden.

»Ich werde kämpfen wie ein Löwe«, rief er den Männern entgegen. »World's End kann mit oder ohne Vivienne Westwood geführt werden. Ich werde dafür sorgen, dass die Marke World's End englisch bleibt. Vivienne kann in

England weitermachen, ansonsten kann ich die nächste Kollektion auch ohne sie rausbringen.«

Er war ein Gockel, der einen Hahnenkampf führte. Er war es schon immer gewesen, und in diesem Moment spürte sie nur noch Verachtung ihm gegenüber.

»Wenn Vivienne den Rechtsweg einschlagen will«, fuhr er fort, »ist das nur recht und billig, aber sie schuldet der Partnerschaft eine gewisse Rücksichtnahme. Wir werden unser Geschäft nicht nach Italien verlegen. Alle unsere bisherigen Kollektionen bleiben bei mir.«

Es hatte keinen Zweck, weiter zu streiten. Selbst die Männer mit ihrem sonst so dramatischen Gemüt sahen keinen Sinn darin, länger zu diskutieren. Die After-Show war ruiniert, alles löste sich auf. Der Aufkauf von World's End war gescheitert.

Es bleiben deine Fähigkeiten, die kann dir keiner nehmen, sagte sie sich. *Du kannst noch mal bei null anfangen, als Vivienne Westwood.*

Am nächsten Morgen, als es zurück nach Italien gehen sollte, herrschte immer noch Katerstimmung. Sie fuhr mit Carlo zum Flughafen, und bevor sie zum Gate gingen, huschte Vivienne in einen Kiosk, um sich eine Zeitschrift für den Flug zu kaufen. Sie drehte am Ständer und überflog die Schlagzeilen, als plötzlich und unvermutet Malcolm vor ihr auftauchte. Sie fuhr zusammen.

»Was machst du denn hier?«, fragte sie.

»Ich fliege nach New York, was sonst.«

»Ah. Natürlich.«

Sie verfielen in Schweigen. War diese Begegnung ein Zufall, oder hatte er sie abgepasst?

»Fliegst du nach Mailand?«, fragte er.

Sie zögerte. Im Grunde ging es ihn nichts an. Sie waren längst kein Paar mehr, und ihre berufliche Zusammenarbeit stand ebenfalls vor dem Ende. Zudem hatte er immer Affären und Geliebte gehabt, ohne sich zu erklären. Sie war ihm keine Rechenschaft schuldig.

»Komm zu mir zurück, Viv«, sagte er plötzlich.

»Wie bitte?«

Sie konnte nur ungläubig lachen.

»Es ist mein Ernst. Komm zu mir zurück.«

Was dachte er sich bloß? Dass sie wieder ein Paar werden könnten, nach allem, was passiert war? Dafür war es längst zu spät.

Er sah sie mit großen Augen an. Angst und Verletzlichkeit lagen darin. Sie zu bitten war ihm nicht leichtgefallen. Es hatte ihm großen Mut abverlangt, sich zu offenbaren.

Vivienne wollte ihn nicht verletzen. Sie wusste, wie sensibel er trotz allem war. Ein Teil von ihr hätte ihn am liebsten in den Arm genommen und ihm versichert, dass alles gut werden würde. Aber es war unmöglich. Es gab keinen Weg zurück.

Und gleichzeitig wusste sie, wenn sie ihn jetzt ablehnte, würde er sich in ein verletztes Ungeheuer verwandeln. Für lange Zeit würde sie die gnadenlose und unerbittliche Rache dieses Ungeheuers fürchten müssen.

Sie schluckte. Es gab keinen Ausweg aus der Situation.

»Ich kann nicht, Malcolm«, sagte sie. »Dafür ist es längst zu spät.«

Und ohne eine Antwort abzuwarten, wandte sie sich ab und eilte davon.

17

Im Frühling 1985 kehrte Vivienne nach London zurück. Sie hatte von einer Mitarbeiterin aus dem World's End erfahren, dass Malcolm Strom und Wasser abstellen lassen hatte. Es war eine schreckliche Vorstellung: Offenbar saßen sie im Dunkeln. Verdammt, Malcolm! Es war einer von tausend Nadelstichen, mit denen er Vivienne das Leben zur Hölle zu machen versuchte. Und es funktionierte ganz gut, sie stand mit dem Rücken zur Wand. Da sie völlig pleite war, konnte sie nichts weiter tun, als nach England zu fahren und Freunde um Hilfe zu bitten, um den Laden irgendwie am Laufen zu halten.

In Italien gab es ohnehin nichts mehr für sie zu tun. Die letzte Kollektion hatte alles an Geld verschlungen, das noch da gewesen war, und sie saß buchstäblich auf dem Trockenen. Eine Kollektion zu produzieren war eben verflucht teuer. Nicht umsonst standen meist große Modeunternehmen hinter den Couture-Shows. Firmen wie

Chanel oder Armani, die Hunderte von Angestellten beschäftigten, weltweit Mode verkauften und mit riesigen Etats operierten.

Carlo tat, was er konnte, um das Geschäft zu retten. Er hatte eine Menge Geld organisiert, damit sie weitermachen konnte, aber sie kamen einfach nicht in die schwarzen Zahlen. Und Malcolm tat sein Möglichstes, dass es dabei blieb. Es war zum Verzweifeln.

Zurück in London, erkannte sie, dass sie die Situation nicht in den Griff bekam. Sie ertrank förmlich in Rechnungen und Schulden. Täglich wurde die Wohnung in der Nightingale Lane, in der Ben sich verbarrikadiert hatte, von Gerichtsvollziehern bestürmt. Die ersten Tage ihrer Rückkehr waren mehr als hart. Alles schien sich unter ihren Händen aufzulösen, wie in einem Alptraum. Seit Jahren kämpfte sie ums Überleben, doch diesmal sah es wirklich ernst aus. Sie versuchte verzweifelt, an Geld zu kommen, um die Gehälter bezahlen und die Gläubiger vertrösten zu können. So oft hatte sie noch die Kurve gekriegt, doch jetzt musste sie einsehen, dass es dafür zu spät war: Ihr blieb nichts übrig, als den Laden in der King's Road, in dem sie seit dreizehn Jahren Mode verkaufte, zu schließen.

Es war ein furchtbarer, aber unvermeidbarer Schritt. Zuerst war sie am Boden zerstört. Sollte am Ende alles umsonst gewesen sein? All die Jahre, in denen sie unermüdlich gearbeitet hatte, um sich einen Platz in der Modebranche zu erkämpfen? Diesem Traum hatte sie ihr Leben gewidmet! Sie hatte sich nichts gegönnt, alles hintangestellt. Sie hatte

Talent! Sie hatte so viel Anerkennung erfahren. Und jetzt sollte es einfach vorbei sein?

Als sie sich einigermaßen gefasst hatte, machte sie sich auf den Weg, um Gary zu besuchen. Er wohnte mittlerweile in einer winzigen Wohnung nahe Notting Hill, die mit Büchern und Gemälden vollgestopft war wie ein Antiquitätenladen. Das Vermögen seiner Familie war aufgebraucht. Vivienne erschrak, als er ihr die Tür öffnete. Sie wusste, dass er krank war, aber es hatte etwas Beängstigendes, so blass und dünn, wie er vor ihr stand.

»Vivienne! Wie schön, dich zu sehen.«

»Gary, um Gottes willen! Was ist los mit dir?«

»Mit mir?«, tat er erstaunt. »Ach, nichts, mir geht's gut.« Er trat mühsam zurück, wie unter Schmerzen, und zog die Tür auf. »Komm rein.«

Beklommen trat sie ein und folgte ihm in ein mit Aschenbechern übersätes Wohnzimmer. Er hatte definitiv Schmerzen, das erkannte sie, als er sich mit zusammengepressten Lippen auf einen Sessel niederließ. Auch wenn er versuchte, sich nichts anmerken zu lassen.

»Isst du genug?«, fragte sie besorgt. »Du bist ja nur Haut und Knochen.«

Sie wusste, dass er an Gürtelrose litt. Und sein Lebenswandel – sie würde wetten, dass er den Zigaretten zuliebe auf Mahlzeiten verzichtete – machte es nicht besser.

Alles in der winzigen Wohnung roch nach Armut. Während der vergangenen Kollektionen hatte sie ihm regelmäßig ein Beraterhonorar gezahlt, als Gegenleistung für seine unschätzbare Hilfe. Keiner ihrer Mitarbeiter hatte das verstanden, aber wie hätte sie ihnen erklären sollen, dass sie ohne Gary nicht in der Lage war, Kleider zu entwerfen? Er war ihr Sparringpartner, wenn es um unausgereifte Ideen ging. Ihre Muse, wenn er über die Kunst und Mode der vergangenen Jahrhunderte sprach, und ein Ideengeber, wenn sie Literatur oder Kunst suchte, die ihr weiterhalf. Früher einmal war das Malcolm gewesen, ohne den sie nicht hatte kreativ sein können, doch seit einiger Zeit hatte Gary diese Rolle übernommen.

Bevor sie nach Mailand gegangen war, hatte sie sich zweihundert Pfund geliehen, weil sie wusste, dass Gary kaum über Einnahmequellen verfügte, und war damit zu ihm gefahren.

»Das ist alles, was ich habe«, hatte sie gesagt und ihm das Geld in die Hand gedrückt. »Ich muss weg, Gary, nach Italien. Ich muss versuchen, Fuß zu fassen.«

Jetzt, bei ihrer Rückkehr, musste sie erkennen, dass er sich in ihrer Abwesenheit offensichtlich ausschließlich von Instantmahlzeiten und Gitanes ernährt hatte. Die Schmerzen, sagte er, hätten ihm die Lust zu essen vergällt, doch Vivienne wusste nicht, ob sie das glauben könnte. Es deprimierte sie, diesen Mann mit dem genialen Verstand in dieser heruntergekommenen Wohnung zu sehen, umgeben von Zigarettenstummeln.

»Jetzt sieh mich nicht so an, Vivienne. Was ist los? So schlimm steht es ums World's End doch nicht, oder?«

Sie stöhnte auf. Was für ein gelungener Themenwechsel.

»Wenn du wüsstest, Gary. Malcolm macht mir das Leben so schwer, wie er nur kann.«

»Aber was für einen Sinn sieht er noch darin? Er hat dir den Markennamen World's End doch inzwischen verkauft – ist er nicht längst aus allem raus?«

»Als der Laden endgültig den Bach runter war und der Name keinen Wert mehr hatte, ja, da hat er ihn mir teuer verkauft. Vorher nicht.«

Malcolm war nach Rom gekommen, um ihr den Vertrag vorzulegen. Sie hätte skeptischer sein sollen, aber sie war so erleichtert gewesen, dass sie sofort unterschrieben hatte, ohne den Vertrag zu prüfen. Doch nun führte sie das zuvor gemeinsam betriebene Geschäft als Einzelunternehmerin weiter. Was hieß, dass sie nicht nur die volle Kontrolle über den Laden hatte, sondern auch die volle Haftung für die Schulden übernahm. Wie groß der Schuldenberg war, den Malcolm auf sie abgewälzt hatte, war ihr erst klar geworden, als die lange Liste der Gläubiger sich bei ihr gemeldet hatte.

»Dieser Schritt ist teuer erkauft«, seufzte sie. »Aber in Zukunft kann ich unabhängig von Malcolm als Vivienne Westwood agieren. Und die Kollektionen, die wir gemacht haben, von Pirates bis Witches, werden mit der Marke in Verbindung gebracht – selbst wenn mir die Rechte daran nicht gehören, bin ich die legitime Nachfolgerin.«

»Weißt du was? Pfeif auf's Geld. Vielleicht ist es das Beste, was dir passieren kann. Geld ist am Ende doch nur Papier.«

»Da hast du recht. Ich wünschte nur, Malcolm würde mich in Ruhe lassen. Aber er versucht immer noch, mir zu schaden, wo er kann.«

Gary bedachte sie mit einem mitfühlenden Blick. Dann zog er seine Gitanes hervor und fummelte eine aus der Schachtel.

»Gut, dass du nicht da warst in den letzten Monaten«, sagte er und zündete sich die Zigarette an. »Was alles in den Zeitungen stand!«

»Ich weiß. Malcolm hat der Presse erzählt, ich sei in die Fänge eines dubiosen Italieners geraten – und würde maßlos überschätzt. Die innovativen Kreationen der letzten zehn Jahre seien sämtlich sein Werk gewesen. Er hat überall prophezeit, dass mein Unternehmen ohne ihn den Bach runtergehen wird. Ich weiß, Gary.«

Er blies elegant den Rauch in die Luft. »Malcolm versteht es eben besser als du, die Medien zu manipulieren. Außerdem bist du ständig im Ausland, von wo aus du dich nicht verteidigen kannst.«

»Wer will mir das verübeln? Woanders werde ich respektiert. Überall werde ich als Modeschöpferin gefeiert, nur die britische *Vogue* ignoriert mich.«

Vor Monaten war sie nach Japan eingeladen worden, als eine der fünf wichtigsten Designikonen der Gegenwart. Zusammen mit Calvin Klein, Claude Montana, Gianfranco Ferré und Hanae Mori wurde sie in Tokio geehrt. Und in England behandelte man sie als ideenlosen Punk oder als Anhängsel von Malcolm. Es war zum Verzweifeln.

»Malcolm ist sehr erfolgreich darin, deine Professionalität infrage zu stellen«, sagte Gary. »Er redet allen ein, die Straßenmode der Briten sei in deinen Augen nicht elegant. Deshalb habest du dem Land den Rücken gekehrt und seist in Italien. Weil die Briten in deinen Augen keine Kultur haben.«

»Er deutet alles um«, klagte sie. »Und schafft es immer, mich in schlechtem Licht darzustellen. Ich komme mir vor wie eine Karikatur.«

»So hat er es schon bei den Sex Pistols gemacht, Vivienne. Und so hat er eure Mode groß gemacht. Er versteht es, die Medien zu bespielen. Er sagt ihnen genau, was sie hören wollen. Es ist Manipulation, aber es funktioniert.«

»Das ist aber noch nicht alles. Er hat in meinem Atelier neue Schlösser angebracht. Alle Schnittmuster aus unseren gemeinsamen Kollektionen hat er wegbringen lassen. Ich habe nichts mehr davon. Er will damit beweisen, wie unwichtig ich bin.«

Es ärgerte sie maßlos, wie groß sein Einfluss auf ihr Leben noch immer war. Welche Macht er noch über sie hatte. Das musste sich dringend ändern.

»Lass uns nicht länger über Malcolm reden«, sagte sie. »Es gibt schönere Themen.«

»Dann erzähl. Wie war es in Italien?«

Sie spürte, wie sich ihre Stimmung augenblicklich aufhellte. »Aufregend«, sagte sie. »Inspirierend. Ganz anders als hier. Die italienische *Vogue* hat ein vollkommen anderes Bild von mir als die britische.«

»Und … du weißt schon«, sagte er mit zweideutigem Lächeln. »Du warst nicht allein, oder?«

Sie seufzte schwer. »Mit Carlo ist es vorbei«, sagte sie voller Bedauern.

Es schien, als wären sie eher dafür gemacht, Geschäftspartner zu sein denn romantische Partner, aber die Zeit an seiner Seite hatte so viele Sehnsüchte in ihr befriedigt, dass sie nichts dagegen gehabt hätte, wenn sie noch ein Weilchen länger gedauert hätte.

»Wir arbeiten weiter zusammen, und wir verstehen uns großartig«, sagte sie. »Er tut so viel für mich. Nur sind wir eben nicht mehr zusammen. Und deshalb … ich dachte, ich komme zurück und sehe hier nach dem Rechten. In Mailand herrscht eh gerade Flaute. Und dort müsste ich mir eine Wohnung suchen.«

Gary ließ die Zigarette zwischen den Fingern wandern, blies Rauchwolken in die Luft und schien über etwas nachzudenken.

»Wie kann es sein, Vivienne, dass der große Erfolg ausbleibt? Wieso musst du nach London zurückkommen und Sozialhilfe beantragen?«

Sie seufzte schwer. Eine gute Frage. »Die Kollektionen werden überall gefeiert. Große Designer übernehmen Elemente davon. Versteh mich nicht falsch, es ehrt mich, kopiert zu werden. Nur …«

»Nur sitzt du hier, bist pleite und hast Schulden. Und in deinem Laden wurde das Licht abgestellt.«

Es ging ihr ja gar nicht darum, reich zu werden. Geld

spielte für sie keine Rolle, die Anerkennung durch die Modebranche war es, die sie sich wünschte. Dass die Botschaft ihrer Mode erkannt und gewürdigt wurde. Trotzdem kostete es eine Menge Geld, eine Kollektion auf die Beine zu stellen. Alles, was sie wollte, war, ungestört arbeiten zu können. Bloß setzte das leider in ihrem Fall voraus, finanziell erfolgreich zu sein.

»Um ein Haar, Gary«, sagte sie und spürte, wie allein bei der Erinnerung alles in ihr erblühte. »Um ein Haar wären meine Träume in Erfüllung gegangen. Es hat nur so viel gefehlt.« Sie zeigte eine winzige Lücke zwischen Daumen und Zeigefinger. »Und ich wäre heute eine reiche und unabhängige Frau.«

Gary lehnte sich zurück, schien für den Augenblick seine Schmerzen vergessen zu haben und zündete sich genüsslich eine weitere Zigarette an. »Erzähl schon!«

»Ich war bei Armani. Carlo hat das organisiert. Es ging um eine sehr lukrative Zusammenarbeit.«

»Armani? Der, der diese minimalistischen Anzüge entwirft? Ist dessen Mode nicht so ziemlich das Gegenteil von deiner?«

»Wir bilden im Grunde zwei Pole des ästhetischen Ausdrucks – aber das macht es gerade interessant. Carlo hat Sergio Galeotti, Armanis rechte Hand, davon überzeugt, auf mich zu setzen. Der Deal war: Giorgio Armani präsentiert Vivienne Westwood. Ein Joint Venture. Ich sollte freie Hand haben bei den Kollektionen und mehrere Hunderttausend Pfund im Jahr verdienen. Ein Vermögen.«

»O Gott, Vivienne! Und warum ist es nicht dazu gekommen?«

»Galeotti ist gestorben«, sagte sie. »Wir wissen nicht genau, woran eigentlich. Die Ärzte vermuten, dass es dieser Schwulenkrebs war, von dem überall die Rede ist.«

Gary war bestürzt. »Hier in Europa! Und wir dachten, es gibt ihn nur in Amerika.« Nachdenklich fügte er hinzu: »Obwohl diese Annahme lächerlich ist. Beim Schwarzen Tod haben die Leute auch so einen Unfug geglaubt.«

»Es war so furchtbar!«

Vivienne fragte sich, ob Gary als schwuler Mann ebenfalls Angst vor dieser Krankheit hatte. Aber er ging nicht näher darauf ein.

»Armani hat seinen Freund und Geschäftsführer verloren«, fuhr sie fort. »Ich kann mir vorstellen, dass er sich allein gefühlt hat und überfordert gewesen sein muss.« Sie seufzte. »Und deshalb hat er das Joint Venture gestoppt. Möglich, dass Malcolms öffentliche Schlacht gegen mich und mein angekratzter Ruf dazu beigetragen haben. Auf jeden Fall war es ihm zu heikel.«

»Du wärst am Ziel gewesen, Vivienne.«

»Ich will es positiv sehen. Galeotti hat mir gesagt, dass er mein Potenzial für den Markt sieht. Immerhin dachte er, ich könne es mit Armani aufnehmen.«

»Du bist und bleibst Optimistin.« Er drückte die Zigarette aus und erhob sich vorsichtig. »Ich koche uns einen Tee, was hältst du davon?«

»Gern«, sagte sie und stellte ihre Handtasche ab, wobei ein Brief herausfiel, den sie am Morgen eingesteckt hatte.

Ach herrje. Den hatte sie beinahe vergessen. Ihrem Gesicht war offenbar abzulesen, dass etwas nicht stimmte, denn Gary fragte: »Was ist los?«

Am liebsten hätte sie den Brief verschwinden lassen und nie wieder einen Gedanken daran verschwendet. Doch dann reichte sie ihn Gary, der das Schreiben verwundert auseinanderfaltete.

»Was?«, rief er geschockt. »Malcolm verklagt dich auf fünfzigtausend Pfund?«

»So ist es«, stöhnte sie.

»Aber das Geschäft gehört jetzt dir! Du hast es gekauft. Wie ist das möglich?«

»Ich habe den Namen gekauft«, korrigierte sie. »Trotzdem findet er immer irgendetwas in unserer gemeinsamen Unternehmensgeschichte, aus dem er nun Profit zu schlagen versucht. Aber wen kümmert's. Ich bin ohnehin bankrott.« Sie nahm ihm das Schreiben ab. »Jetzt mach schon Tee.«

Die Sache mit der Klage schien Gary mehr zuzusetzen als ihr. Er schlurfte zur Küchenzeile, kochte Tee und kehrte mit einem Tablett zurück, das er mühsam ins Wohnzimmer trug. Vivienne hätte ihm am liebsten alles abgenommen, aber es schien ihm wichtig zu sein, seinen Gast eigenhändig zu bedienen.

»Was für ein Drama«, seufzte er, als er eine Teetasse über dem Knie balancierte. »So viele Jahre arbeitest du rund um die Uhr. Und was bleibt? Ein Haufen Schulden.«

»Lass nur, Gary. Reden wir von etwas Erfreulicherem«, sagte sie.

»Aber was willst du als Nächstes machen?«, fragte er.

Vivienne konnte sich ein Lächeln nicht verkneifen. Die Antwort auf diese Frage war ganz einfach.

»Das ist einer der Gründe, warum ich hier bin. Ich brauche nämlich deine Hilfe.«

»Und wobei? Was willst du jetzt machen?«

»Ganz einfach, Gary: die nächste Kollektion.«

18

Ein knappes Jahr später, an einem herrlichen Frühsommertag 1986, spazierte Vivienne die King's Road entlang. Als sie am hinteren Ende der Straße angekommen war, entdeckte sie, dass die Hausnummer 430 immer noch leer stand. Die Zeiger der Uhr mit den dreizehn Ziffern waren eingefroren, hinter den verschmutzten Fenstern war es dunkel. Das Bild löste zwiespältige Gefühle in ihr aus, dennoch überwog das Bedauern, keinen eigenen Laden mehr zu besitzen.

Sie überquerte die Straße und lugte durch die Bleiglasfenster. Im Innern erkannte sie die Eichenplanken, die dem Raum die Illusion eines Schiffsdecks verleihen sollten, die liebevoll gestalteten Aufbauten und ihre alten Holzregale, die leer und staubig im Halbdunkel standen. Erstaunlich, dass der Laden nicht wieder vermietet worden war. Immerhin befand er sich auf der King's Road, wenn auch am falschen Ende.

Da fiel ihr ein, dass sie den Schlüssel, den sie von Malcolm erhalten hatte, nie zurückgegeben hatte. Er musste noch irgendwo an ihrem schweren Schlüsselbund hängen. Sie zog das Ungetüm aus der Handtasche und fummelte den kleinen Ladenschlüssel hervor, dann versicherte sie sich mit einem Schulterblick, dass sie unbeobachtet war, und steckte ihn ins Schloss. Er passte!

Sie drückte die Tür auf und trat ins muffige Zwielicht. So viele Erinnerungen stürzten auf sie ein. Vivienne neigte nicht zu Nostalgie, trotzdem wurde ihr schmerzhaft bewusst, wie viel Potenzial dieser Ort nach wie vor hatte. Ein eigener Laden für ihre Mode fehlte ihr, und der Leerstand hier war eine Schande.

Später erzählte sie Dora davon. Seit Malcolm nicht mehr Teil von Viviennes Leben war, verstanden sich die beiden Frauen wieder besser. Dora war sofort Feuer und Flamme, als sie von dem Leerstand hörte, also kehrte Vivienne mit ihr gemeinsam zurück und verschaffte sich erneut Zutritt. Mit einer Taschenlampe sahen sich die beiden im Innern um.

»Na also!«, sagte ihre Mutter und klatschte in die Hände. »Ohne diesen Eindringling sieht es hier doch gleich viel netter aus.«

Malcolms Namen nahm sie grundsätzlich nicht in den Mund.

»Es muss nur ordentlich durchgeputzt werden«, sagte sie bestimmt. »Sag Ben und Joe Bescheid, sie sollen mit anpacken. Gemeinsam bringen wir den Laden wieder auf Vordermann!«

»Mum!«, bremste Vivienne sie aus. »Ich bin pleite. Ich kann hier nicht einfach wiedereröffnen.«

»Du brauchst doch nur ein bisschen Geld.«

»Ich lebe von Sozialhilfe, falls du es vergessen hast.«

Ihre Mutter stupste sie lächelnd in die Seite.

»Ich habe dir schon beim letzten Mal ausgeholfen, als du den Laden übernommen hast. Einhundert Pfund, erinnerst du dich?«

Wie könnte sie das vergessen. Hatte sie doch aus diesem Grund den verhängnisvollen Vertrag mit Malcolm unterschrieben.

»Und ich tue es wieder«, fuhr Dora fort. »Ich habe ein paar Ersparnisse, nicht viel, aber das kriegen wir schon hin.«

»Aber diesmal werden es mehr als hundert Pfund sein, die nötig sind. Miete, Strom, Ware, Personal – da kommt schnell viel zusammen. Was meinst du, weshalb ich bankrott bin?«

»Ich kann im Laden stehen«, schlug Dora vor. »Das spart schon mal Personal. Ich habe eh nichts mehr zu tun, seit ich in Rente bin. Und Joe und Ben sind bestimmt auch mit an Bord. Es muss als Familienunternehmen funktionieren, und du kannst auf uns zählen.«

Zufrieden sah Dora sich um, als überlege sie, wo sie zuerst Hand anlegen solle. »Komm, Vivienne!«, raunte sie verschwörerisch. »Lass uns den Laden neu eröffnen.«

Vivienne lachte. Gegen so viel Tatendrang konnte sie nichts ausrichten. Also regelte sie alles mit dem Vermieter, der sie das Lokal gegen Vorkasse beziehen ließ. In den darauffolgenden Tagen wurden Böden gewischt, Fenster geputzt und Waren organisiert. Das Atelier war längst aufgegeben, aber es gab noch Bestände der alten Kollektionen, die überall in London verstreut in Wohnungen und Kellern lagerten. Und in der Nightingale Lane begann die Nähmaschine von Neuem nächtelang zu surren.

Mit Mülltüten voll nagelneuer Kleider, die Vivienne auf dem Gepäckträger ihres Fahrrads transportierte, erreichte sie ein paar Tage später die King's Road, wo Dora sie mit Kopftuch und Putzlappen im Laden empfing. Da der Strom noch nicht wieder angestellt worden war, putzte sie im Licht der Taschenlampen.

»Ich bringe neue Sachen«, sagte Vivienne, als sie eintrat. »Die fehlenden Größen, bereit für den Verkauf.«

Langsam füllte sich der Laden. Regale und Kleiderstangen waren mit Einzelteilen ihrer Kollektionen bestückt. Es war ein Bild, das sie mit Stolz erfüllte: Sich mit den Früchten der eigenen Arbeit zu umgeben gab ihr das Gefühl, einen berechtigten Platz in der Modewelt zu haben, trotz aller wirtschaftlichen Niederlagen.

Sie warf die Mülltüten auf den Tresen und atmete durch.

»Eine Tour mache ich noch. Dann ist Schluss für heute.«

»Was ist denn da drin?«, fragte Dora neugierig, die den Putzlappen zur Seite legte und sich den Schweiß von der Stirn wischte. »Zeig mal her.«

»Es sind Stücke aus meiner letzten Kollektion. Ich nähe davon, so viel ich kann. Es war immer so gewesen, dass die aktuelle Kollektion im Laden verkauft wurde, und zwar vollständig. Die älteren Kollektionen waren nur Beiwerk. So soll es diesmal auch sein.«

»Du meinst, da drin sind …?«

»Stücke meiner aktuellen Kollektion, richtig.«

Vivienne öffnete einen der Plastiksäcke. Die Kollektion hatte sie noch in Italien entworfen. Durch das Debakel mit Armani hatte sich die Präsentation nach hinten verschoben. Im Oktober war sie damit in Paris gewesen, im Court de Louvre. Es war die aufwendigste Kollektion, die sie bisher designt hatte. Und das namengebende Herzstück zog sie nun aus der Mülltüte, um es Dora zu präsentieren.

»Der Mini Crini!«, sagte ihre Mutter.

»So ist es. Ich will, dass man die Mini-Crini-Kollektion im World's End vollständig erwerben kann, so wie es früher immer war. Ich will da anknüpfen, wo wir aufgehört haben.«

Als sie mit der Kollektion begonnen hatte, war sie noch voller Zuversicht gewesen, was ihren Neustart ohne Malcolm anging. Sie wollte eine Kollektion entwerfen, die kreativ war wie nie, der ganzen Welt zeigen, dass Malcolm unrecht hatte, wenn er ihren Beitrag auf das Handwerkliche reduzierte. Sie war voller Ideen gewesen, fiebrig, begeistert, in einem wunderbaren Fluss der Kreativität versunken, Tag und Nacht im italienischen Atelier hockend, bis diese aufwendige Kollektion fertig gewesen war.

Erfahrungen aus ihrer Kindheit waren darin eingeflochten. Ballettkostüme, die sie als Mädchen bewundert hatte. Die aufgeplusterten Kleider der Prinzessinnen Elizabeth und Margaret, nach denen sie sich gesehnt hatte. Traditionelle britische Stoffe, altes Handwerk und alles, das sie an die Textilfabriken in Derbyshire erinnerte.

Die Grundidee war ein ungewöhnlicher Mix zweier bestehender Ideen: Die schwere bodenlange Krinoline, jener durch Reifen aus Fischbein gespreizte Unterrock des 19. Jahrhunderts, der die weibliche Silhouette repräsentierte, sie dabei ebenso zelebrierte, wie er sie einengte, und der Minirock, der seit den 1960er Jahren als Symbol für die Befreiung der Frau gefeiert worden war. Vivienne wollte mit einem historischen Element weiblicher Kleidung arbeiten, dessen erotisches Potenzial nicht ausgeschöpft war, und es in eine neue, zeitgemäße sinnliche Silhouette verwandeln. Aus einem langen Unterrock wurde dadurch ein kurzer Oberrock, der Mini Crini.

Schon bei Nostalgia of Mud, wo sie einen BH als Oberbekleidung verwendet hatte, war sie nach diesem Prinzip vorgegangen, und mit dem glockenförmigen Minirock vollendete sie das Konzept. Passend dazu designte sie Korsetts, mit denen sie die Brüste der Trägerin anhob. Sie verstärkte diese idealisierte klassisch weibliche Silhouette noch durch Plateauschuhe, die mit ihren abgerundeten Holzsohlen und sich das Bein entlangschlängelnden Schnürriemen an Schaukelpferde erinnerten. Vivienne liebte diese Schuhe, sie fand, Plateausohlen waren das perfekte Podest für die weibliche Schönheit.

Die Kollektion war ein Wagnis. Die Frauenmode der Achtziger zeichnete sich durch breite Schultern, schmale

Hüften und lange Beine aus. Schulterpolster und strenge Schnitte dominierten, und Vivienne erschuf genau das Gegenteil davon. Doch dieses auf den Kopf gestellte Dreieck lehnte sie ab. Sie wollte eine weiblichere Linie präsentieren, auch wenn es gegen den Trend ging. Frauen sollten stark sein, aber auf ihre eigene Art. Sie sollten ihre Weiblichkeit leben, fand sie, und das nicht in der Nachahmung männlicher Formen. Der Mini Crini verlieh seiner Trägerin die Silhouette einer Ballerina, spiegelte runde Formen, Haltung und Sinnlichkeit und damit ein völlig anderes Frauenbild.

Die Fachwelt in Paris war begeistert. Nicht nur die Modejournalisten, selbst die großen Designerkollegen lagen ihr zu Füßen. Christian Lacroix startete eine Couture-Kollektion mit dem Mini Crini im Mittelpunkt. Karl Lagerfeld und Calvin Klein übernahmen Details der Kollektion in ihre Arbeit. Es war eine große Ehrerbietung, die sie von den Schwergewichten der Branche erfuhr, und die endgültige Bestätigung, dass Malcolm mit seinen Beschuldigungen falschlag. Nur leider hatte sie kaum Geld damit verdient.

Nun zog Dora einen schneeweißen Mini Crini mit roten Punkten aus dem Müllsack und strich ihn sorgsam glatt. Im Schein der Taschenlampe schimmerte er verheißungsvoll.

»Wird Zeit, dass wir daraus Geld machen«, sagte sie. »Wozu entwirfst du diese tolle Mode, wenn sie niemand kaufen kann?«

Zwar hatte der Mini Crini sowohl in Paris als auch in New York für Furore gesorgt. Aber wegen Lieferengpässen waren mal wieder Bestellungen geplatzt. Carlo und Vivienne taten alles ihnen Mögliche, aber sie waren nun mal allein, es gab keine große Logistik, keine Vertriebsstrukturen, keine Buchhaltung, nichts. Und eine einzige geplatzte Großbestellung konnte den Ruin des gesamten Unternehmens bedeuten.

Dora betastete vorsichtig das Fischbeinimitat aus Kunststoff. »Er ist ja wunderschön«, meinte sie. »Aber ist der nicht furchtbar unpraktisch? Ein Reifrock aus Fischbein?«

»Aus falschem Fischbein, Mama. Das ist ein weicher Kunststoff. Wenn man sich hinsetzt, faltet er sich um einen zusammen, man spürt das Gestell gar nicht. Er ist absolut bequem.«

Dora griff prüfend hinein, blieb jedoch skeptisch.

»Selbst in einer überfüllten U-Bahn, wenn er platt gedrückt wird«, sagte Vivienne, »nimmt er nach der Fahrt seine ursprüngliche Form wieder an. Er ist wirklich elastisch.«

»Ich fürchte, ich bin ohnehin ein bisschen zu alt dafür«, seufzte sie. »Aber es gibt ja andere Stücke in der Kollektion, die mir stehen könnten. Und wenn ich hier arbeite, möchte ich in *Vivienne Westwood* gekleidet sein.«

»Du?«, fragte Vivienne amüsiert und freute sich über die Offenheit ihrer Mutter. Sie hatte die Punk- und Fetisch-Elemente in Viviennes Entwürfen lange abgelehnt und daraus auch keinen Hehl gemacht. Aber genauso entschieden hatte sie sich stets auf die Seite ihrer Tochter gestellt, wenn es darauf ankam.

»Natürlich ziehe ich deine Kreationen an«, sagte Dora. »Ich bestehe sogar drauf.«

Ein paar Tage später waren sie so weit, den Laden in der King's Road zu eröffnen. Die ersten Besucher mussten die Mini Crinis zwar im Kerzenschein bewundern, aber das schien keinen weiter zu stören. Dora trug ein weites Strickkleid aus der Nostalgia-of-Mud-Kollektion, das ihre Rundungen unterstrich und mit seinen Bronzetönen perfekt zu ihrem Hauttyp passte. Es stand ihr besser als dem Model auf der Fashionshow, fand Vivienne, denn das Kleid verlieh ihrem Alter Würde und Kraft. Dora zeigte sich zupackend und gut gelaunt, und Vivienne war erstaunt über das Verkaufstalent ihrer Mutter.

Die Wiedereröffnung des World's End sprach sich schnell herum, und alle kamen: die Besitzer der umliegenden Läden, alte Weggefährten, Freunde aus der Londoner Musik- und Modeszene, Clubgänger, Ex-Punks, Journalisten. Und alle kauften etwas – schon aus Respekt vor Vivienne. Um ihr ein wenig unter die Arme zu greifen.

Dora flatterte zwischen den Kunden umher und versuchte zu helfen, wo es möglich war. Nur wenn einer sich der Grabbelkiste mit den Resten der Witches-Kollektion näherte, rief sie: »Sehen Sie da nicht rein! Da drin ist ein Top mit Knöpfen in Form von Penissen. Ich weiß wirklich nicht, warum Vivienne so was macht. Kommen Sie, ich zeige Ihnen etwas anderes.«

Der Laden auf der King's Road etablierte sich schnell und konnte an sein altes Renommee anknüpfen. Carlo brachte Joe die Grundkenntnisse der Buchhaltung bei, damit diesmal kein Chaos ausbrach. Vivienne war begeistert, wie talentiert sich Joe darin zeigte. Er sei ein geborener Geschäftsmann, sagte Carlo mit der stolzgeschwellten Brust eines zufriedenen Lehrers.

Angesichts des zarten Pflänzchens, das der Laden im wirtschaftlichen Sinne darstellte, verspürte Vivienne eine wachsende Unruhe. Wer in der Couture mitspielen wollte, musste zweimal im Jahr eine Kollektion auf die Beine stellen. Sie jedoch hatte schon seit über einem Jahr nichts mehr von sich hören lassen. Die sich gut verkaufende Kollektion im Laden zeigte ihr, dass sie Teil des Modebetriebs sein konnte. Zwar verschlang es Unsummen, eine Kollektion auf die Beine zu stellen, aber das war nun mal der Preis, der gezahlt werden musste.

Und sie steckte voller neuer Ideen, ihre Inspiration wartete nur darauf, Neues zu schaffen. Sie kannte das Gefühl inzwischen. Mit der Mini-Crini-Kollektion hatte sie eine Tür zu den traditionellen Stoffen ihrer Kindheit aufgestoßen, und Vivienne wollte diesen Weg unbedingt weitergehen, wollte die typischen Elemente und Muster der britischen Mode weiterverarbeiten: Tweed, Wolle, Twinsets und Nadelstreifen, die Materialien der britischen Oberschicht, des Königshauses und die damit verbundenen jahrhundertealten Traditionen der britischen Handwerkskunst.

Da war noch ein anderes Bild, das vor ihrem inneren Auge auftauchte, wenn sie an ihre nächste Kollektion dachte: Malcolm, wie er an jenem Wintertag ins Krankenhaus gekommen war, um Joe zu sehen, in einem Secondhand-Mantel aus Tweed, auf den Schultern schmelzender Schnee. An diesem Tag hatte sie geglaubt, dass sie eine gemeinsame Zukunft hätten, und das Bild hatte sich tief in ihre Erinnerung gebrannt.

Nach Ladenschluss nahm sie ein bisschen Geld aus der Kasse, damit sie Gary zum Abendessen einladen konnte, und schwang sich auf ihr Fahrrad. Seit sie wieder in London war, gab sie ihm regelmäßig Geld, auch wenn sie selbst finanziell noch nicht auf eigenen Beinen stand. Sie bekam dreißig Pfund Sozialhilfe die Woche und gab ihm die Hälfte ab.

Mit hochgebundenen Plateauschuhen und einem Mini Crini samt Mieder radelte sie durch Kensington, ein Hermelinjäckchen in einer Tüte, um etwas Warmes dabeizuhaben, falls das Wetter umschlug. Gary erwartete sie wie stets mit frischer Blume im Knopfloch und einem Seidenschal, den er sich geziert an den Hals drückte, und gemeinsam spazierten sie zu einem indischen Restaurant um die Ecke, dem einzigen Lokal, das Vivienne sich leisten konnte. Sie bestellten Chicken Masala, und sie erzählte von ihrem Plan, sich in der neuen Kollektion mit der traditionellen britischen Handwerkskunst auseinanderzusetzen.

»Ich bewundere dich, dass du nie aufgibst.« Er lächelte sie an. »Aber haben deine Ideen irgendetwas damit zu tun, was Malcolm der Presse über deine Haltung zur britischen Modegeschichte erzählt hat?«

»Wie kommst du bloß darauf?« Sie zwinkerte ihm lächelnd zu. »Aber eigentlich geht es mir vor allem um die Wurzeln unserer Geschichte – sie zu feiern und in neuem Licht lebendig werden zu lassen. Und lass uns bitte nicht über Malcolm reden«, seufzte sie. »Was mich fasziniert, ist das, was von der englischen Webtradition erhalten geblieben ist. Das Handwerk stirbt aus, weil die Stoffe als altbacken gelten, aber mich begeistern sie.«

»Welche Webstoffe meinst du?«

Sie grinste. »Was ist für dich das Urbritischste überhaupt?«, fragte sie.

»Ich weiß nicht. Tweed?«

Sie nickte. »Kennst du Harris Tweed? Das ist ein schwerer Wollstoff, der nur auf den Äußeren Hebriden hergestellt wird. Er wird seit Jahrhunderten von den Inselbewohnern gewebt und gefärbt. Mit Farben aus der rauen Natur Schottlands. Der königliche Hofschneider nutzt diesen Stoff für die Queen.«

Die Bedienung tauchte auf und knallte ihnen wortlos das Essen auf den Tisch, was Gary zusammenzucken ließ. Dann wandte er sich lächelnd an Vivienne. »Und in genau dieses exklusive Material, in das sich sonst die britische Upperclass hüllt, willst du die Frauen von heute in echter Westwood-Manier kleiden? So weiblich und sexy und stark, wie deine Entwürfe eben immer sind?«, fragte er.

»Ganz genau. Und ich habe schon einen Namen für die Kollektion: *Harris Tweed*.«

Das Funkeln in seinen Augen verriet ihr, dass auch er ahnte, was sie spürte: dass sie mit dieser Idee etwas Großem auf der Spur war. Dass sie erneut eine Revolution in Gang setzen konnte, die von der Modewelt nicht vorhergesehen wurde, und zwar diesmal eine urbritische.

Ihre Reise als Designerin würde weitergehen, und eines Tages, das schwor sie sich, würde sie auch finanziell die Anerkennung bekommen, die sie verdiente.

19

Später würde es ihr schwerfallen zu sagen, wann genau es so weit gewesen war und die Marke Vivienne Westwood endlich auch ein Erfolg in puncto Finanzen geworden war. Da Vivienne sich nicht für das Tagesgeschäft und die Umsätze interessierte, war sie meist mit anderen Dingen beschäftigt gewesen und hatte diesen schleichenden Wandel zunächst gar nicht wahrgenommen. Doch irgendwann musste Carlo quasi rund um die Uhr arbeiten, da das Geschäft ins Rollen gekommen war, und es musste über Nacht eine ganze Schar neuer Leute eingestellt werden: für den Vertrieb, die Produktion und die Fertigung.

Und auf einmal musste Vivienne niemanden mehr anpumpen, wenn sie ein Flugticket nach Mailand brauchte – was eine völlig neue Erfahrung für sie war. Die Mini-Crini-Kollektion hatte den Weg geebnet, und Harris Tweed war endgültig der Durchbruch gewesen.

Dabei hatte sie die Kollektion anfangs an der heimischen

Nähmaschine in der Nightingale Lane erstellen müssen. Der hochwertige Tweed-Stoff war so kostspielig, dass er die Kosten ins Unermessliche trieb, und das, obwohl Vivienne alles, was möglich war, in Eigenarbeit erledigte. Es war ein Glücksspiel, und der Einsatz, den sie erbrachte, war einmal mehr ihre wirtschaftliche Existenz.

Während der Arbeit an der Kollektion verschwendete sie kaum einen Gedanken daran, wie sie die Ausgaben wieder reinbekommen sollte. Sie war schockverliebt in ihre Kreationen, die sie wie im Rausch erstellte, arbeitete bis tief in die Nacht und fiel letztlich auf einem Stoffballen in den Schlaf, bis sie erwachte und sofort weiternähte. Die Materialien ließen ihre Ideen nur so sprudeln – sie fühlte sich wie auf einer Zeitreise durch ihre Kindheit, durch das Nachkriegsengland mit seinen bisweilen sehr steifen Traditionen, durch die Mode der britischen Aristokratie. Erinnerungen an die Fabriken in Derbyshire flossen ein, Bilder von viktorianischen Gehröcken oder den typischen Tweed-Jacken, die bei Fuchsjagden getragen wurden. Sie nahm das alles, stellte es auf den Kopf und erschuf daraus etwas gänzlich Neues.

Eines Nachmittags kam Dora vorbei, um Ware für das World's End abzuholen. Sie entdeckte die fertigen Einzelstücke, die an Kleiderstangen und Schneiderpuppen hingen, und war auf Anhieb begeistert.

»Diese Stoffe«, rief sie aus. »Und die Schnitte! Ich weiß gar nicht, was genau das ist, aber es sieht großartig aus. Und so britisch!«

»Dir gefällt, was ich mache? Das ist aber neu.«

»Überhaupt nicht. Ich habe immer hinter dir gestanden.«

»Aber viele meiner Kreationen hast du gehasst.«

»Das ist eine Lüge! Ich weiß gar nicht, was du überhaupt meinst«, wehrte ihre Mutter ab, dabei konnten sich beide zu gut an ihre abfälligen Worte erinnern, was den Punk und die Erotik in Viviennes Arbeit anging.

Und auch diesmal hätte ihre Mutter Grund gehabt, empört zu sein, denn die Kollektion ließ sich auch als Parodie auf die englische Oberschicht lesen. Aber Dora war trotzdem begeistert.

»Ist das Harris Tweed?«, fragte sie und strich respektvoll über eine Jacke. »Das sieht wunderschön aus. Es ist … Vivienne, ich bin so stolz auf dich. Und dann dieser Glockenrock dazu. Es scheint auf den ersten Blick gar nicht zusammenzupassen, aber dann sieht es doch so reizend aus. Wie fällt dir das nur alles immer ein?«

»Diese Idee habe ich einem Mädchen aus der U-Bahn geklaut«, sagte sie lachend. »Sie hatte die Haare hochgesteckt, trug eine Schuljacke aus Tweed und unterm Arm einen Beutel mit Ballettschuhen. Und trotz der klassischen Insignien sah sie so cool und selbstsicher aus, das Gedränge und der Lärm störten sie gar nicht. Ich wollte dieses Bild, diese lockere Ausstrahlung, gepaart mit den traditionellen Ausdrucksformen, in einer Kreation festhalten.«

Es waren solche Gegensätze und Brüche, die sie faszinierten: eine Debütantin, die zu ihrem Ball ging und über dem Kleid eine Barbour-Jacke trug. Ein elegant gekleideter

Mann, der keine Hose trug, weil er gerade Sex gehabt hatte. Solche Bilder strahlten Leichtigkeit aus, sie waren spielerisch und erlaubten einen neuen, lebendigen Blick auf Eleganz und Tradition.

Dora ging weiter zum nächsten Kleidungsstück, einem rostfarbenen Tweed-Mantel mit Samtbesatz. Wieder betastete sie ehrfürchtig den Stoff.

»Er wirkt so vertraut«, sagte sie. »Wie eine verblasste Erinnerung. Trotzdem habe ich so etwas noch nie gesehen.«

»Vielleicht ja doch, Mama. Es ist ein Kindermantel, wie ihn Queen Elizabeth als junges Mädchen getragen hat. Ich habe daraus einen Prinzessinnenmantel für Erwachsene gemacht. Obwohl er völlig anders ist, fühlt man sich unbewusst an den Kindermantel der Queen erinnert.«

»Die Queen? Ich dachte, du bist gegen das Königshaus. Man denke nur an dieses schreckliche Punkshirt, auf dem sie eine Sicherheitsnadel in der Lippe hatte.«

»Ich war nie gegen das Königshaus, Mama. Nur gegen das Establishment. Früher bin ich dagegen angerannt. Heute glaube ich, man muss das Establishment überholen, um es zu verändern.«

Vivienne betrachtete ihren Prinzessinnenmantel und lächelte. »Die Queen inspiriert mich zurzeit wirklich sehr«, gestand sie. »Ihr Hofdesigner ist ein Vorbild für mich.«

»Oh, Vivienne!«, rief Dora, als sie beim nächsten Kleidungsstück landete. »Diese Jacke ist ja köstlich. Die möchte ich im Laden tragen, unbedingt. Kannst du sie in meiner Größe herstellen?«

»Die Love-Jacke?«, fragte sie amüsiert. »Aber gern. Es ist mir eine Freude.«

Die Jacke bestand aus rotem Wollstoff, wie er bei der königlichen Garde und der Fuchsjagd verwendet wurde. Das Revers am Kragen hatte die Form eines schwarzen Herzens, das sich öffnete, wenn man die Jacke auszog. Bloß, dass es mit dieser Wolljacke auf Männerjagd ging und nicht auf Fuchsjagd.

Harris Tweed wurde während der Fashion Week in den Londoner Olympia-Hallen präsentiert, und die Kollektion kam so gut an, dass Vivienne zum ersten Mal das Herz der britischen *Vogue* eroberte, die bisher nie in die Begeisterung ihrer Dependancen in Italien, Frankreich oder den USA eingefallen war. Ein karierter Tweed-Mantel schaffte es sogar auf die Titelseite. Plötzlich war Vivienne in England in aller Munde, auch wenn die Reaktion der britischen Bevölkerung auf sie bisweilen widersprüchlich blieb. Eines ihrer Models erzählte ihr, dass sie in London ausgelacht wurde, wenn sie mit ihren Kollektionen auf die Straße ging, während sie auf den Straßen von New York mit dem gleichen Outfit bestaunt und beklatscht worden war. Es blieb also dabei – die Briten hielten Distanz zu Vivienne, auch wenn sie international zu den weltbesten Designern gezählt wurde.

Aber das störte sie nicht. Sie verdiente endlich Geld, sie hatte wieder einen Laden mit Strom und Wasser, und niemand musste sich Sorgen machen, wie die Miete bezahlt werden sollte.

»Vivienne!«, begrüßte Dora sie ein paar Tage später aufgeregt, als sie die Boutique betrat. »Stimmt es etwa, was ich gehört habe?«

»Das liegt ganz daran, was du gehört hast.«

»Du bist in die Wogan Show eingeladen worden?«

Dora strahlte übers ganze Gesicht. Die Prime Time Show in der BBC gehörte zu ihren absoluten Lieblingssendungen. Wann immer ihre Zeit es zuließ, hockte sie sich zur Tea Time vor den Fernseher.

»Das stimmt«, sagte Vivienne. »Aber ich weiß noch gar nicht, ob ich hingehen soll.«

»Du musst, Liebes! Das ist doch keine Frage. Ich kann es gar nicht glauben. Du bist berühmt!«

Das war typisch Dora. Dass sie in Japan und Europa zu den wichtigsten Designern der Gegenwart gezählt wurde, spielte weiter keine Rolle. Aber in der biederen und langweiligen Wogan Show aufzutreten, damit wurde sie in den Augen ihrer Mutter mit einem Schlag zur Berühmtheit.

»Ich werde allen meinen Freundinnen sagen, dass sie einschalten müssen«, begeisterte sie sich. »Aber das tun sie ja ohnehin. Die Wogan Show, du lieber Himmel, ich platze gleich vor Stolz.«

Mit einem halben Dutzend Models im Schlepptau machte sich Vivienne bald darauf auf den Weg zum BBC Television Theatre in West London, einem alten viktorianischen Theater, das fürs Fernsehen umfunktioniert worden war. Sie wurden in den Backstagebereich geführt, wo sie zwischen alten Requisiten auf ihren Einsatz warteten, während die Show bereits in vollem Gange war. Wie üblich war die Atmosphäre im Publikum heiter, es wurden behäbige Witze gemacht, und die Leute lachten.

Vivienne ging davon aus, dass sie eingeladen worden war, weil die Macher der Show ihrem Fernsehpublikum eine der international bekanntesten Designerinnen Großbritanniens vorstellen wollten. Doch als sie hörte, wie Sue Lawley, die Gastmoderatorin der Sendung, sie vorstellte, fragte sie sich, ob hier nicht etwas anderes im Gange war. Lawley erntete ein paar billige Lacher damit, dass sie ihren nächsten Gast als eine Frau vorstellte, die BHs als Oberbekleidung entwarf und Männer mit Perlen und Twinsets einkleidete. Dann hieß es: »Begrüßen Sie mit uns: Vivienne Westwood!«

Ein Studioassistent tippte ihr auf die Schulter, und begleitet von verhaltenem Applaus, trat sie ins Scheinwerferlicht.

Die Moderatorin forderte sie heiter auf, über ihre Schuhe mit Plateausohlen und ihr Kleid Auskunft zu geben, das an den Empire-Stil angelehnt war und dessen Rock hinten durch in den Stoff eingearbeitete Pompons von der Taille abstand. Es wurden mäßig lustige Kommentare darüber gemacht, und Vivienne lachte freundlich mit.

Dann traten die Models der aktuellen Kollektion namens *Time Machine* auf, die Studiobühne wurde zum Laufsteg, und Vivienne setzte an zu erklären, wovon ihre Kreationen beeinflusst wurden. Doch das Publikum lachte über alles, was gezeigt wurde, angestachelt durch die Kommentare der Moderatorin.

Als Vivienne versuchte, etwas zu sagen, fuhr ihr Sue Lawley über den Mund. »Ist es beabsichtigt, dass die Leute lachen?«, fragte sie scheinheilig.

»Ich glaube, die Models fühlen sich großartig in dieser Kleidung«, sagte Vivienne. »Und ich denke, darüber sollte man nicht lachen.«

Das nächste Model war weniger extravagant gekleidet und schien das Publikum beinahe zu enttäuschen. Wollten sie etwa über Vivienne lachen?

Als Michael, ein männliches Model, einen Kilt präsentierte, in dem er eine Folge technisch perfekter Ballettschritte tanzte, brach erneut Gelächter aus.

»Lachen Sie ruhig«, sagte Vivienne gelassen. »Aber sehen Sie auch hin.«

Sue Lawley fragte genüsslich: »Diese Mode für Männer, erwarten Sie wirklich, das zu verkaufen?«

»Natürlich«, sagte Vivienne verwirrt, eine Antwort, die erst recht mit Gelächter quittiert wurde.

Die Show ging weiter. Das nächste Model zeigte das Herzstück der Kollektion, den Mini Crini mit einem Hermelinjäckchen und der Tweed-Krone, die sie als Sahnehäubchen der Kollektion erstellt hatte. Das Outfit war durch und durch britisch und dabei auf sehr humorvolle Weise elegant. Das Publikum lachte jedoch darüber wie über einen gelungenen Sketch.

Am Ende der Modenschau stellten sich die Models, die ebenfalls irritiert wirkten, an den Rand der Studiobühne. Die Moderatorin wandte sich an Vivienne und fragte: »Sie entwerfen diese Sachen allen Ernstes, weil Sie glauben«, ihr Tonfall schwang in Unglauben um, »diese Sachen würden gut aussehen und die Menschen, die sie tragen, attraktiver machen?«

Vivienne beschloss, die Provokation zu ignorieren.

»Ja«, sagte sie wahrheitsgemäß. »So ist es.«

Und in diesem Stil ging es weiter. Vivienne wurde nach allen Regeln der Kunst vorgeführt. Wenn sie versuchte, etwas zur Kollektion zu erklären, fiel man ihr ins Wort, Gelächter machte es ihr unmöglich, überhaupt einen klaren Gedanken zu fassen. Die Moderatorin hatte nicht vor, sie als etwas anderes als eine Karikatur wirken zu lassen. Nach vielen weiteren Lachern auf Viviennes Kosten beugte sie sich schließlich vertraulich vor und fragte: »Wir haben Sie doch nicht etwa verärgert?«

»Nein«, sagte Vivienne wahrheitsgemäß. »Ich bin nur solch eine Reaktion nicht gewohnt.«

Und solch eine grobe Unhöflichkeit wie diese provokante Frage erst recht nicht. Sie wurde verabschiedet, es folgte Applaus, und das war's.

»Diese blöde Kuh!«, zischte eines der Models, als sie wieder hinter der Bühne waren. »Die wollte dich nur vorführen, sonst nichts. Im Publikum sitzen nur Achtzigjährige, aber das sieht man draußen vor den Fernsehern ja nicht!«

Vivienne sah sich um und ließ den Blick über das Studio mit seinen Besucherreihen wandern. Sie konnte sich ein Lachen nicht verkneifen.

»Bist du denn gar nicht sauer?«, fragte das Model.

»Nein. Lass diese Spießer doch ihre Show abziehen. Das hier war die beste Reaktion auf meine Mode seit Punk.«

»Wie meinst du das?«, fragte sie verwirrt.

»Als Punk bin ich jeden Tag in der Tube angemotzt worden. Alle sind durchgedreht, wenn sie mich nur gesehen haben. Soll diese blöde Lawley doch denken, was sie will.«

In ihrem Heimatland, das zeigte ihr dieser Auftritt einmal mehr, würde sie vergeblich auf Anerkennung warten. Selbst das British Fashion Council, das jährlich den Designer of the year ernannte, schaffte es stets, jemand anderen aufzutreiben, der den Preis verdient hatte. Sie, weltweit die berühmteste britische Designerin ihrer Zeit, ging leer aus.

Am nächsten Morgen in der U-Bahn hörte sie zwei Jungs in breitem Cockney miteinander reden, die offenbar die Wogan Show gesehen hatten.

»Diese Sue Lawley hat echt Mist gebaut«, sagte einer.

»Ja, das war total peinlich«, stimmte der andere zu.

»Was für eine Spießerin, echt!«

Na also, dachte Vivienne erfreut, die sich abwandte, um nicht von ihnen erkannt zu werden. Die Londoner Jugend wusste, dass Vivienne mehr war als eine Karikatur. Als sie kurz darauf den Laden betrat und Dora hinterm Tresen begrüßte, ging das Geschimpfe übergangslos weiter.

»Diese Lawley«, empörte sich ihre Mutter. »Was für eine furchtbare Person! Ich werde in Zukunft abschalten, wenn sie im Fernsehen auftaucht.«

»Lass nur, Mama. Diese Person ist mir völlig egal.«

»Das war eine Unverschämtheit. Die Wogan Show gucke ich nie wieder.«

Doch Vivienne nahm die Bloßstellung als Ermunterung, um umso lustvoller weiterzumachen. Ihre Mutter kümmerte sich um den Laden, und Vivienne setzte all ihre Energie daran, einem in den Tiefen der Modegeschichte verschütteten Kleidungsstück neues Leben einzuhauchen: dem Korsett, das doch lange Zeit als Symbol der Deformierung und Unterdrückung des weiblichen Körpers galt. In Viviennes Entwürfen jedoch sollte es zu einem Zeichen weiblichen Aufbegehrens und sexueller Selbstermächtigung werden. Die Kleidung, die sie für Frauen entwarf, sollte immer expressiv und sinnlich sein, und tatsächlich fand sie hierfür im Korsett eine geradezu ideale Vorlage. Inspiriert von der Männermode der vorrevolutionären Zeit Frankreichs, brachte sie in ihrer Kollektion außerdem die Leggins als Frauenbeinkleid auf den Laufsteg – eine hautfarbene Kreation mit einem im Schritt applizierten giftgrünen Feigenblatt.

Als sie die Strumpfhose präsentierte, stand die britische Boulevardpresse zu ihrer Freude wieder einmal kopf. Dass sie sich mit diesem Outfit vor dem Natural History Museum fotografieren ließ, um damit das streikende Museumspersonal zu unterstützen, setzte dem Ganzen die Krone auf. Ein weiterer Skandal.

»Ich weiß nicht, Vivienne, das sieht wirklich etwas ordinär aus«, meinte Dora bekümmert. »Ich dachte, du würdest jetzt andere Dinge machen.«

269

»Ich könnte dir eine Leggins in deiner Größe nähen. Die kannst du mit einem Jackett im Laden tragen.«

Doch darüber konnte ihre Mutter nicht lachen. Sie wandte sich ab und tat, als gebe es an der Kasse dringend etwas zu erledigen. Vivienne grinste in sich hinein, während sie ihre Sachen zusammensuchte, und verließ den Laden.

Sie hoffte, Sue Lawley würde sich ebenfalls über die Strumpfhose oder das Korsett empören. Denn die Wogan Show hatte sie daran erinnert, was sie im Herzen trug: den Punk, die Rebellion.

20

»Du glaubst nicht, was passiert ist, Gary!«

»Vivienne, nimm doch erst mal Platz.«

Es herrschte Hochbetrieb in dem italienischen Restaurant in Chelsea, in dem sie verabredet waren, trotzdem sahen sich die Leute nach der auffällig gekleideten Frau um, deren Stimme einen Hauch zu laut gewesen war.

Vivienne sank auf einen Stuhl, und Gary nahm über den Tisch hinweg ihre Hände.

»Was gibt es denn so Dramatisches?«, fragte er mit gesenkter Stimme. »Es ist doch niemandem etwas zugestoßen?«

Vivienne schnappte nach Luft. Sie war den ganzen Weg hierher gelaufen vor lauter Aufregung.

»Ganz im Gegenteil!«, sagte sie. »Du kennst doch Jean-Charles de Castelbajac, den Pariser Modedesigner?«

»Selbstverständlich. Ein alter Freund von dir.«

»Er hat mich neulich angerufen. Du weißt vielleicht, dass er Professor an der Kunstakademie in Wien ist.«

»Ja, und weiter?«

»Er hat gefragt, ob er mich vorschlagen dürfe, seine Nachfolge anzutreten. Ich habe dir das nicht erzählt, weil ich dachte, daraus wird eh nichts. Aber jetzt hat sich die Universität gemeldet. Sie laden mich an die Wiener Akademie für angewandte Kunst ein – ich soll eine Gastprofessur übernehmen!«

Gary klappte der Mund auf. Er wusste, was das für Vivienne bedeutete. Neben Malcolm und seinen Freunden hatte Vivienne es bisweilen befangen gemacht, dass sie keinen akademischen Abschluss hatte, und dieses Gefühl eines Mankos war ihr stets geblieben, egal, wie erfolgreich sie wurde. Nicht studiert zu haben, obwohl sie sich damals nichts sehnlicher gewünscht hatte, war schmerzhaft und ließ sie nicht los.

»Jean-Charles sagte, ich solle es mir gut überlegen«, fügte sie eilig hinzu, wie um sich selbst im Zaum zu halten. »Er sagt, man muss viel Zeit investieren, und die Bezahlung ist nicht besonders hoch. Damit käme eine Menge Arbeit auf mich zu.«

Gary durchschaute sie. Er beugte sich vor und drückte ihre Hände, ein strahlendes Lächeln auf seinem Gesicht.

»Ich bin so stolz auf dich, meine Liebe.«

»Ja, ich … ich danke dir.«

Wenn es nur so einfach wäre. Sie hatte schließlich längst nicht entschieden, ob sie das Angebot annehmen würde.

Er betrachtete sie prüfend.

»Du wirst doch annehmen, oder?«, fragte er.

Vivienne seufzte schwer. »Ich bin eine Autodidaktin in der Schneiderkunst. Alles, was ich weiß, habe ich mir selbst beigebracht. Kann ich denn überhaupt an einer Universi…?«

»Natürlich kannst du«, schnitt er ihr das Wort ab. »Was für eine absurde Frage, ich bitte dich.«

»Aber meine Stärke liegt in der Praxis. Was die akademischen und historischen Hintergründe angeht …«

»… weißt du mehr als die allermeisten Designer«, beendete er den Satz. »Dein Wissen über Kunstgeschichte und Schneiderkunst mag immer einen praktischen Bezug gehabt haben, gut. Du hast dich eben vor allem mit Fragen beschäftigt, die deine Arbeit tangieren. Aber glaub mir, Vivienne, in all den Jahren ist da einiges an Wissen zusammengekommen. Du stellst jeden Kunsthochschulabsolventen in den Schatten, davon bin ich überzeugt.«

Weil sie nicht wusste, was sie darauf antworten sollte, lächelte sie nur. Sie hoffte, dass er recht hatte. Überzeugt war sie jedoch nicht.

Ein Kellner mit bodenlanger Schürze trat diskret an den Tisch. Vivienne nahm dankbar die Karte entgegen, die er ihr reichte. Sie bestellte ein Wasser und fischte ihre Lesebrille hervor, die sie seit Neuestem brauchte.

Doch Gary ließ sie nicht aus den Augen.

»Gleitet, ihr Sterblichen, drücket nicht auf.«

»Was sagst du?«, fragte sie verwundert.

»Erinnerst du dich an Pierre-Charles Roy? Diesen zu Unrecht vergessenen französischen Librettisten? Er beschreibt einen winterlichen Schlittschuhläufer auf dem See: Unter dünnem Eis lauert der Abgrund, beängstigend, und gleichzeitig beschert das Eis uns solche Freude. So verhält es sich auch mit dem Leben, Vivienne.«

Sie lächelte. Ein passendes Bonmot einzustreuen war typisch für ihn. »Du hast ja recht. Ich sollte meine Bedenken in den Wind schießen. Nicht zweifeln und zögern, sondern die Gelegenheit beim Schopfe fassen. Ich habe mich schließlich nie von negativen Gedanken aufhalten lassen.«

»Du würdest im Fachbereich Mode unterrichten, richtig?«

»Ja, im Institut für Design«, bestätigte sie. »Da ist der Fachbereich Mode angegliedert.«

»Und welche Vorlesungen und Seminare sollst du halten? Was erwartet man von dir?«

»Ich soll die Modeklasse leiten, das ist die einzige Vorgabe. Die Themen kann ich selbst setzen.«

Er konnte sich ein Lachen nicht verkneifen. Sie sah überrascht von der Karte auf. »Was ist daran so witzig?«

»Du hast doch gern als Lehrerin gearbeitet – und jetzt kannst du Kunstlehrerin sein und die Themen selbst bestimmen. Was willst du mehr? Mir scheint das eine Art Fügung des Schicksals. Auf jeden Fall nichts, worum man sich sorgen sollte.«

Gleitet, ihr Sterblichen, drücket nicht auf. Sie versuchte, sich vorzustellen, wie sie vor einem Hörsaal stand, vor einer Menge talentierter, wissbegieriger Studenten, denen sie die Geschichte der Mode näherbringen konnte. Eigentlich mochte sie die Vorstellung.

Gary legte die Speisekarte zur Seite, seufzte und hielt nach dem Kellner Ausschau.

»Ach, Vivienne«, sagte er wehmütig. »Ich kann mir keinen besseren Ort vorstellen als eine altehrwürdige Kunsthochschule. Im Grunde hatte ich dort die beste Zeit meines Lebens.« Dann seufzte er. »Aber ich will dich nicht langweilen. Nicht alle Träume werden wahr, und ich habe mich trotz allem durchgeschlagen.«

Sie wusste, er hatte nie nennenswerten Erfolg als Maler gehabt, und ohne ihre Zuwendungen würde er kaum über die Runden kommen. Mit der eigenen Kunst erfolglos zu bleiben und Honorare als Berater einer Modedesignerin zu erhalten, das waren nicht die Ziele und Träume seiner Studienzeit gewesen.

»Danke für die Entscheidungshilfe, Gary. Es ist beschlossen: Ich gehe nach Wien«, sagte sie einem Impuls folgend.

Sein Blick klärte sich, und er wandte ihr überrascht den Kopf zu.

»Gut«, sagte er vornehm, nahm mit einem Lächeln die Karte wieder auf und gab dem Kellner ein Zeichen. »Was hältst du von der Pasta mit Meeresfrüchten, Vivienne?«

Am Eingangsportal des Hauptgebäudes der Wiener Universität, eines Prachtbaus aus der Zeit der K.-u.-k.-Monarchie, wartete eine studentische Hilfskraft, um Vivienne in Empfang zu nehmen. Eine hochgewachsene Frau mit einem schwarzen Bubikopf, die ein enges Top mit einem Schlauchrock trug und darüber eine weite Jeansjacke. Sie winkte erfreut, als sie Vivienne sah, und zeigte schneeweiße Zähne und Grübchen.

Vivienne fand sie auf Anhieb sympathisch.

»Frau Westwood! Es ist uns eine Ehre, Sie zu empfangen. Ich bin Klara, wir haben telefoniert.«

Vivienne freute sich über Klaras melodische Art zu sprechen, ihr Englisch erinnerte sie an den Sound einer Drehorgel. »Soll ich Ihnen etwas verraten?«, sagte sie zu ihr. »Von ein paar Stunden in sinnlosen Schneiderkursen abgesehen habe ich noch nie in meinem Leben eine Kunsthochschule besucht. Können Sie sich das vorstellen? Ich betrete zum ersten Mal wirklich eine Universität.«

Das offene Lachen der jungen Frau verriet, dass sie dieses Bekenntnis nicht als Nachteil ansah, im Gegenteil. Als sei Vivienne jemand so Unkonventionelles, dass eine Vergangenheit als ordentliche Studentin ohnehin nicht zu ihr passte.

»Dann erkläre ich Ihnen gern, wie hier alles läuft. Machen Sie sich keine Sorgen, das kriegen wir schon hin.«

Klara wandte sich dem Eingangsportal zu, zog die schwere Tür auf und ließ ihr den Vortritt. Vivienne zupfte ihr Plaid im Schottenkaro zurecht, das sie über ihre Schulter drapiert hatte, und trat mit ihren feinen Leggins aus schottischem Wollstrick über die Schwelle der Universität. Es fühlte sich an, als betrete sie eine Bühne.

Sie, die nie hatte studieren können, eine Ikone der Punkbewegung und ewige Kämpferin gegen das Establishment, würde historisches Design und Schneidertechnik an einer

Universität unterrichten, und das ausgerechnet im konservativen Wien. Hätte ihr das damals, als sie in Gordons WG eingezogen war, jemand erzählt, sie hätte ihn für verrückt erklärt.

»Ich zeige Ihnen, wo die Hörsäle und die Seminarräume sind«, sagte Klara. »Und Ihr Büro natürlich.«

Die Studentin führte sie in das historische Treppenhaus, in dem heller Stein und Säulengeländer das Bild prägten, und redete unentwegt über Viviennes Kollektionen, mit denen sie sich offenbar gründlich auseinandergesetzt hatte. Manchmal, wenn sie nicht das passende englische Wort für ein Detail aus Viviennes Arbeit fand, geriet sie kurz ins Stocken. Aber ihre Begeisterung blieb ungebrochen.

»Es ist mir sehr unangenehm«, bekannte Vivienne. »Ich sollte Deutsch lernen. Schließlich sind wir in Wien und nicht in London.«

»Ach, wieso denn. Alle Studenten sprechen Englisch. Viele auch Französisch und vor allem Italienisch. Also machen Sie sich keine Gedanken.«

»Nein, das verlangt die Höflichkeit. Ich werde versuchen, Deutsch zu lernen. Das habe ich mir fest vorgenommen.«

»Können Sie denn schon etwas auf Deutsch sagen?«

Vivienne nickte. Klara rechnete sicher damit, dass sie etwas sagte wie *Guten Tag* oder *Einen Kaffee, bitte*.

Doch sie sagte: »*Madonna mit Kind.*«

Klara wirkte ziemlich verdutzt, und Vivienne fügte hinzu: »Das Gemälde von Lucas Cranach. Gemäldenamen sind alles, was ich auf Deutsch kann. Wie: *Regenbogen mit Landschaft*. Sie wissen schon, Caspar David Friedrich. Oder: *Der Mo… Mo…*« Jetzt verließ es sie.

»*Der Mönch am Meer?*«, schlug Klara vor, und Vivienne nickte. Dann lachten beide laut.

»Damit können Sie locker eine Konversation auf Deutsch führen«, scherzte sie. »Überhaupt kein Problem, die wichtigsten Wörter kennen Sie bereits.«

Und schon steckten sie mitten in einem Gespräch über die deutsche Romantik in der Malerei und ihre Einflüsse in Europa. Sie plauderten so frei und ungezwungen miteinander, dass es Vivienne vorkam, als sei sie selbst Kunststudentin. Sie war nun beinahe fünfzig, fühlte sich jedoch so jung wie eh und je. Einen Moment lang stellte sie sich vor, sie wäre eine junge Frau wie Klara gewesen, damals, als sie Malcolm kennenlernte. Studentin an der Kunsthochschule in London, frei und ungebunden. Wie viel leichter wäre alles gewesen statt als geschiedene Alleinerziehende?

Andererseits stand sie heute genau da, wo sie sein wollte. Möglich, dass ihr Weg dorthin weniger steinig hätte sein können. Aber wer konnte schon wissen, ob sie überhaupt da angekommen wäre, wo sie jetzt stand. Es gab nichts zu bereuen. Und es war nicht ihre Art, vergebenen Chancen nachzutrauern.

In der Mensa trank sie zusammen mit Klara einen Tee, dann brachte ihre Begleiterin sie zu dem Vorlesungssaal, in dem ihre erste Veranstaltung stattfand.

»Nehmen Sie es bitte nicht persönlich, wenn die Studenten Ihre Arbeit nicht so gut kennen wie ich«, sagte sie verlegen, während sie durchs Treppenhaus gingen.

»Ach so?«, fragte sie verwundert. »Ich dachte, meine Kreationen seien bekannt in Wien?«

»Schon. Die Tweed-Kollektionen, das Korsett, der Mini Crini, all das, ja. Aber …«

Vivienne begriff sofort, was sie anzudeuten versuchte.

»Sie kennen keinen Punk«, stellte sie fest.

Klara wirkte erleichtert, es nicht selbst aussprechen zu müssen. »Wir sind hier in Wien, verstehen Sie? Die Studenten hören Mahler, nicht die Sex Pistols. Sie dürfen Ihnen das nicht übelnehmen.«

Vivienne nahm es ihnen keineswegs übel. Im Grunde fand sie es sogar sympathisch.

»Sie sind berühmt für die Arbeiten, die Sie unter dem Label Vivienne Westwood gemacht haben. Ich persönlich kenne natürlich auch Ihre älteren Kollektionen. Diese Kreationen sind genauso großartig. Aber … das empfinden nicht alle so.«

Klara räusperte sich, als wäre ihr diese Tatsache äußerst unangenehm. »Mr McLaren ist hier eher unbekannt. Alle reden nur von Ihnen.«

Vivienne musste sich sehr zusammennehmen, um nicht laut loszulachen. Zwar trug sie Malcolm inzwischen nichts mehr nach, schließlich hatte sie allen Widrigkeiten zum Trotz Karriere gemacht, trotzdem hätte sie gern sein Gesicht gesehen, wenn er das gehört hätte.

»Da vorn ist Ihr Hörsaal, Mrs Westwood. Die Vorlesungen beginnen gewöhnlich nach dem Ende des akademischen Viertels, also nicht um elf, sondern um viertel zwölf. Im Anschluss an die Vorlesung stehe ich Ihnen wieder zur Verfügung. Wenn Sie möchten, können wir zusammen Mittag essen gehen.«

Vivienne versicherte, dass es ihr eine Freude sei, dann betrat sie den Saal. Applaus brandete auf. Die Vorlesung war gut besucht, auf den ansteigenden Sitzreihen drängten sich die Studierenden, die neugierig zu ihr auf das Podium herabsahen. Vivienne bedankte sich für den Empfang und ließ den Blick lächelnd über die Reihen wandern.

Weit oben, auf der vertäfelten Fensterbank, entdeckte sie einen jungen Studenten, der dahockte und die Beine baumeln ließ. Er wirkte zuerst wenig interessiert, als Vivienne dem Auditorium ihren Plan zum Ablauf der Modeklasse vorstellte, schien er jedoch aufmerksam zuzuhören. Sie kam nicht umhin zu bemerken, wie gut er aussah, mit seinen breiten Schultern und den blauen Augen. Doch warum fiel ihr das überhaupt auf? Sie widmete sich wieder ihrem Skript.

Wie hätte sie auch wissen sollen, welche Rolle dieser junge Mann, höchstens halb so alt wie sie, für sie noch spielen würde? Dass dieser flüchtige Moment im Hörsaal ihr Leben für immer ändern würde?

21

Fahles Morgenlicht fiel durch die Jalousie in Viviennes Schlafzimmer. Ein Licht, das nichts beschönigte, nichts verbarg und niemandem schmeichelte. Vivienne stand nackt vor dem Spiegel und betrachtete sich. Von fern drangen Verkehrsgeräusche durchs Fenster, sonst war alles still.

Sie war jetzt fast fünfzig, und sie mochte ihr Aussehen. Sogar in diesem nüchternen Licht gefiel sie sich. Sie fand nicht, dass sie alt aussah. Eher spiegelte ihr Körper auf würdige Art wider, was sie erlebt hatte. In ihrem Gesicht erkannte sie Tiefen und Geheimnisse. Ein paar Zonen, die nicht gut gealtert waren, gab es natürlich. Aber insgesamt hatte sie für eine Frau in ihrem Alter wenig an sich auszusetzen.

Sie blieb vor dem Spiegel stehen, während die ersten Sonnenstrahlen über die Dächer auf der anderen Straßenseite blinzelten. Wie sah ein Mann diesen Körper? Ein Mann, der deutlich jünger war als sie?

Vivienne dachte an die Männer ihres Lebens zurück. Natürlich an Malcolm, der so wichtig für ihren künstlerischen Weg gewesen war. Sie hatte von Anfang an um seine Abgründe gewusst, und dennoch war der Preis, den sie am Ende ihrer Beziehung für ihre Liebe zu ihm bezahlt hatte, hoch gewesen, eine Weile dachte sie, zu hoch. Doch sie hatte längst ihren Frieden damit gemacht, und im Nachhinein wollte sie keinen Tag dieser Zeit missen.

Und dann war da Carlo, der ihr so gutgetan hatte. Ihr Miteinander war voller Harmonie und Leidenschaft gewesen, auch wenn Vivienne wohl selbst nie daran geglaubt hatte, dass die Gefühle zwischen ihnen genug für ein ganzes Leben wären.

Und nun war da dieser Mann, dieser breitschultrige, blauäugige, wunderbare Mann, der so ganz anders war als alle anderen und zu dem sie eine Verbindung spürte, wie sie es noch nie zuvor erlebt hatte. Andreas. Mit dem sie sich über ihre Ideen und Entwürfe, über ihren Blick auf die Welt in einer Weise austauschen konnte, dass sie beinahe anfing, daran zu glauben, es könne so etwas wie Seelenverwandtschaft geben. Und doch fragte sich Vivienne, ob sie sich auf dieses Gefühl einlassen könne, ob sie mutig genug für diese Liebe war.

Wenn sie an ihn dachte, war sie erfüllt von Glück, war durchströmt von Wärme. Ja, sie hatte es verdient zu lieben! Sie hatte verdient, sich bei einem Mann geborgen zu fühlen. Einen Partner zu haben, bei dem sie zur Ruhe kam. Der ihr ein Gefühl von Zugehörigkeit vermittelte. Sie wollte den Mut aufbringen, den es brauchte, dieses Leben zu wählen. Sie hatte es verdient, glücklich zu sein.

Ihr Spiegelbild wurde jetzt von den goldenen Strahlen der aufgehenden Morgensonne geschmeichelt. Sie wandte sich ab und warf sich einen Morgenmantel über. Mit einem Seufzer ging sie zur Küchenzeile, um sich einen Tee zu kochen. Sie würde sich auf einiges gefasst machen müssen. In Frankreich bekam man vielleicht einen Orden, wenn man als reife Frau eine Beziehung mit einem fünfundzwanzig Jahre jüngeren Mann einging. Aber in England würde man sie dafür wohl am liebsten in den Knast stecken …

Die erste Kollektion, die sie zusammen mit Andreas erstellte, hieß *Anglomania*, und sie wurde erneut in Paris präsentiert. Nach einer Pause, in der sie ihre Kollektionen nur in London gezeigt hatte, war sie in die französische Hauptstadt zurückgekehrt. Zwei Jahre zuvor hatte der Designer Azzedine Alaïa sie eingeladen, eine Show in seinem Atelier zu veranstalten. Paris war nun mal das Zentrum der Mode, das ließ sich nicht ändern, und viele der Londoner Gäste kamen ohnehin nur wegen ihr zur London Fashion Week – andere britische Designer interessierten sie nicht.

Wie üblich stürzten sich die Leute auf die wenigen Tickets, und innerhalb kürzester Zeit war die Show komplett ausgebucht. Die Reihen waren bis auf den letzten Platz belegt, überall drängten sich die Zuschauer. Und schon lange vor Beginn war die Luft in den Räumen hoffnungslos verbraucht.

»Mrs Westwood?« Eine der Assistentinnen tauchte hinter ihr auf, als sie vom Rand des Laufstegs ins Publikum spähte. »Es ist alles bereit. Wir können loslegen.«

»Ich gehe noch einmal alles durch. Warten Sie.«

Vivienne musste an ihre erste Modenschau in London denken, als sie die Kleider der Pirates-Kollektion auf einen Haufen geworfen hatte, mit der Ansage, jeder solle sich was aussuchen.

Sie lächelte in sich hinein. Diese Zeiten waren vorbei. Inzwischen plante sie den Ablauf akribisch, und erst nachdem Reihenfolge, Outfits, Frisuren und Make-up genauestens aufeinander abgestimmt waren, wagte sie einen Blick ins Publikum.

Trotz der Hektik, die hinter den Kulissen herrschte, war Vivienne vollkommen ruhig. Eine Eigenschaft, für die sie viele beneideten. Dabei blieb sie sich einfach treu: Sie fand, es gebe nichts, das so wichtig war, als dass es sie aus der Ruhe bringen sollte. Warum also hektisch werden?

»Ich frage mich gerade«, sinnierte sie mit Blick ins Publikum, während ihre Assistentin nervös auf sie wartete, »ob die Leute wegen mir kommen oder wegen der Models.«

Immerhin war backstage eine beeindruckende Reihe an Supermodels versammelt: Kate Moss, Naomi Campbell, Linda Evangelista und Nadja Auermann.

»Wer zieht hier eigentlich mehr Aufmerksamkeit auf sich? Meine Mode oder die Models?«

»Ihre Mode natürlich«, gab die Assistentin zurück, aber Vivienne lachte nur über ihr gestresstes Gesicht.

»Selbst die Models kommen doch Ihretwegen«, fügte die junge Frau ungeduldig hinzu. »Versace bezahlt diesen Supermodels bis zu zehntausend Dollar pro Auftritt. Und hier …« Sie stockte. *Kommen sie umsonst,* verkniff sie sich zu sagen.

Vivienne wusste, dass diese Frauen horrende Summen dafür verlangen konnten, für einen Designer über den Catwalk zu laufen – und bei ihr dennoch auf eine Gage verzichteten. Oder sie ließen sich von Vivienne mit den Kleidern bezahlen, die sie während der Show trugen. Denn auch wenn ihre Geschäfte inzwischen besser liefen, wäre sie niemals in der Lage gewesen, die Gage eines Supermodels zu bezahlen. Ein offenes Geheimnis in der Branche.

»Die Models stehen Schlange, um für Sie zu laufen.«

»Die Mädels sind so nett«, sagte Vivienne bescheiden. »Ich glaube ja, die Kleider gefallen ihnen einfach. Und es gefällt ihnen auch, dass sie bei Westwood ganz natürlich sein dürfen. Bei mir steht eben immer auch das Unvollkommene im Mittelpunkt, und jedes Model kann seine Individualität einbringen.«

Die Assistentin warf einen nervösen Blick zurück. Alle warteten gespannt auf Vivienne. Doch die schaute in aller Ruhe ins Publikum.

»Vor allem kommen sie, weil Ihre Schauen jedes Mal eine Sensation sind«, sagte die Assistentin, in der Hoffnung, Vivienne endlich hinter den Vorhang zu locken.

Letztlich spielte es auch keine Rolle, warum diese in der Branche gefeierten Frauen Lust hatten, Viviennes Mode zu präsentieren. Sie war einfach froh, sie dabeizuhaben. Manchmal zahlte sie ihnen eine Gage, die sie sich leisten konnte, zweihundert bis vierhundert Pfund pro Model. Naomi Campbell war es jedoch lästig gewesen, einen Scheck in dieser Höhe überhaupt einzulösen, und hatte ihn deshalb lieber einem wohltätigen Zweck gespendet.

Schließlich wandte sich Vivienne vom Publikum ab, und die Assistentin atmete erleichtert auf.

»Fangen wir an«, sagte Vivienne. »Präsentieren wir der Welt unsere neue Kollektion.«

Anglomania setzte sich mit der im Frankreich des 18. Jahrhunderts vorherrschenden Begeisterung für englische Kunst, Literatur und Kleidung auseinander, mit einer Zeit, in der der schlichte englische Stil der Aristokraten in das vorrevolutionäre Rokoko Einzug hielt. Vivienne ließ das Überschwänglichkeit dieser Zeit wiederaufleben, mit voluminösen Ballkleidern im Schottenmuster, mit fülligen Pelzen, mit Karo aus Wolle und Tweed. Mode war für sie immer schon die Wechselbeziehung von englischer Schneiderkunst und französischer Couture gewesen. Mit *Anglomania* würdigte sie die Verbindung beider Nationen.

Bereits das erste Model, das auf den Laufsteg trat, erntete begeisterten Applaus. Vivienne, die backstage letzte Fragen zu Make-up und Frisuren geklärt hatte, schlängelte sich durch das Durcheinander aus Menschen und Klamotten und Accessoires, um den Laufsteg im Blick zu haben.

Die Stimmung war euphorisch, und dann betrat Naomi Campbell den Laufsteg mit himmelhohen Schuhen aus blauem Krokodillederimitat. Sie trug ein königsblaues Jackett, einen Schottenkilt und eben diese Schuhe, deren Absätze fünfundzwanzig Zentimeter hoch waren.

Sie bewegte sich elegant, wirkte fast überirdisch schön, fand Vivienne. Es war eine Freude, ihr zuzusehen. Doch dann war da plötzlich ein Schlenkern in ihrem Gang, ein erschreckter Aufschrei im Publikum, und Naomi fiel. Sie knickte seitlich weg und ging zu Boden, die Beine nach vorn gestreckt. Vivienne hielt die Luft an. Es war der schlimmste Alptraum eines Models, auf dem Catwalk zu fallen, manch eine Show hätte man dadurch ruinieren können.

Nicht aber Viviennes. Und so lachte Naomi über sich selbst, als sei alles ein großer Spaß. Das Publikum hielt den Atem an und fiel verblüfft ins Lachen ein. Dann stand Naomi, so elegant es ihr möglich war, auf und lief weiter. Hinter den Kulissen waren alle zunächst in Schockstarre gefallen, nun aber schickte ein Assistent geistesgegenwärtig das nächste Model hinaus, und Naomi kehrte zurück.

»Sorry, ich hätte mehr üben sollen!«, rief sie Vivienne entgegen. »Ich hatte zu viel Gewicht auf der Ferse statt auf den Zehenspitzen.«

»Ach, was soll's, nimm es nicht so schwer«, sagte Vivienne und dachte sich, dass die Gummistrumpfhose, die zum Outfit gehörte, wohl auch nicht die beste Idee gewesen war.

Doch Naomi schien aufgewühlt. Dabei hatte sie wunderschön ausgesehen, selbst beim Fallen, dachte Vivienne.

Die Show ging weiter, ein Model nach dem anderen be-

287

trat den Laufsteg. Naomi bestand darauf, ein zweites Mal rauszugehen, im selben Outfit und mit denselben Schuhen.

»Vivienne, ich gehe jetzt zurück auf den Catwalk«, sagte sie. »Aber wenn ich noch mal falle, stehe ich nicht wieder auf. Dann kommst du und holst mich!«

Sie lachte. »Das werde ich, fest versprochen.«

»Einen Stock«, rief jemand, und von irgendwo wurde ein eleganter, hölzerner Gehstock aufgetrieben, den sie als Stütze nutzen sollte. Naomi stolzierte in den blauen High Heels zurück auf den Laufsteg, doch sie dachte gar nicht daran, den Stock als Gehhilfe zu nutzen. Stattdessen hielt sie ihn waagerecht in der Luft, während sie einmalig elegant über den Laufsteg schritt, so dass die Schuhe atemberaubend gut zur Geltung kamen. Diesmal fiel sie nicht, und im Publikum brach Jubel aus.

Die *Anglomania*-Show wurde ein voller Erfolg. Die extravaganten Kleider, die Topmodels, die spektakuläre Vorführung und nicht zuletzt Naomis Sturz hatten einen unvergesslichen Eindruck hinterlassen. Beim Finale begleitete Vivienne ihre Models auf den Catwalk und verbeugte sich. Tosender Applaus erfüllte den Raum. Alle wollten Vivienne für ihre Kreationen feiern, die Presse stand bereit, sich auf sie zu stürzen, sobald sie vom Laufsteg trat.

Während sie dastand, im Licht der Scheinwerfer, und den Beifall entgegennahm, wurde ihr bewusst, dass sie mit dieser Show angekommen war – auf dem Gipfel ihrer bisherigen Karriere als Designerin. Die Modewelt feierte sie ausnahmslos, und mit Andreas hatte sie einen Begleiter gefunden, der ihr sowohl in der Kunst als auch in der Liebe zur Seite stand. Es schien, als habe sie alles im Leben erreicht.

Viel später, nachdem der Sturz die internationale Presse eine ganze Weile in Atem gehalten hatte und die Kollektion auf diese Weise in aller Munde gewesen war, erzählte Naomi, dass andere Designer ihr Geld geboten hatten, damit sie sich absichtlich auf ihrem Laufsteg fallen ließe. Sie hatte natürlich empört abgelehnt. Auch Vivienne begriff nicht, wie man auf so eine Idee kommen konnte. Billiges Kopieren, um Umsatz zu machen, wäre ihr nie in den Sinn gekommen.

Nachdem sie den Applaus entgegengenommen hatte, kam ihr die *Pirates*-Show in den Sinn, die erste Kollektion, die sie mit Malcolm entworfen hatte. Sie erinnerte sich, wie sie nach der Show auf dem Laufsteg gestanden hatte und bejubelt wurde, ebenso wie jetzt. Damals dachte sie, sie könne für immer weitermachen. Mode, war ihr in diesem Moment klar geworden, war ihr Leben. Und ähnlich wie damals fasste sie auch jetzt den Entschluss, dass sie niemals aufhören würde, Entwürfe zu machen, solange sie lebte. Es war ihre Leidenschaft, ihre Passion, ihr Ziel im Leben. Und diesmal gab es niemanden mehr, der versuchen würde, diese Leidenschaft zu zerstören.

London, zwölf Jahre später

Vivienne war wieder mal die Erste im Atelier. Sie schloss auf, schaltete das Licht ein und genoss den frühmorgendlichen Dornröschenschlaf in den verwaisten Arbeitsräumen, in denen es sonst so betriebsam zuging. Sie liebte die vielen Dinge, die es zu entdecken gab: die angefangenen Arbeiten auf den Tischen, die Stoffballen, die sich in den Ecken türmten, die vielen Farben und Muster und den Duft der fabrikneuen Ware.

Seit sie jenseits der sechzig war, fragte man sie immer wieder, ob sie über den Ruhestand nachdenken würde. Vivienne fand die Frage seltsam. Im Ruhestand machten die Leute schließlich das, was ihnen gefiel. Und genau das tat sie, wenn sie arbeitete. Warum sollte sie daran etwas ändern wollen?

Wie sie stets gehofft hatte, waren ihr im Laufe ihrer Karriere nie die Ideen ausgegangen. Es war immer weitergegangen, von Kollektion zu Kollektion begann der Faden der Inspiration von Neuem zu schwingen. Sie konnte sich nicht vorstellen, je die Lust an Mode, am Gestalten oder daran zu verlieren, neue Ideen zu entwickeln, um die Frauen ihrer Zeit zu kleiden.

In ein paar Monaten würde sie zur »Dame« ernannt werden, die höchste aller Ehrungen, die sie als Britin erhalten konnte. Prince Charles persönlich würde sie in den Adelsstand erheben. Wer hätte das je für möglich gehalten? Wie lange hatten die Briten sich gesträubt, ihre Leistungen anzuerkennen? Auch diese Zeit war wohl endgültig vorüber.

Sie ging in die Küche und kochte Teewasser. Dann schnappte sie sich den *Guardian*, der auf der Anrichte herumlag, und fläzte sich mit der dampfenden Tasse in einen Sessel am Fenster. Sie setzte die Brille auf und durchblätterte die Zeitung.

Ein Interview mit dem Wissenschaftler James Lovelock fiel ihr ins Auge. Es ging um den Klimawandel, zu dem er eine Theorie entwickelt hatte: Die Theorie der Gaia, benannt nach der Muttergottheit der griechischen Mythologie, der personifizierten Erde. Demnach war der Planet nicht nur ein toter Stein im All, sondern ein sich selbst regulierendes System, bestehend aus allem, was lebte. Ein einziges Lebewesen, das sich aus der Gesamtheit aller Organismen auf der Erde formte. Vivienne war fasziniert, was war das für eine spannende Idee?

So wie Lovelock den Klimawandel erklärte, wurde er real und bezwingend logisch. Doch was er schrieb, erschütterte Vivienne zutiefst. Seinen Schätzungen zufolge würden am Ende dieses Jahrhunderts nur noch etwa eine Milliarde Menschen auf der Erde leben. Was bedeutete, dass in wenigen Jahrzehnten der Großteil der Menschheit ausgestorben wäre.

Vor Viviennes innerem Auge spielte sich ein grauenhaftes Szenario ab: Überall auf dem Planeten Dürre und Hungersnöte, verschlingende Fluten und brennende Hitze. Menschen ohne ein Zuhause, die umherirrten und versuchten, etwas zu essen zu finden. Unvorstellbar!

Natürlich wusste Vivienne von den vielschichtigen Problemen, die mit dem Klimawandel zusammenhingen. Aber so eindringlich und überzeugend waren sie ihr bislang nie erklärt worden.

Sie sah von der Zeitung auf und blinzelte die Bilder fort, blickte auf ihr Atelier im sanften Morgenlicht. Stoffe, Kleider, Schneidertische, alles strahlte Unvergänglichkeit aus. Wie trügerisch diese Ruhe doch war. Und wie groß die Probleme, die auf diese Welt zukamen.

Man musste doch etwas tun können, dachte sie aufgewühlt. Warum hatte sie nicht früher etwas unternommen? Das Thema war ihr schließlich nicht neu. Doch so eindringlich wie James Lovelock, gestand sie sich ein, hatte es ihr zuvor niemand nahegebracht. Die Menschheit war vom Aussterben bedroht, warum hatte das nicht längst oberste Priorität?

Die Tür wurde aufgestoßen, und eine ihrer

Schneiderinnen tauchte auf, einen tropfenden Regenschirm über den Arm gehängt.

»Guten Morgen, Vivienne«, rief sie fröhlich. »Du bist ja schon da! Scheußliches Wetter, was?«

Vivienne achtete kaum auf sie. Erneut erschienen entsetzliche Bilder vor ihrem geistigen Auge. *Ich muss bereit sein, Farbe bekennen*, sagte sie sich. *Ich muss etwas tun.*

Sie würde eine Heldin sein müssen.

»Soll ich dir einen Tee kochen?«, fragte die Schneiderin mütterlich und stellte den Schirm in die Ecke. Dann hielt sie inne und sah Vivienne überrascht an. »Ist alles in Ordnung mit dir, Liebes?«

Teil III

FUTURE

2012-2015

22

Aus dem Stadion drangen Jubelrufe und Gesänge. Es herrschte eine grummelnde Unruhe, wie vor einem Gewitter. Vivienne spürte die Aufregung bis in ihre Kabine. Sie versuchte, ruhig zu bleiben, während sie in ihr Kostüm stieg. Versuchte, sich nichts anmerken zu lassen.

Es herrschte ein wildes Durcheinander. Hairstylisten und Make-up-Artists, Mitglieder der Performance-Gruppen und des Organisationsteams. Achtzigtausend Zuschauer füllten die Ränge, begierig auf die bombastische Show, die ihnen präsentiert werden sollte und von der Vivienne ein Teil sein würde. Der Countdown lief.

Eine junge Frau steckte den Kopf durch die Tür. »Mrs Westwood? Noch fünf Minuten.«

Vivienne sah zum Spiegel. Sie war die Boudicca, die Heerführerin der alten Briten, die auf einem Streitwagen ins Stadion einfahren würde. Ihr Make-up glich einer Kriegsbemalung, schwarz und mit nach unten gezogenen

Mundwinkeln. Passend für eine Kriegerin und ebenso passend für ihr waghalsiges Vorhaben.

»Mrs Westwood? Fünf Minuten«, sagte sie. »Kein Problem.«

Die Frau nickte und hastete weiter. Vivienne wandte sich wieder ihrem Kostüm zu. Die Steampunk-Show, das *Festival of the Flames*, war Teil der Abschlussveranstaltung der Paralympischen Spiele. Das letzte Kapitel der überaus erfolgreichen Olympiade, die während des Sommers in London stattgefunden hatte. Vivienne war eingeladen worden, zusammen mit anderen prominenten Darstellern ins Stadion einzuziehen, auf surrealen, phantastischen Fahrzeugen – Piratenschiffen aus Schrott und Altmetall, einem glitzernden Truck mit Libellenflügeln und einem Gefährt aus goldenen Zahnrädern. An der Seite einer kostümierten Armee wären sie Teil einer gigantischen Lichtshow. Zuerst sagte Vivienne dem Veranstalter, man solle ein Model auf den Streitwagen setzen, keiner wolle sie da oben sehen. Doch er bestand darauf, dass sie selbst kommen sollte, und als ihr bewusst wurde, dass Millionen von Zuschauern weltweit das Spektakel am Fernseher verfolgen würden, begriff sie, welche Chance darin lag. Sie musste diese Gelegenheit unbedingt nutzen.

Dafür hatte sie eine Menge Leute hinters Licht führen müssen, denn hätte sie verraten, was sie für den Auftritt plante, hätte man sie von der Show ausschließen müssen. Also blieb ihr nichts anderes übrig, als notgedrungen zu schwindeln. Doch jetzt, da sie im Begriff war, ins Stadion einzuziehen, gab es keine Zweifel mehr. Sie spürte nur noch Entschlossenheit.

Vor der offenen Garderobentür geriet etwas in Bewegung. Schauspieler und Tänzer, in fulminante Kostüme gekleidet, drängten sich im Schritttempo zum Ausgang. Es ging hinaus zum Stadioneingang, wo alle Position bezogen.

»Mrs Westwood?« Die Assistentin des Veranstalters tauchte auf. »Ich soll Sie zu Ihrem Wagen bringen. Sind Sie so weit?«

Die junge Frau hatte ihre Haare hochgesteckt und trug einen konventionellen Blazer, doch darunter eine kirschrote Bluse, die auf kunstvolle Weise drapiert war und einen ausladenden Faltenwurf zeigte. Kein Designerstück, aber ungewöhnlich. Vivienne fragte sich, ob sie die Bluse selbst genäht hatte.

»Der Streitwagen steht für Sie bereit.«

»Dann wollen wir mal«, sagte Vivienne und trat vorsichtig vor, um das Stoffbanner, in das sie wie in ein Cape gewickelt war, nicht in Unordnung zu bringen.

Die Assistentin lotste sie zu den Fahrzeugen, durch das Chaos an drängelnden, schimpfenden und aufgeregten Kostümierten vorbei.

»Wie schaffen Sie es nur, so ruhig zu bleiben?«, sagte die Frau und warf Vivienne einen Seitenblick zu. »In all dem Wahnsinn hier.«

Das entlockte Vivienne ein Lächeln, war sie doch aufgeregter als bei so mancher Modenschau. Man merkte es ihr nur nicht an.

»Glauben Sie mir, da habe ich Schlimmeres erlebt. Bei meiner ersten Kollektion in Paris sind die Kleider beim Zoll hängen geblieben. Die Show hatte schon angefangen, die ersten Models liefen, und wir haben backstage noch die letzten Stücke zusammengeflickt. Und das war die wichtigste Show meines Lebens.«

»O Gott. Für mich reicht das hier völlig. Diese Treppe hoch, bitte. Soll ich Ihnen mit dem Kleid helfen?«

Vivienne trat auf die unterste Stufe, und die Stoffbahn des Capes geriet ins Rutschen. Ein Buchstabe auf dem Banner wurde sichtbar. Eilig raffte sie das Gewand, doch die Assistentin hatte es gesehen.

Sie wirkte nicht überrascht. Im Gegenteil. Mit einem Schulterblick versicherte sie sich, dass sie unbeobachtet waren, dann sagte sie: »Ich weiß, was Sie vorhaben. Hat sich bereits rumgesprochen.«

Im ersten Moment war Vivienne perplex, aber die junge Frau lächelte verschwörerisch. »Ich finde es großartig, was Sie machen.«

Dann half sie Vivienne, die Stufen zu erklimmen und die Bühne zu betreten, die sie für ihre Zwecke nutzen wollte. Für ihren Moment im Licht der Fernsehkameras, den sie seit Wochen minutiös plante, wenn Millionen Zuschauer weltweit ihr zusehen würden.

Seit sie den Artikel im *Guardian* gelesen hatte, war sie entschlossen, ihren Beitrag zu leisten. Sie wollte ihrem Kampf gegen den Klimawandel möglichst große Aufmerksamkeit verschaffen. Denn sie begriff, solange die Regierungen nichts taten, war die öffentliche Meinung das Einzige, was diese Welt noch retten konnte. Sie musste so viele Menschen wie möglich erreichen. Und heute Abend würde sie damit beginnen.

»Hier wären wir, das ist Ihr Wagen«, sagte die Assistentin, die Vivienne zu einem aus Metallschrott recycelten, phantasievollen Gefährt führte. Die ersten Performance-Gruppen zogen zu martialischer Musik und mit Pyrotechnik ins Stadion ein. Käferfahrzeuge, ein Fischskelett, ein Pferdekopf, dazu Kostümierte, Trommler und brennende Fahrräder.

Ihre Mitstreiter waren bereits auf den Wagen geklettert. Andreas und Joe, die in ihre Pläne eingeweiht waren und sie unterstützen wollten, fanden sich zu beiden Seiten neben ihrem Thron ein. Sie warteten nur noch auf die Boudicca.

»Ich bewundere Sie!«, sagte die Assistentin.

»Weil ich ein Transparent enthülle?«, fragte Vivienne. »Da habe ich schon ganz andere Sachen gemacht, glauben Sie mir.«

»Nein, das meine ich nicht.«

Vivienne blickte sie fragend an.

»Sie haben in der Mode alles erreicht. Und jetzt wagen Sie den Neuanfang als Umweltaktivistin. Wie schaffen Sie das?«

Zuerst glaubte Vivienne, die junge Frau wolle ihr nur schmeicheln, doch dann erkannte sie, dass sie es ernst meinte.

»Ich tue einfach nur, was ich kann«, sagte sie. »Das sollten Sie auch. Jeder sollte das.« Denn das war es, wovon sie überzeugt war: »Gemeinsam werden wir immer in der Lage sein, etwas zu ändern.«

Damit stieg sie auf den Streitwagen, der in ihren Augen genial gearbeitet war. Sie sah zu Andreas und Joe, die mit der Bedienung des Gefährts beschäftigt schienen. Wie froh sie war, die beiden an ihrer Seite zu haben. Sie wussten genau, was zu tun war, und würden Vivienne nicht allein lassen.

Wie auch die anderen Wagen, die, begleitet von stampfenden Trommelklängen, in die Arena einzogen, setzten sie sich nun langsam in Bewegung.

Der Jubel war ohrenbetäubend. Vivienne stand aufrecht auf dem Wagen, mit ihrer Kriegsbemalung, und ließ sich ins Zentrum des Spektakels fahren. Jetzt ging es darum, den Moment abzuwarten, in dem alle Kameras auf sie gerichtet waren.

Der Wagen wendete schwankend, und begleitet vom Feuerschein brennender Fackeln und spinnenartigen Traumwesen kamen sie ins Zentrum der Arena. Viviennes Herz schlug wie verrückt. Gleich würden die Kameras sie ins Visier nehmen. Gleich würden Millionen Augen auf sie gerichtet sein. Und dann plötzlich war es so weit. Mit einem entschlossenen Ruck warf sie ihr Cape von den Schultern, damit es sich zu einer langen schwarzen Stoffbahn entrollte. In großen weißen Lettern stand nun über dem Streitwagen: *Climate Revolution*.

Es war die Botschaft, die sie hinaus in die Welt rufen

wollte, die Verkündung der Klimarevolution. Denn sie wollte nicht weniger als eine Revolution anzetteln. Wieder einmal.

23

»Du warst großartig, Vivienne!«

David grinste. Auch wenn sein strahlendes Gesicht auf ihrem Computerbildschirm immer wieder einfror und der Ton stockte, war seine Begeisterung beinahe greifbar. Trotz der Zeitverschiebung herrschte bei ihm in Peru bereits gleißender Sonnenschein, und man sah die Schweißflecken auf seinem T-Shirt.

»Das kannst du doch gar nicht wissen«, wehrte sie sich.

»Doch. Wir haben die Liveübertragung gesehen, über Satellitenempfang!«, sagte er. »Dein Auftritt im Streitwagen – episch! Wir werden es ihnen zeigen, warte nur ab. Jeden Tag schließen sich uns mehr an.«

Vivienne freute sich über seinen Enthusiasmus. »Die Climate-Revolution-Webseite ist jetzt online«, sagte sie. »Wir haben tolle Klickzahlen. Ich habe mein Manifest veröffentlicht. Und man kann mir auf meinem Blog folgen – und für Cool Earth spenden.«

Cool Earth war der Name der NGO, für die David arbeitete. Eine Organisation mit dem Ziel, die Abholzung des Regenwaldes zu stoppen und damit den Klimawandel zu bekämpfen.

Vivienne hatte es geschafft, James Lovelock bei einer Veranstaltung zu treffen und ihn zu fragen, wie sie sich am besten persönlich engagieren könne. Seine Antwort war klar gewesen: Die Menschen mussten zuallererst den Regenwald retten. Wenn der Regenwald weiterhin in dem Tempo abgeholzt würde, wie es zurzeit geschah, sei der Klimawandel nicht mehr aufzuhalten. So war Vivienne auf Cool Earth aufmerksam geworden. Dort ging man davon aus, den Regenwald am effektivsten zu schützen, wenn man die indigenen Völker dort mithilfe finanzieller Mittel in die Lage versetzte, ihren Lebensraum zu sichern. Die Zusammenarbeit mit ihnen war die effektivste Art, die illegale Abholzung und Ausbeutung der Wälder einzudämmen.

Vivienne war begeistert gewesen von der Einfachheit der Idee – und ihrer Wirksamkeit. Sie hatte nicht lange überlegt und eine Million Pfund an Cool Earth gespendet.

»Ich kenne eine Menge prominenter Unterstützer, die sich uns anschließen wollen. Oder wenigstens Geld spenden.«

»Jeder Dollar hilft, das weißt du.«

»Es ist nicht nur das Geld. Es gibt so viele wundervolle Menschen, die uns Aufmerksamkeit verschaffen. Wie Naomi Campbell, die es immer wieder schafft, Leute an

Bord zu holen, die sonst niemals mit dem Thema Klimawandel in Berührung kommen. Wir können gar nicht genug Unterstützung erhalten.«

Die öffentliche Aufmerksamkeit war die wichtigste Währung, über die sie verfügten. Und Vivienne kannte eine Menge Menschen, die in der Öffentlichkeit standen.

»Wir müssen uns dagegen wehren, dass Politiker und Großunternehmen länger untätig bleiben«, sagte sie. »Und dafür brauchen wir Prominente, die das zum Thema machen.«

»Je mehr, desto besser«, sagte er und lächelte. »Ich hätte nie gedacht, dass ausgerechnet jemand aus der Modewelt für uns zur wichtigsten Verbündeten wird.«

»Du tust der Mode unrecht. Naomi und ich, wir erreichen eben die Leute, die ihr über eure Kanäle nie adressieren könntet. Und umgekehrt«, erklärte sie. »Auf gewisse Weise ist die Klimarevolution eben Punk. Und glaub mir, damit kenne ich mich aus.«

Denn Punk war eine Haltung, eine Einstellung zum Leben. Was sie bei den Abschlussfeierlichkeiten der Olympiade getan hatte, war absolut Punk. Nur hatte sie heute bessere Argumente.

»Ich kann die Mode als Medium nutzen. *Climate Revolution* fließt in meine aktuellen Kreationen ein. Mode ist Kunst. Das versuche ich seit Jahrzehnten zu beweisen. Und Kunst ist das beste Mittel, das wir haben, wenn wir die Welt ändern wollen.«

»Was würden wir ohne dich tun, Vivienne? Die Leute

hier haben keine Ahnung von Mode. Sie kennen dich nur, weil du eine wichtige Aktivistin bist.«

»Früher haben wir immer gesagt: Sei vernünftig, verlange das Unmögliche. Das habe ich nie vergessen.«

In diesem Moment klopfte es an der Tür, und ein Mann im Anzug trat in ihr Büro. Vivienne blickte auf. Vor ihr stand ein Mitarbeiter aus der Marketingabteilung, im schlichten Businessanzug – das absolute Gegenstück zu dem verschwitzten jungen Mann, der aus Peru per Video-Call zugeschaltet war.

»Sie wollten mich sprechen, Mrs Westwood?«

»David, ich muss Schluss machen«, sagte sie und beendete den Anruf.

»Nehmen Sie doch Platz«, sagte sie.

Er setzte sich und schlug die Beine übereinander.

»Der Ruf der Klimarevolution«, sagte er freundlich mit Blick auf den Computer, doch es hörte sich an, als nehme er die Sache nicht ernst.

»Dieses Thema hat jetzt Priorität bei mir«, erklärte sie ihm.

»Natürlich«, sagte er schnell. »Eine wichtige Sache.«

»Ich habe beschlossen, die Marke Vivienne Westwood nicht mehr expandieren zu lassen. Im Gegenteil. Die Stoffe und Materialien sollen künftig noch sorgfältiger ausgesucht werden. Wir sehen genau hin, wo wir unseren Beitrag leisten können.«

Vor einem Jahr war Vivienne von der UN nach Kenia eingeladen worden. Die Armut dort hatte sie tief getroffen.

Nun stellten über zweihundert kenianische Frauen Taschen für ihr Label her, und zwar aus Recyclingmaterialien. Ein einfacher Plan, der so viel besser war als simple Wohltätigkeit, weil er Arbeitsplätze schaffte.

»Ich denke, Sie sollten es sich zur Aufgabe machen, das der Öffentlichkeit zu kommunizieren«, sagte sie. »Das Engagement der Marke Vivienne Westwood sollte uns zugleich als Werbung dienen. Vielleicht können wir auf diese Weise auch andere davon überzeugen, sich zu engagieren. Geld zu spenden oder was auch immer.«

Er rutschte nervös auf dem Stuhl herum. Offenbar wusste er nicht, was er erwidern sollte. Es war immer dasselbe. Vivienne verstand einfach nicht, was die beim Marketing den ganzen Tag machten.

Diese Marketingleute nehmen denselben Standpunkt ein wie die Marxisten, hatte Gary einmal gesagt. *Sie wollen die Diktatur des Proletariats durchsetzen. Und der gute Geschmack wird dabei als Allererstes vom Tisch gefegt.*

»Wie Sie wissen, verfolgen wir eine langfristige Strategie bei der Markenentwicklung«, begann er, nachdem er sich gefangen hatte. »Unsere Marktforschungsabteilung hat dabei die Erkenntnis geliefert, dass wir …«

Vivienne hob die Hand, um ihn zu stoppen. Er hatte noch nicht einmal angefangen, und schon verstand sie kein Wort mehr.

»Was spricht dagegen, wenn mein Unternehmen an der Seite von Cool Earth an die Öffentlichkeit geht?«, fragte sie. »Vielleicht holen wir noch Menschen mit an Bord, die spenden möchten. Ich meine, wir können doch machen, was wir wollen, oder? Es ist allein unsere Entscheidung.«

»Man könnte uns vorwerfen, dass wir als Unternehmen auf Wachstum und Konsum angewiesen sind und deshalb unser Wirtschaftshandeln im Widerspruch steht zu solchen ...«

»Wachstum interessiert mich nicht«, unterbrach sie ihn. »Mich interessiert der Klimawandel. Ich dachte, das hätte ich klargemacht.«

»Wir verdienen Geld damit, dass Menschen Mode kaufen, dass sie unsere Produkte konsumieren.«

»Der Ausweg ist Kultur, nicht Konsum«, erwiderte Vivienne streng. Er sah sie verständnislos an. »Wenn jemand mit einer Tüte voll billiger T-Shirts aus einem Geschäft kommt«, erklärte sie, »dann ist das meiner Meinung nach schlimmer, als wenn eine reiche Dame ein einziges schönes Kleid kauft. Noch dazu eins von uns, die wir bei der Herstellung auf so viele Dinge achten.«

»Aber die Kampagne, die wir fahren ...«

»Ich bin noch nicht fertig. Ich glaube fest daran, dass es das Problem des Klimawandels in diesem Ausmaß gar nicht geben würde, wenn unser Konsum nachhaltiger wäre und jeder eben nur wenige, dafür umso schönere Sachen tragen würde. Wenn wir Qualität kaufen statt Masse.«

»Das stimmt natürlich. Ich wüsste nur nicht, wie ...«

Vivienne unterbrach ihn erneut. »Kunst ist das Gegenteil von Konsum. Man kann sie nicht einfach schlecken wie ein Eis. Man muss sich anstrengen, die eigene Wahrnehmung schärfen und Vergleichen lernen. So soll meine Mode sein. Man soll sich mit ihr auseinandersetzen müssen. Genau überlegen, was man kauft. Mode muss sozial gerecht und ökologisch nachhaltig sein. Und wenn statt einer Tüte voll Fast-Fashion auch nur ein einziges T-Shirt bei uns gekauft wird, dann sind wir auf dem richtigen Weg. Denken Sie nicht?«

Er sah nicht aus, als hätte sie ihn überzeugt. Er redete eine Weile, doch Vivienne hatte nicht die Geduld, ihm zuzuhören. Sie nickte fahrig, und als er eine Pause machte, stand sie auf.

»Ich muss leider zu einem Termin. Heute Nachmittag gibt es eine Kundgebung der *Friends of the Earth*. Sie glauben gar nicht, wer alles da sein wird. Wissen Sie, ich komme mehr und mehr zu dem Schluss, dass bei der Klimarevolution nicht wie sonst Reich gegen Arm kämpft. Hier kämpfen Idioten gegen diejenigen, die die Welt retten wollen. Ach, und ich werde für ein paar Wochen nicht in London sein.«

Ihre Ankündigung überrumpelte ihn vollends.

»Nein?«, fragte er erstaunt. »Wo sind Sie denn?«

»Sie wissen es noch gar nicht?«, fragte sie und lächelte. »Ich fahre nach Peru. Ins Amazonasgebiet.«

Nach einer nahezu schlaflosen Nacht bestieg Vivienne im November 2012 das Flugzeug, das sie über den Atlantik nach Südamerika brachte. Gemeinsam mit einem Team von Cool Earth wollten sie dort das größte indigene Volk im Regenwald aufsuchen, die Asháninka. Weil sie auf dem gesamten Flug ebenfalls kein Auge zumachte, landete sie völlig erschöpft in Lima.

Lima war noch größer als London und empfing sie mit lautem, quirligem Leben und chaotischem Verkehr. Die erste Nacht verbrachten sie in einem heruntergekommenen Hotel im alten Zentrum. Die Fenster führten zur Straße und hielten kaum etwas von dem Verkehrslärm ab, der bis zum Morgengrauen anhielt. Dann reisten sie auch schon weiter in den Regenwald. Zuerst nahmen sie ein Taxi zum Flughafen, dann ein Kleinflugzeug, das sie landeinwärts brachte, weiter ging es mit einem Jeep zum Amazonas und von dort auf ein Boot, das zu einer vierstündigen Fahrt ablegte.

Sie waren Teil einer kleinen Gruppe von Aktivisten, Wissenschaftlern, Naturschützern und einheimischen Übersetzern. Freundliche und kluge Leute, unter denen sich Vivienne auf Anhieb wohlfühlte, auch wenn die meisten nicht halb so alt waren wie sie.

Das Boot führte sie auf dem Amazonas in unberührte Landschaften. Dichter Dschungel säumte die Ufer. Ab und zu tauchten farbenfrohe Vögel über den üppigen Baumkronen auf und stießen fremdartige Laute aus. Dann raschelte es in den Blättern, Affen schrien. Nach und nach verschwanden alle Hinweise auf Zivilisation.

Während der Bootsfahrt saß Vivienne an der Reling und sah unter der Krempe ihres Sonnenhuts auf das Ufer und die überschwängliche Schönheit der Natur.

David, der als Biologe zum Team von Cool Earth gehörte, setzte sich zu ihr. Er folgte ihrem Blick auf den vorüberziehenden Dschungel, und sie lauschten den ungewohnten Geräuschen des Urwalds.

»Es ist wunderschön hier, oder?«, fragte er.

Vivienne nickte, ergriffen vom Ausmaß dieses unberührten Naturspektakels.

»So ist es immer beim ersten Mal«, sagte David. »Man ist völlig überwältigt. Am liebsten würde ich selbst bei den Asháninka leben. Na ja, meistens jedenfalls.« Er lachte. »Ab und zu mag ich auch ein heißes Bad und ein Curry vom indischen Imbiss um die Ecke.«

Aus den Wäldern drangen jetzt die Schreie einer ganzen Gruppe von Affen, in den Baumwipfeln bewegten sich die Blätter, doch sonst war nichts zu sehen.

»Nicht vorstellbar, dass das alles hier verschwinden könnte«, sagte Vivienne. »Unsere Zivilisation, die Abgründe, die sie mit sich bringt … das alles wirkt so fern. Die Welt hier ist Jahrtausende alt. Und trotzdem ist sie in Gefahr.«

»Wir werden schon verhindern, dass der Regenwald verschwindet«, antwortete er optimistisch. »Wir sind viele, und wir werden mehr. Du bist auch an Bord. Was soll jetzt noch schiefgehen?«

Sie lachte. Dann verfielen sie von Neuem in Schweigen. Vivienne hatte das Gefühl, ewig hier an der Reling sitzen und staunen zu können. Sie sog die duftende Luft ein.

Nach mehreren Stunden Fahrt legten sie in einer Bucht

an, hinter der ein kleines Dorf lag. Einige Vertreter der Gemeinschaft der Asháninka erwarteten sie. Einstmals hatten sie als Nomaden gelebt, die nun sesshaft geworden waren und ihre Nahrungsmittel anbauten. Sie errichteten Häuser aus dem, was der Wald hergab, und ernährten sich von dem, was sie ernteten und jagten.

Es gab nur zwei Dinge, erfuhr Vivienne, die sie aus der modernen Welt bezogen: fortschrittliche Boote und das Internet. Vor allem Letzteres war wichtig, um sich zu vernetzen und den Wald schützen zu können. Cool Earth hatte ihnen einen Internetzugang eingerichtet, damit sie, wenn Abholzungspläne, Übergriffe der Drogenkartelle oder Wilderer ihren Lebensraum akut bedrohten, mit ihnen in Verbindung treten konnten.

Vom Dorf aus brach die Gruppe zu einem zweitägigen Marsch ins Nachbardorf auf, dem Ziel ihrer Reise. Es ging zu Fuß durch den Dschungel. Durch ein Dickicht aus Moos und Lianen, durch von Nebel durchzogenes Unterholz, begleitet vom steten Gezwitscher der Vögel und dem Brummen exotischer Insekten. Sie schliefen in Zelten, kämpften mit Giftschlangen und Moskitos, und als Vivienne sich ermüdet unter einen Baum setzte, plumpste sie mitten in das Nest einer Kolonie der tropischen Riesenameise. Zwar sprang sie sofort auf und brachte sich in Sicherheit, doch der Stich dieser Ameise war keine Kleinigkeit. Sie riss sich zusammen, wollte sich bloß nicht unterkriegen lassen, also hielt sie durch und marschierte unter Schmerzen weiter.

David holte zu ihr auf, um sich nach ihrem Befinden zu erkundigen. Sie ließ sich nichts anmerken, sagte, es ginge ihr sehr gut. Als sie wissen wollte, warum er überhaupt frage, breitete sich zunächst ein Grinsen auf seinem Gesicht aus, dann lachte er.

»Was ist so lustig?«, fragte sie.

»Gar nichts«, sagte er. »Es ist nur … Du erträgst Camping bei hundert Prozent Luftfeuchtigkeit deutlich besser als viele Leute, die halb so alt sind wie du. Dich kann keine Schlange und kein Insektengift schocken. Du hältst durch wie eine knallharte Triathletin, und das in deinem Alter.«

»Das wirkt nur so. Diese Ameisen … denen möchte ich nicht noch mal begegnen.«

»Du bist zäh. Kein einziges Mal haben wir deinetwegen eine Pause eingelegt.«

Vivienne zuckte mit den Schultern, insgeheim freute sie sich jedoch über das Kompliment.

Sie marschierten weiter, und am Ende des Tages erreichten sie das Dorf, wo eine Internetschulung für die Dorfbewohner stattfinden sollte.

Vivienne sah sich erstaunt in der kleinen Siedlung um. Es war ein Paradies. Die Menschen hier lebten in einer harmonischen Gemeinschaft, umgeben von üppiger Natur. Grundnahrungsmittel waren Maniok und Mais. Dazu gab es Fisch, Wild und Früchte. Papaya, Mango, Bananen, Grapefruit, Kokosnuss. Die Früchte schmeckten intensiver als alles, was Vivienne bisher gekostet hatte. Und Kaffee und Kakao wuchsen wild zwischen den Bäumen des Dschungels.

Die Kinder waren auf Anhieb verrückt nach Vivienne. Vivienne mit ihren roten Haaren, der porzellanweißen Haut und den bunten Kleidern faszinierte sie. Sie folgten ihr Tag und Nacht, gingen mit ihr in einem Nebenfluss des Amazonas schwimmen, redeten unentwegt auf sie ein, obwohl sie kein Wort Englisch konnten.

Ein Mädchen hatte es Vivienne besonders angetan. Eine kleine Waise, die Cladys hieß. Sie war ein so hübsches Kind, das im einen Moment Würde und Schönheit ausstrahlte und im nächsten ausgelassene Freude.

»Vivienne!«, rief sie immer wieder, erfreut darüber, den Namen aussprechen zu können. »Vivienne.«

Dann folgte meist etwas in der Sprache der Asháninka, das von einem ihrer Begleiter übersetzt werden musste. Die Kleine wich nicht von ihrer Seite, ging als Letztes ins Bett und tauchte gleich morgens wieder auf.

Sie saß auf ihrem Schoß, als ihr die Dorfbewohner die Pflanze zeigten, deren Samen sie zu roter Schminke zermahlten. Einige der Männer und Frauen trugen Make-up, andere nicht. Es waren komplizierte Zeichen, die sie sich ins Gesicht malten, ebenso wie einfache Linien. Die Frauen trugen oft komplexere Muster. Mit großer Ernsthaftigkeit bemalte Cladys Viviennes Gesicht.

Diese Art zu leben beeindruckte Vivienne und ihre Mitreisenden schwer. Alles, was sie brauchten, nahmen diese Menschen aus der Natur, und in dieser Autonomie fand Vivienne die Asháninka den vermeintlich Zivilisierten deutlich überlegen. Es gab kaum Streit in ihrer Gemeinschaft, keine Hektik, keinen Stress. Sie lebten im Einklang mit sich selbst und der Natur.

Als Cladys wieder einmal nicht von ihr lassen wollte, ertappte sich Vivienne bei dem Gedanken, wie es wäre, wenn dieses Mädchen die Auswirkungen der Klimakrise zu spüren bekäme. Es war eine furchtbare Vorstellung. Sie hatte Cladys ins Herz geschlossen und wünschte ihr ein langes, glückliches Leben. Sie sollte in einer Welt alt werden, die sich nicht in eine leblose Wüste verwandelte.

Auf dem Rückweg nach Lima machte die Gruppe einen Umweg, um den peruanischen Umweltminister zu treffen. Er empfing Cool Earth, und sie erläuterten das Konzept und die Wichtigkeit ihrer Arbeit. Der Minister war sehr höflich und hörte sich alles in Ruhe an, doch es sah so aus, als hätten sie den zweistündigen Umweg nur für einen warmen Händedruck gemacht.

Da konnte Vivienne nicht an sich halten. Sie trat vor und hielt aus dem Stegreif eine Rede darüber, wie wichtig es war, diesen Lebensraum zu erhalten – für die Menschen, die dort lebten, ebenso wie für den Rest der Welt. Die Leidenschaft, mit der sie sprach, und die Dringlichkeit, mit der sie ihr Anliegen vortrug, verdankte sie der Begegnung mit den wunderbaren Asháninka.

Und mit all ihrer Energie gelang es ihr, dem Treffen eine Wendung zu geben: Schließlich sagte der Umweltminister zu, das von Cool Earth vorgeschlagene Modell zum Schutze des Regenwalds in ganz Peru anzuwenden. Vivienne fühlte sich wie nach einem Schleudergang. Was hatte sie eigentlich genau zu ihm gesagt? War es möglich, dass sie allein ihn überzeugt hatte?

»Vivienne, du bist unglaublich«, sagte David, als sie im Anschluss zum Flughafen fuhren. »Du hast gerade Millionen Quadratkilometer Regenwald gerettet. Du bist eine Heldin.«

Eine Heldin. Das war das schönste Kompliment, das er ihr machen konnte. Dabei war es doch vor allem ein kleines Mädchen gewesen, das diese Leidenschaft in ihr geweckt hatte.

Als das Flugzeug abhob und sie Lima unter sich kleiner werden sah, bis Wolken ins Blickfeld rückten und die Welt darunter verschwand, dachte sie an das stolze und schöne Mädchen im Urwald. Irgendwo da unten war das Amazonasgebiet, und mittendrin lebte Cladys. Vivienne wünschte ihr so sehr ein Leben in einer intakten Welt, wünschte sich, sie würde den Klimawandel aufhalten können.

24

Vivienne klopfte das Herz bis zum Hals. Sie saß in der Maske von Channel 4, und die Visagistin spürte offenbar, dass sie nicht zum Plaudern aufgelegt war, weshalb sich die junge Frau still auf ihre Arbeit konzentrierte.

Vivienne durfte dieses Interview auf keinen Fall vergeigen. Man hatte sie in die Sendung eingeladen, damit sie sich zu der Gefangennahme von Greenpeace-Aktivisten in Russland äußerte, und sie hatte nur wenige Stunden Zeit gehabt, sich vorzubereiten. Am Morgen hatte das Telefon geklingelt, und ein Freund von Greenpeace bat sie, im Fernsehen für die Aktivisten Stellung zu beziehen. Sie hatte sofort zugesagt.

Auf einem Schiff hatten sie gegen Bohrungen einer russischen Ölplattform in der Arktis protestiert. Als sie versuchten, die Plattform zu erklimmen, hatten Spezialkräfte eingegriffen. Sie waren hart gegen die Aktivisten vorgegangen, die jetzt bei Murmansk im Gefängnis saßen und einer

Anklage wegen Terrorismus entgegensahen. Ihnen drohten fünfzehn Jahre Haft.

Die Visagistin trat zurück, betrachtete ihr Werk und lächelte. »So, das wär's«, sagte sie. »Wenn Sie zufrieden sind natürlich.«

Vivienne betrachtete sich im Spiegel. Sie trug ein Save-The-Arctic-T-Shirt aus ihrer aktuellen Kollektion, dazu ein Halstuch und eine Schiebermütze, die ihre roten Haare zusammenhielt. Sah man ihr die Aufregung an? Hier stand eine Menge auf dem Spiel. Fünfzehn Jahre Haft. Weil diese jungen Menschen für den Erhalt der Arktis demonstriert hatten.

»Es ist perfekt«, sagte sie. »Danke, Liebes.«

Sie holte tief Luft, stand auf und ließ sich ins Studio führen, wo die Moderatorin und ein Berater der russischen Regierung bereits warteten. Vivienne nahm Platz, Scheinwerfer und Kameras wurden platziert, und dann ging es auch schon los. Sie waren auf Sendung.

Die Moderatorin klärte über den Aufenthaltsort der Aktivisten auf und erläuterte die gegenseitigen Vorwürfe, dann wandte sie sich an Vivienne.

»Russland meint, es handle sich hier um reine Provokation«, sagte sie. »Greenpeace kannte die Risiken und wollte dennoch provozieren, oder nicht?«

»Ich bin sicher, es ist Provokation. Definitiv.«

Vivienne hielt inne. Durfte sie so ehrlich sein? Frei von der Leber weg reden?

»Ich fühle mich sehr geehrt, für Greenpeace sprechen

zu dürfen. Ich hoffe, dass ich die richtigen Worte finden werde«, schob sie ein und fuhr augenblicklich fort: »Ich würde sagen, es ist Provokation. Weil … sie selbst einer unglaublich schrecklichen Provokation ausgesetzt sind, nämlich der Provokation, dass wir die Arktis ruinieren und den ganzen Planeten gleich mit.«

»Greenpeace musste also provozieren?«

»Sie mussten sichtbar protestieren. Je mehr Aufmerksamkeit sie bekommen, desto besser. In Anbetracht der Gefahr, der wir alle ausgesetzt sind, muss ich sagen: Gott sei Dank gibt es Greenpeace!«

Die Moderatorin wandte sich an den Berater Russlands, der gut vorbereitet war und Vivienne gleich vorhielt, es habe vor zwei Jahren einen ähnlichen Vorfall gegeben, bei dem die Aktivisten nicht in Haft gekommen waren. Sie hätten versprochen, es nicht wieder zu tun, und dieses Versprechen gebrochen. Die Verärgerung der russischen Autoritäten sei nur folgerichtig.

Doch Vivienne wollte sich auf diese Diskussion gar nicht einlassen. »Es gibt zwei Dinge, die wir tun müssen«, sagte sie ruhig. »Wir müssen den Regenwald retten, und wir müssen die Arktis retten. Wir müssen versuchen, die Welt zu retten – anstatt sie zu zerstören.«

Der russische Diplomat hielt dagegen, amerikanische Ölkonzerne würden ebenfalls hart gegen Demonstranten vorgehen, doch da war er bei Vivienne an der falschen Adresse: »Ich sage nicht, dass Russland schlimmer ist als Amerika. Das würde ich niemals sagen.«

Er lachte kurz auf, doch dann argumentierte er weiter, dass Amerika sich alles erlauben dürfe. »Wie zuletzt in Libyen. Da erhebt niemand Einspruch.«

»Doch, ich«, sagte Vivienne eindringlich. »Ich erhebe Einspruch!«

Zurück in der Garderobe, war Vivienne unsicher, ob der Auftritt gut gelaufen war. Sie hatte eine solche Wut verspürt, denn sie kannte die gefangenen genommenen Aktivisten persönlich. Sie wusste um ihre Familien, die sich sorgten, und neben ihrem Kampf für den Regenwald lag der Fokus für sie nun unbedingt auf der Rettung der Arktis.

Aus diesem Grund startete sie die Kampagne Save The Arctic. Da sie wusste, dass berühmte Persönlichkeiten der Schlüssel zum Erfolg waren, wenn es darum ging, möglichst viele Menschen zu erreichen, wollte sie Prominente in ihren Save-The-Arctic-T-Shirts fotografieren und die Fotoreihe öffentlich ausstellen.

Bei einer Wohltätigkeitsveranstaltung hatte sie den Starfotografen Andy Gotts kennengelernt. Als er von der Idee mit der Fotokampagne hörte, bot er sofort an, ihr bei den Porträts zu helfen. Andy war als Fotograf überaus beliebt, und innerhalb kürzester Zeit fand sich eine beachtliche Zahl an Berühmtheiten, die sich in den T-Shirts fotografieren ließen. Unter ihnen George Clooney, Pierce Brosnan, Naomi Campbell und Julian Assange. Die Liste wurde immer länger.

Ihre Unterstützer kamen aus allen Bereichen des Show-Business. Pamela Anderson bat Vivienne, sie für einen Besuch in der Talkshow *Ellen* in alle politischen Sachen zu kleiden, die sie hatte – und diese politische Mode fand reißenden Absatz. Selbst Miss Piggy wurde in ein Save-The-Arctic-T-Shirt gesteckt, für ein Video, dass Vivienne in einem Londoner Hotel mit ihr aufnahm.

Nach ihrem Auftritt bei Channel 4 bat ihr Freund von Greenpeace sie, ein Team von Wissenschaftlern und Aktivisten zum Polarkreis zu begleiten. Es ging um eine Forschungsarbeit, zu der ein Film gedreht werden sollte.

»Wozu braucht ihr dabei mich?«, fragte Vivienne. »Es wäre doch nachhaltiger, wenn wir alle zu Hause bleiben würden. Und warum noch einen weiteren Film?«

»Weil die Leute schnell vergessen«, sagte er. »Wir brauchen dich mit deiner Prominenz, um der Öffentlichkeit das Problem wieder ins Bewusstsein zu rufen und Publicity zu kriegen.«

Sie überlegte. »Ich komme mit, wenn ich ein paar Leute mitbringen darf. Andreas. Und Brandon, Pamela Andersons Sohn, den vielleicht auch.«

Er war einverstanden, und ein paar Wochen später machten sie sich gemeinsam mit dem Filmteam auf den Weg. Sie verbrachten eine Nacht in Oslo und besuchten eine Kunstgalerie. Ein ganzer Raum voller Bilder von Edvard Munch! Schon allein deshalb hatte sich die Reise gelohnt, fand Vivienne.

Von Oslo flogen sie weiter nach Spitzbergen, wo das

Greenpeace-Schiff mit Namen *Esperanza*, Hoffnung, vor Anker lag. Vom Beiboot aus mussten sie über eine Strickleiter an Bord klettern. Oben wurden sie von ihrem Guide empfangen, einem Australier, der seit über zwanzig Jahren im Norden von Norwegen lebte und schon mit David Attenborough an einem Film über die Arktis mitgearbeitet hatte.

Danach wurden sie den Wissenschaftlern und Aktivisten vorgestellt, und Vivienne fühlte sich bestens aufgehoben. Alle waren zuvorkommend und engagiert und nahmen die Neuankömmlinge freundlich in ihre Mitte. Hier kamen Experten zusammen, die ihren Beruf aufgegeben hatten, weil sie etwas Sinnvolles tun wollten. Die nicht länger rein wirtschaftlich arbeiten und somit Teil des Problems sein wollten, sondern Teil der Lösung. Vielleicht fühlte sie sich deshalb auf Anhieb mit ihnen verbunden.

Die *Esperanza* legte ab und machte sich in der einmalig magischen Atmosphäre der nie untergehenden Sonne auf den Weg zum Polarkreis. Sechs Monate lang war es in diesen Breiten rund um die Uhr hell, bevor sich die Welt für weitere sechs Monate verdunkelte.

Am Polarkreis fand Vivienne nicht die Landschaft vor, die sie erwartet hatte, mit Schnee und ewigem Eis. Stattdessen empfing sie eine Inselwelt mit braunen Felsen, Schotter und schmutzigen Gletschern, die in Tälern kauerten. Die Sonne stand hoch am blauen Himmel.

Einer der Wissenschaftler trat zu ihr an die Reling, als sie die Felseninseln betrachtete.

»Früher hielten die Gletscher ihre Masse durch Schneefall im Winter«, erklärte er. »Aber jetzt ziehen sie sich immer weiter zurück. Man kann ihnen beim Schrumpfen zusehen.«

»Und das ist unumkehrbar?«, fragte sie.

»Wenn es weiterhin so warm bleibt, ja. Siehst du den Felsen im Meer, dort drüben? Vor zwanzig Jahren hat der Gletscher ihn bedeckt, selbst im Sommer.«

Der Felsen war kilometerweit vom nächsten Gletscher entfernt. Kaum vorstellbar, dass das alles von dickem Eis überzogen gewesen sein sollte. Das Ausmaß des Eisverlusts so unmittelbar vor Augen zu haben schockierte Vivienne. Das Schiff fuhr weiter Richtung Norden, bis sie auf die Art gigantische Gletscher trafen, wie sie sie sich in ihrer Vorstellung von der Arktis ausgemalt hatte. Tropfende Kolosse, von denen unentwegt Eisbrocken abbrachen und donnernd auf die Wasseroberfläche stießen. Alles war in Bewegung, man spürte förmlich die Lebendigkeit der Natur und wie das ewige Eis arbeitete.

Das Filmteam machte Aufnahmen davon, wie Vivienne das Geschehen betrachtete, und sie musste ihre Besorgnis und die Trauer um diese verschwindende Welt nicht vortäuschen. Sie fühlte sie tief in ihrem Herzen.

Zurück in Spitzbergen, trafen sich die Leute von Greenpeace mit dem Filmteam und Viviennes Gästen in einem Aufenthaltsraum des Hotels. Es wurde ein unvergesslicher Abend, an dem der Alkohol floss und viel gelacht wurde. Man saß zusammen, plauderte, scherzte und flirtete, und als Vivienne sich zurücklehnte und den Blick über den aufgeheizten Raum schweifen ließ, spürte sie das Gefühl der Brüderlichkeit, das alle miteinander verband.

Könnte das nur die Zukunft der Welt sein, dachte sie. Man spürte die Eintracht, den gegenseitigen Respekt und vor allem die Liebe dieser Menschen zueinander und zu dem, was sie taten.

Dies wäre eine Möglichkeit, unsere Menschlichkeit zu leben. Wenn wir uns nicht von Gier und Zerstörung und Egoismus leiten lassen, sondern von der Gemeinschaft und der menschlichen Wärme. Es wäre so einfach, wir müssten es nur tun.

Epilog

Im Januar 1993

Dunkelheit und Stille empfingen Vivienne, als sie die Tür zu ihrem Atelier aufstieß. Von draußen drang das Rauschen des Verkehrs herein, in der Ferne bellte ein Hund. Die Straßen Londons waren niemals völlig ausgestorben, auch nicht an einem kalten, verregneten Sonntagmorgen im Januar.

Sie drückte den Lichtschalter, und Neonröhren flackerten an der Decke auf. Normalerweise schlief sie sonntags gern aus, blieb im Bett liegen und las ein Buch. Denn das war für sie purer Luxus, den sie sich selten gönnte. Doch heute hatte sie etwas anderes vor. Die aktuelle Kollektion war noch nicht fertig. Die Zeit drängte, und ihr fehlte das Brautkleid.

Sie durchquerte die einsamen Arbeitsräume und betrat das provisorische Lager, in dem sich bergeweise Stoffballen stapelten. Alle denkbaren Materialien und Gewebe waren hier auf engstem Raum zu finden.

Das mit dem Brautkleid war eine witzige Idee, wie sie fand, weil sie selbst bald heiratete. Nicht, dass sie ein aufwendiges Kleid zu tragen beabsichtigte. Im Gegenteil, sie wollte möglichst wenig Aufheben um den Tag machen. Trotzdem gefiel ihr der Gedanke, für die Kollektion ein Kleid zu entwerfen, das dem emotionalen Überschwang entsprach, den sie selbst bei dem Gedanken an die Hochzeit empfand – etwas unvernünftig Überbordendes, in seiner Schönheit Verschwenderisches, ganz und gar Traumhaftes.

Eine Schneiderpuppe stand im Weg, sie trug eine Korsage, die mit einem Ausschnitt von Bouchers Gemälde »Daphnis und Chloë« bedruckt war. Seit der Harris-Tweed-Kollektion war die Korsage immer wieder in ihrer Arbeit aufgetaucht – mit Gemälden darauf, aus festem Denim, mit Reißverschlüssen oder als leichtes Strickoberteil. Karl Lagerfeld hatte ihren Umgang mit diesem Element der Geschichte weiblicher Bekleidung eine der wichtigsten modischen Innovationen des 20. Jahrhunderts genannt. Sie lächelte bei dem Gedanken daran und schob die Puppe beiseite, um an die Stoffballen zu gelangen.

Zwar hatte sie schon eine Idee, was den Stoff anging, mit dem sie für den Entwurf des Kleides arbeiten wollte. Aber noch wollte sie sich nicht festlegen, sie wollte sich inspirieren lassen. Zuerst packte sie Ballen mit Tweed-Stoff zur Seite, der kaum das Richtige für ihr Projekt wäre, auch wenn er damals ihren Durchbruch als Designerin bedeutet hatte. Dann hielt sie plötzlich Kattun in der Hand, dicht und dunkel wie die Kleider ihrer Kindheit, die ihre Mutter genäht hatte. Sie spürte die feste Struktur unter den Fingern, sah vor ihrem inneren Auge die Textilfabriken in Derbyshire, die Moore und Hügellandschaften ihrer Kindheit.

Sie hielt inne. Oder sollte sie …? Kurz fand sie die Idee reizvoll, dann verwarf sie sie. Nein, dieses Material war Teil einer anderen Geschichte. Sie wühlte tiefer, fand Karomuster, schottischen Glencheck und karierte Wolle. Im Grunde waren es immer die britischen Traditionen gewesen, die ihre Arbeit bestimmt hatten. Die Farben Schottlands, die Ästhetik des Königshauses, die Formen des Empires. Selbst der Punk fußte darauf.

Sie schob weitere Ballen zur Seite und entdeckte einen Mohair-Stoff in grellem Blau, wie bei den Kleidern aus den Anfängen des Let It Rock!. Allein die Vorstellung, dieses flauschige, strahlend schöne Material zu verwenden, brachte sie zum Lachen. Sie schob die blaue Pracht beiseite und entdeckte einfarbige, feste Baumwolle, die für Unter- wie Oberbekleidung taugte. Damit hatte sie in Italien ihren Mini Crini entworfen. Als es noch schien, als würde Armani sie unter seine Fittiche nehmen und groß rausbringen. Es war ihre erste eigene Kollektion gewesen. Und heute, zehn Jahre später, war sie die bekannteste weibliche Designerin ihrer Zeit.

Unter der Baumwolle verbarg sich eine Rolle mit weißem Tüll. Natürlich, das Klischee des Schleiers, dachte sie, doch dann zog sie die Rolle zögernd hervor, um sie in Augenschein zu nehmen. Tüll, ein Stoff, der üblicherweise für Unterröcke verwendet wurde. Unterkleider als Oberkleider zu verwenden war ein Konzept, das in ihrer Arbeit eine lange Tradition hatte. Könnte Tüll der passende Stoff für das Hochzeitskleid sein?

Was, wenn sie ihn in Streifen riss und zahllose übereinander liegende Bahnen so formte, dass sie wie eine Wolke um den Körper lagen? Ein Ballkleid, wie es in Versailles getragen worden war, bloß aus dem Material von Unterkleidern.

Ihr Lachen schallte durch die verlassenen Räume. Ausgerechnet Tüll. Aber sollte eine Braut sich nicht genau so fühlen – leicht und frei und zum Davonfliegen glücklich? Sie strich darüber, und der Stoff ließ sie an die Liebe denken, die sie empfand. Er war von klarer, schlichter Schönheit, so luftig wie spielerisch leicht und voller Überraschungen, dabei jedoch fest und strapazierfähig.

Sie legte los, raffte Tüllbahnen, steckte sie an einer Puppe fest, probierte Faltenwürfe, riss den Stoff per Hand in Stücke, bauschte damit das Kleid auf. Was als Spaß begann, wurde irgendwann zu Ernst. Es war seltsam. Machte sie hier nun doch ein Kleid für sich selbst? Ein Traum von einem Hochzeitskleid für eine ebensolche Liebe?

Sie trat einen Schritt zurück und betrachtete das angefangene Werk. Ein warmes Gefühl durchströmte sie. Warum eigentlich nicht? Was, wenn es so wäre?

Wenn sie Menschen in ihrer Umgebung oder auf der Straße betrachtete, vor allem die Frauen, war es eigentlich nie deren Schönheit, die ihr Interesse weckte. Was sie berührte, war jemand, der es schaffte, sich selbst zu verstehen. Sie selbst jedoch war so lange mit Männern zusammen gewesen, die es ihr sehr schwer gemacht hatten, zu sich zu finden, an sich selbst zu glauben und an das, was sie in dieser Welt bewirken könne. Sie hatte so lange dafür gebraucht. Und gedacht, dieses wertvolle Geschenk nur bewahren zu können, wenn sie allein bliebe. Doch dann war sie diesem Mann begegnet, mit dem sie alles sein konnte, was sie eben war. Und dieses Glück, diese Liebe, fand sie, während sie eine weitere Tüllbahn vom Stoffballen zog, konnte sie ruhig mit einem Hochzeitskleid würdigen.

Es würde das spektakulärste Kleid werden, das die Welt je gesehen hatte.

Nachbemerkung

Vivienne Westwood und die Sex Pistols begannen in meinem Leben eine Rolle zu spielen, als ich – mitten in der Pubertät – mir die Protesthaltung der achtziger Jahre zu eigen machte. Punk und New Wave schlugen in mein Jugendzimmer ein wie eine Bombe – sehr zum Leidwesen meiner Eltern. Denn Punk war rau und laut und ungeschliffen und alles an ihm der größtmögliche Protest gegen die kleinbürgerliche Enge, die so typisch war für die Welt meiner Elterngeneration.

Mit dem Punk tauchte zugleich ein neuer und unverwechselbarer Look auf. Die Uniform des Protests erschien als Trash-Mode, mit zerrissenen T-Shirts, Sicherheitsnadeln und grünen Haaren. Dadurch wurde auf den ersten Blick erkennbar, wer ein Punk war und wer nicht. Mode und Protest waren von Anfang an untrennbar miteinander verbunden.

Erst Jahre später, ich recherchierte für einen Text über

die Punkbewegung, wurde mir bewusst, dass dieser unverwechselbare Look fast ausschließlich auf die Kreationen der Modeschöpferin Vivienne Westwood zurückging, die mit ihrem damaligen Partner Malcolm McLaren, dem Manager der Sex Pistols, die Ästhetik des Punk entscheidend geprägt hatte. Ihre Punk-Outfits fanden später sogar Einzug in das renommierte Victoria and Albert Museum in London, wo bis heute die frühen Kreationen von Vivienne Westwood ausgestellt sind.

Damit wurde meine Neugierde geweckt: Wer war diese Frau, die jenen schmutzigen, rebellischen Look erfand, den ich als Teenager so geliebt hatte? Wie war es möglich, dass sie, die den Underground einkleidete, später High Fashion kreierte und dafür von der internationalen Modewelt begeistert gefeiert wurde? Welcher Werdegang verbarg sich hinter dieser unwahrscheinlichen Erfolgsgeschichte?

Nicht erst seit ihrem Tod wird Vivienne Westwood als eine der wichtigen Künstlerinnen des 20. Jahrhunderts gesehen. Als herausragende Designerin hatte sie die Mode mehrfach revolutioniert. Sie war über Jahrzehnte mit ihren bahnbrechenden Kreationen eine einflussreiche Takt- und Ideengeberin der globalen Modeindustrie geworden. Viele zeitgenössische Designer, wie Versace oder Lagerfeld, haben ihre Ideen aufgegriffen und in eigenen Kreationen weiterentwickelt.

Dabei wissen nur wenige, dass Vivienne Westwood ursprünglich aus der englischen Arbeiterklasse stammte und sich in den Sechzigern als alleinerziehende Mutter zweier kleiner Kinder durchschlagen musste, zu einer Zeit, in der Berufe für Frauen nur innerhalb enger Rollenmuster denkbar waren. Trotz dieser vielfältigen Nachteile war ihr eine unvergleichliche Karriere gelungen. Und je mehr ich über diese starke und faszinierende Frau erfuhr, die unbeirrbar ihren Träumen folgte, umso größer wurde der Wunsch, die Geschichte dieses besonderen Lebens zu erzählen und zu würdigen.

Dabei habe ich mit »Queen of Fashion« zwar ein Buch über eine reale Person geschrieben, trotzdem handelt es sich hierbei um einen Roman, der mit den Mitteln des fiktiven Erzählens arbeitet. Das bedeutet, dass ich das Leben von Vivienne Westwood intensiv recherchiert und mich beim Schreiben möglichst genau an die bekannten Fakten angelehnt habe. Aber ein Roman erfordert dramaturgische Verdichtungen und szenisches Erzählen, und so sind die im Text geäußerten Gedanken und Gefühle ebenso wie ein großer Teil der Dialoge fiktiv. Sie entstanden jedoch auf Grundlage der mir zugänglichen Informationen. So ist beispielsweise die Szene mit Vivienne Westwood und dem Schneider in Mailand fiktiv, auch wenn der durch Malcolm McLaren initiierte Stopp der Produktion dem historischen Ablauf der Geschehnisse entspricht.

In vergleichbarer Weise habe ich zum Beispiel auch den legendären Sturz Naomi Campbells auf dem Catwalk einer Westwood-Show anhand der zahlreichen Beschreibungen und bei YouTube einsehbaren Bildaufnahmen erzählt. Den kurzen Dialog, der sich in meinem Roman backstage daran anschließt, habe ich indes einem Gespräch entnommen, bei dem sich Naomi Campbell und Vivienne Westwood Jahre später vor der Kamera an die Situation erinnerten und sie nacherzählten.

Wer mehr über dieses Gespräch und andere O-Töne erfahren möchte, findet in der folgenden Quellenliste Lese- und Videotipps, bei denen auch diese Aufnahme aufgeführt ist.

Manche Begegnungen der Figur Viviennes in meinem Roman sind also fiktiv, auch wenn sie dem Ablauf der Ereignisse entsprechen, wie er in zahlreichen Büchern über sie oder etwa in ihren Tagebüchern dokumentiert ist. Um beispielsweise ihre Erlebnisse im südamerikanischen Regenwald zu erzählen, habe ich die Figur eines Aktivisten erfunden, der Vivienne in Peru zur Seite stand. Die Abläufe ihrer Aktivitäten und Reise zum Schutze des Regenwaldes sind ihrem Tagebuch entnommen, jedoch half mir der fiktive Gesprächspartner, sie szenisch besser erzählen zu können.

Zudem habe ich mir die Freiheit genommen, nicht immer streng chronologisch vorzugehen. Da zwischen einzelnen Szenen teils Monate oder Jahre liegen, habe ich einige Ereignisse gerafft und verdichtet. So habe ich beispielsweise die Berichterstattung über das Let It Rock! und den Kauf von zahllosen weißen T-Shirts durch Malcolm McLaren in einer Szene verbunden, obwohl beides an unterschiedlichen Tagen geschah. Ebenfalls fiktiv ist, dass der Einkäufer von Rei Kawakubo an jenem Tag die King's Road 430 betrat, als der Laden von Punks zerstört wurde. Richtig ist allerdings, dass die japanische Designerin zu dieser Zeit bereits die gesamte Kollektion Viviennes einkaufen ließ.

Wer sich für das Leben von Vivienne Westwood interessiert und es genauer erkunden möchte, den lade ich unbedingt ein, in der beigefügten Literaturliste zu stöbern. Besonders empfehlen kann ich die Biographie von Ian Kelly, der eng mit Vivienne Westwood zusammenarbeitete und Zugang zu ihrem persönlichen Archiv hatte. Die Biographie von Jane Mulvagh ist ebenfalls äußerst umfangreich und kenntnisreich, auch wenn die Autorin einen eher kritischen Blick auf Vivienne Westwood wirft. Den Schwerpunkt auf Modekollektionen legen die Biographien von Linda Watson und Claire Wilcox. Und wer sich für die Geschichte des Punk und der Sex Pistols interessiert, dem lege ich das sehr gut recherchierte »England's Dreaming« von Jon Savage ans Herz. Für Vivienne Westwoods Engagement als Aktivistin hingegen empfehle ich ihr Tagebuch »Get a Life!«, in dem sie ihren Kampf für das Klima und die Menschenrechte dokumentiert, das jedoch nur auf Englisch verfügbar ist.

Literatur

Bücher & Biographien

Gorman, Paul: The Life & Times of Malcolm McLaren. The Biography. Edinburgh, 2020.

Kelly, Ian & Westwood, Vivienne: Vivienne Westwood. Übersetzt aus dem Englischen von Stefanie Schäfer, Köln, 2014.

Mulvagh, Jane: Vivienne Westwood. Die Lady ist ein Punk. Biographie. Übersetzt aus dem Englischen von Christiane Bergfeld, München, 1999.

Parker, Alan: Sid Vicious. Too fast to live. Übersetzt aus dem Englischen von Melinda Oros, Augsburg, 2011.

Savage, Jon: England's Dreaming: Anarchie, Sex Pistols, Punk Rock. Übersetzt aus dem Englischen von Conny Lösch und Dorothee Knab, Berlin, 2017.

Uhl, Gernot: Mit Vivienne Westwood an der Nähmaschine. Revolution auf dem Laufsteg. München, 2017.

Vermorel, Fred: Vivienne Westwood. Fashion, Perversity and the Sixties Laid Bare. New York, 1997.

Vinken, Barbara: Angezogen. Das Geheimnis der Mode. Stuttgart, 2013.

Watson, Linda: Vogue on Vivienne Westwood. Übersetzt aus dem Englischen von Harriet Fricke, München, 2014.

Westwood, Vivienne: Get a Life! The Diaries of Vivienne Westwood. Herausgegeben von Serpent's Tail, London, 2016.

Wilcox, Claire & Westwood, Vivienne: Vivienne Westwood. Übersetzt aus dem Englischen von Uta Goridis, Berlin, 2005.

Zeitungs- & Zeitschriftenartikel

Ambrosio, Daniela: Non solo moda. Vivienne Westwood e Keith Haring, i due ribelli che insieme hanno fatto la storia della moda e dell'arte. In: Elle Italia, 21. Februar 2019.

Brown, Andrew: Paramedic to the planet. In: The Guardian, 31. Dezember 2005.

Gold, Yvonne: Vivienne Westwood's Radically Chic Nostalgia of Mud. In: Another Magazine, 15. März 2016.

Hughes, Natalie: History of the Hero: the Vivienne Westwood corset. In: Harper's Bazaar, 3. Februar 2023.

Michaelsen, Sven: Kauft weniger! In: Süddeutsche Zeitung Magazin, 27. Februar 2012.

Reyer, Cordula: Westwoods Ehemann erklärt ungewöhnliche Liebe. In: Die Welt, 24. Juni 2010.

Thorpe, Vanessa: Vivienne Westwood: climate change, not fashion, is now my priority. In: The Guardian, 8. Februar 2014.

Todd, Stephen: No Brain, No Gain. In: The New York Times, 22. September 2002.

Dokumentationen & Sendungen

Vivienne Westwood. Do it yourself! Buch und Regie von Jean-Marie und Letmiya Sztalryd, Fernseh-Dokumentation, Frankreich & Großbritannien, 2010.

Vivienne Westwood: »We must save the Arctic«. In: Channel 4 News vom 7. Oktober 2013.

Westwood: Punk, Icon, Activist. Dokumentarfilm. Buch und Regie von Lorna Tucker, Großbritannien, 2017.

YouTube-Videos

Climate Revolution. YouTube-Channel: The Vivienne Foundation, 2018.

Closing Ceremony of the London 2012 Paralympic Games. YouTube-Channel: Paralympic Games, 2012.

I-Cons: Vivienne Westwood. YouTube-Channel: I-D, 2016.

Naomi Campbell Meets Vivienne Westwood. YouTube-Channel: British Vogue, 2019.

The Vivienne Westwood Red Label Spring-Summer 2013 Show at London Fashion Week. YouTube-Channel: Vivienne Westwood, 2012.

Vivienne Westwood Interview. YouTube-Channel: The New York Times, 2009.

Vivienne Westwood on Wogan with Sue Lawley. YouTube-Channel: MBHD153, 2009.

CAROLINE
BERNARD

Ich bin
Frida

Eine große Geschichte
von Liebe und Freiheit

ROMAN

atb

 Kapitel 1

Coyoacán, August 1938

Frida hatte die Leinwand in der Höhe verstellt, um im Stehen malen zu können. In ihr tobte es, unmöglich, jetzt stillzusitzen. Sie tauchte den Pinsel in die Farbe, ein tiefes Rot, mit dem sie die Blüten der Passionsblume ausmalen wollte. Die Blume stand für Leidenschaft, für große Gefühle. Doch Frida spürte eher ohnmächtigen Zorn. In einer heftigen Bewegung setzte sie den Pinsel auf die Leinwand, doch die kirschrote Farbe war zu wässrig, Farbtropfen spritzten nach allen Seiten und liefen über den Rand der Blüte hinaus. Mit der freien Hand griff sie nach einem Tuch, um die überschüssige Farbe abzunehmen. Warum hatte sie den Pinsel vorher nicht sorgfältiger abgestrichen? Sie versuchte sich zu zügeln, aber in ihrer Wut machte sie alles nur noch schlimmer. Sie drückte zu stark auf, die teure Leinwand drohte zu reißen. Schon wieder vollführte der Pinsel wilde Kreise. So wurde das nichts! Sie zwang sich, ein paarmal tief durchzuatmen. Dieses Bild war zu wichtig, sie durfte es nicht verderben. Sie brauchte einen dickeren Pinsel, um das Wasser von der Leinwand abzunehmen. Doch als sie ihn aus dem bunten Tongefäß, in dem er dicht an dicht mit ihren anderen Malutensilien stand, herauszog, kippte der Topf um und drohte vom Tisch zu rollen.

»Hijo de puta!«, entfuhr es ihr. Sie machte einen Satz und konnte ihn gerade noch rechtzeitig auffangen. Fulang-Chang, der in einer Ecke gesessen hatte, bleckte die Zähne und fing wild an zu kreischen. Der kleine Affe klemmte den Schwanz ein und flüchtete auf das Bücherregal.

Entnervt ließ Frida sich auf einen Stuhl sinken und zündete sich eine Zigarette an. Sie inhalierte tief, um sich zu beruhigen. »Das hättest du wohl gern, Diego Froschgesicht, dass ich mein Bild ruiniere. Aber den Gefallen werde ich dir nicht tun!«

In ihre Wut mischte sich Resignation, als sie an die Szene vom Vormittag dachte. Wie so oft hatte sie Diego das Mittagessen in sein Atelier nach San Ángel gebracht, an diesem Tag ein wenig früher als sonst. Sie hatte die Tortilla in einem Korb angerichtet, mit einem bestickten Tuch abgedeckt und sogar noch ein paar Blumen aus dem Garten dazugelegt. Im Atelier hatte sie ihn mit einer Frau vorgefunden, einer sehr gut gekleideten älteren Amerikanerin. Zuerst war sie erleichtert gewesen, immerhin hatte er keine seiner Geliebten bei sich. Aber dann hatte sie Helena Rubinstein, die berühmte Kosmetikunternehmerin und steinreiche Kunstsammlerin, erkannt.

»Das hier gefällt mir und das da drüben auch«, sagte die Rubinstein gerade und wies auf die Bilder, die Diego an der Wand arrangiert hatte. Als sie Frida sah, kam sie lächelnd auf sie zu.

Sie ist hier, um Bilder zu kaufen, ging es Frida durch den Kopf. Und er hat mir nichts davon gesagt.

Diego hatte sie inzwischen ebenfalls bemerkt, es war ihm sichtlich unangenehm, dass sie aufgetaucht war.

Frida stand wie erstarrt, den Korb mit dem Essen immer

noch in der Hand, während Helena Rubinstein ihr die Hand reichte.

»Sie müssen Frida Rivera sein. Ein Freund hat mir erzählt, dass er kürzlich Bilder von ihnen gekauft hat.«

Frida nickte. Sie musste den amerikanischen Schauspieler Edward G. Robinson meinen, der vor einigen Wochen zwei ihrer Gemälde gekauft hatte. Vierhundert Dollar hatte er dafür bezahlt, ein kleines Vermögen, es waren ihre allerersten Verkäufe gewesen. Wenn die Rubinstein das wusste, dann würde sie bestimmt auch Arbeiten von ihr sehen wollen. Welche würde sie ihr zeigen? Die meisten waren in Coyoacán. Verflixt, sie war nicht darauf vorbereitet, warum hatte Diego sie denn nicht vorgewarnt? Während sie noch überlegte, nahm Diego ihr den Korb aus der Hand und hob das Tuch an.

»Frida, ist das etwa eine Tortilla?«, rief er begeistert. Er legte den Arm um sie. »Hm, wie das duftet. Helena, die müssen Sie probieren, meine Friducha macht die beste Tortilla von ganz Mexiko. Und sehen Sie, wie hübsch sie immer alles dekoriert. Da steckt Liebe drin.«

Frida starrte ihn entsetzt an. Was redete er denn da? Er sollte sie doch nicht für ihre Kochkünste loben. Sie war Malerin, keine Köchin!

Sie konnte förmlich sehen, wie das Interesse Helena Rubinsteins an ihr erlosch.

»Aber bevor wir essen, möchte ich Ihnen noch ein paar neuere Sachen von mir zeigen«, sagte Diego prompt und zog sie am Ellenbogen mit sich zu einem großen Tisch. »Ich habe schon etwas vorbereitet.«

Frida blieb stocksteif stehen. Was sollte sie jetzt machen? Die

Erkenntnis traf sie tief: Diego hatte ihr nicht nur verheimlicht, dass Helena Rubinsein kommen würde, um Kunst zu kaufen, sondern er hatte sie dazu noch als seine Köchin vorgestellt und ihre Bilder mit keinem Wort erwähnt. Wie konnte er nur?

Die Rubinstein drehte sich noch einmal zu ihr herum.

»Vielleicht ein anderes Mal«, sagte sie, und Frida konnte die Verwunderung in ihrem Blick lesen.

Frida bebte immer noch vor Wut, wenn sie daran dachte. Sie war zurück nach Coyoacán gefahren und hatte eine neue Leinwand auf die Staffelei gestellt. Irgendwie musste sie ihren Gefühlen Luft machen, sonst würde sie noch verrückt. Seitdem traktierte sie ihr Bild. Wieder und wieder ließ sie die Begegnung vor ihrem inneren Auge ablaufen und schäumte vor Wut über Diego und über sich selbst. Sie hätte ihm die verdammte Tortilla ins Gesicht werfen sollen!

»*Hijo de puta*«, fluchte sie erneut und zündete sich eine weitere Zigarette an. Wieso nahm er ihr die Chance, ihre Arbeiten zu präsentieren? Noch dazu vor einer so wichtigen Sammlerin?

Sie stutzte, dann schlug sie sich mit der Hand vor die Stirn. Natürlich! Es musste mit dem Besuch von André Breton zusammenhängen. Der Franzose, Künstler und Vordenker des Surrealismus, hatte von April bis Juli mit seiner Frau Jacqueline in ihrem Haus gewohnt, und kurz vor seiner Ankunft hatte Frida Diego angekündigt, dass sie die Chance nutzen und sich und ihre Bilder ins rechte Licht setzen wolle. »Es wird Zeit, dass die Welt meine Bilder sieht«, hatte sie ihm erklärt. Zu Bretons Begeisterung hatte sie seine Schriften zum Surrealismus gelesen und viele angeregte Diskussionen mit ihm und Jacqueline geführt. Außerdem hatte sie wie zufällig im ganzen Haus ihre Bilder aufgehängt, und André hatte Frida kurzerhand zur Ikone der mexikanischen Surrealisten erklärt. Frida hatte ihm zwar vehement widersprochen, bedeutete Surrealismus doch Malerei jenseits der Realität. In ihren Bildern bildete sie jedoch ihr Leben ab, ihre Wirklichkeit. André hatte den Einwand einfach fortgewischt. Seine Bewunderung für ihre Gemälde kam ihr ein wenig übertrieben vor, aber so war er nun einmal, und als er ihr kurz vor seiner Abfahrt spätnachts vorschlug, eine Ausstellung in seiner Galerie in Paris für sie zu organisieren, und ihr einen grandiosen Erfolg versprach, da hatte sie sich am Ziel ihrer kühnsten Träume geglaubt. Die Vorstellung, dass ihre Bilder, die noch nie irgendwo gezeigt worden waren, eine ganze Ausstellung in der europäischen Kunstmetropole bekommen würden, elektrisierte sie. Vielleicht könnte das ihr Durchbruch werden.

Breton hatte ihr mit seinem Vorschlag, ohne es zu wissen, einen Ausweg gewiesen, nach dem sie schon seit längerer Zeit gesucht hatte. Sie war jetzt seit zehn Jahren mit Diego verheiratet. Sie spürte, dass er ihr entglitt, nicht nur wegen seiner zahllosen Geliebten, an die hatte sie sich inzwischen schon fast gewöhnt. Nein, sie spürte, dass sie neben ihm immer mehr zu verschwinden drohte. Um an der Seite dieses übermächtigen Genies bestehen zu können, brauchte sie etwas Eigenes, und das konnte nur die Kunst sein. Über die Malerei hatten sie damals zueinandergefunden. Was war eigentlich geschehen, dass er auf diesem Weg immer weitergegangen und sie zurückgeblieben war?

Mit André und Jacqueline hatte sie Pläne für die Reise nach

Paris gemacht, und seit die beiden wieder weg waren, arbeitete sie mit Feuereifer an neuen Bildern. Diego hatte sich auffällig zurückhaltend gezeigt. Hatte er sich womöglich ausgeschlossen gefühlt und war eifersüchtig auf Breton? War das jetzt seine Retourkutsche? Wie konnte er nur so kleinlich sein! Sonst war er immer bereit, sie zu unterstützen, wenn es um ihre Kunst ging. Aber wenn andere Männer im Spiel waren, änderte sich das schlagartig. Er wurde zum Macho, der seine vermeintlichen Besitzansprüche auch schon mal mit der Pistole verteidigte. Oder gewährte er seine Unterstützung nur so lang, wie er wusste, dass sie ohnehin nur dilettierte? Rechnete er eigentlich gar nicht damit, dass sie tatsächlich Erfolg haben würde? Hielt er sie mit seinem Lob nur bei Laune? Mit einem ärgerlichen Schnauben drückte Frida die Zigarette aus und griff wieder zum Pinsel. Sie musste weitermalen. Sie durfte nicht zulassen, dass ihre Wut auf Diego sie am Vorwärtskommen hinderte.

»Ich werde es auch ohne dich schaffen, Diego Rivera Froschgesicht«, sagte sie laut zu sich selbst. »Ab jetzt bin ich nur noch Malerin, dein Essen kannst du dir zukünftig selbst machen.«

Der Gedanke tröstete sie.

»Du kannst wieder runterkommen, ich habe mich beruhigt«, rief sie Fulang-Chang zu, der sich immer noch oben im Regal verkrochen hatte.

Frida versuchte, sich wieder auf das angefangene Bild zu konzentrieren. Die Passionsblume war nur ein Detail. Bedeutsamer waren die Porträts ihrer Eltern und ihr Kleid, das durch die Luft zu schweben schien. Und sie selbst, nackt, mit einem Seil um den Hals, das ein ebenfalls nackter Mann mit Aztekenmaske immer enger zog. Auf einem Erdhügel saß ein Skelett und sah dabei zu.

Sie trat einen Schritt zurück, um das Bild im Ganzen betrachten zu können. Dabei schoss der Schmerz in ihren Fuß. »Blöder Huf«, schimpfte sie. Schlagartig wurde ihr bewusst, dass auch der Unfall, der ihren Leib zerstört hatte, und die daraus resultierenden Fehlgeburten auf das Bild gehörten. Weil es die prägenden Erlebnisse in ihrem Leben waren.

Für die nächsten Stunden versenkte sie sich in ihre Arbeit und fand dabei ihre innere Ruhe wieder. Sie malte schnell, skizzierte einige Dinge nur, um sie nicht zu vergessen. Auf die rechte Seite die Umrisse eines Wolkenkratzers, der an das Empire State Building erinnerte. Zwei nackte Frauen, die auf einem Bett lagen, in die untere Ecke. Immer neue Details fügten sich zusammen, sie fragte nicht, aus welchem Winkel ihrer Erinnerungen sie kamen, sie gab ihnen einfach nur einen Platz auf der Leinwand. Mit raschen Strichen erwachten sie vor ihr auf der Leinwand zum Leben. Sie malte mit Präzision und Könnerschaft, keine Übermalungen mehr, keine zu feuchten Pinsel.